Kassel

Das geistige Profil
einer tausendjährigen Stadt

Bilder und Dokumente

Ausgewählt und kommentiert
von Herfried Homburg

Bärenreiter-Verlag · Kassel

*Zum Gedenken an den 22. Oktober 1943,
den Tag, an dem das alte Kassel zerstört wurde*

Verantwortlich für Fotoarbeiten und Bildausschnitte: Kurt W. L. Mueller
Entwurf des Schutzumschlages Karl-August Lehmann
Zweite Auflage
© 1977 by Bärenreiter-Verlag Kassel
Bärenreiter-Druck Kassel
ISBN 3—7618—0479—2

Mehr als drei Jahrzehnte sind seit jenem zweiundzwanzigsten Oktoberabend des Jahres 1943 vergangen, an dem das alte Kassel durch Sprengbomben verwüstet, vom Phosphorfeuer verzehrt wurde. Wer die Stunden dieses Infernos durchleiden mußte, kann sie nie vergessen; wer sie nicht erlebt hat, wird die Qualen der Menschen in dem grauenvollen Feuersturm nicht nachempfinden, die Trauer um das Verlorene kaum begreifen können.

Nach dem Ende des Zweiten Weltkrieges sind in dreißig Jahren harter Arbeit breitere Straßen, neue Häuserzeilen, Geschäfte, Verwaltungsgebäude, Versicherungspaläste, Fabriken, vorbildliche Schulen, Bildungs- und Kulturzentren entstanden. Aber angesichts des aus und über Trümmern Geschaffenen verblaßt die bildhafte Erinnerung an das untergegangene Kassel sehr rasch.

Straßenzüge, Plätze, Parkanlagen oder Fabriken kennzeichnen nicht nur das äußere Bild einer Stadt; von den Bewohnern je nach Neigung mehr praktischen Erfordernissen folgend oder mit Kunstsinn geplant und geschaffen, sind sie sichtbare Zeugnisse schöpferischen Geistes.

Wer seit dem letzten Drittel des achtzehnten Jahrhunderts die schönsten deutschen Städte aufzählte, durfte bis zum Jahre 1943 die Residenz der hessischen Landgrafen und Kurfürsten nicht auslassen. Ein Herrscher hatte die Stadt gegründet, prachtliebende und kunstverständige Fürsten ließen sie seit dem Mittelalter von anerkannten Baumeistern harmonisch erweitern und im Zeitalter des Barock und Rokoko schließlich weiträumig zu einer der vielbewunderten mittleren Hauptstädte Europas ausgestalten.

Die Anlage zweier großer Barockgärten, der Karlsaue und des Bergparks Wilhelmshöhe, war überhaupt ein anregendes Kapitel in der Geschichte des deutschen Städtebaus. Und mit welch subtilem Gefühl für Form und Maß, mit wieviel geistiger Überlegenheit wußte der Baumeister Simon Louis du Ry die schwierigen Gegebenheiten des Terrains beim Verbinden der mittelalterlichen mit dem neuen Viertel zu nutzen, als er beide Parkanlagen und damit zugleich die befreiende Weite der Landschaft ins Stadtbild einbezog. Wer dies anhand alter Pläne und Ansichten erkennt, kann die vielen positiven Urteile über das „neue Kassel" des ausgehenden achtzehnten Jahrhunderts nicht mehr als billigen Enthusiasmus abtun. Er wird einsehen, daß die Du Ry'sche Gestaltung des Stadtbildes in Lehrwerken für Architekten bis zum Beginn dieses Jahrhunderts zu Recht als vorbildhaft gelten mußte.

Leider büßte Kassel im fortschreitenden neunzehnten und frühen zwanzigsten Jahrhundert einen Teil seines städtebaulichen Ruhmes durch „Bausünden" und „Verbesserungen" ein: im Westen, Osten, Süden und Norden wuchsen neue, weniger mit echtem Kunstsinn als nach Zweckdienlichkeit geplante Straßen mit „Wohnburgen", Geschäfts- und Verwaltungspalästen.

Welch ein Kunstwerk ausgeprägter städtebaulicher Eigenart die im Dreißigjährigen Kriege unversehrt gebliebene Altstadt war, begannen die Verantwortlichen allerdings erst etliche Jahrzehnte vor dem alles vernichtenden Phosphorregen zu begreifen. Da standen in sieben Jahrhunderten zusammengewachsene, sanft gekrümmte Häuserreihen und idyllische Winkel mit Elementen aus allen Stilepochen von der Gotik bis zum Rokoko: farbenfrohe Fachwerkhäuser mit weit auskragenden Erkern oder Steinbauten mit hohen, kühn geschwungenen Volutengiebeln und reichem Schmuck aus der Renaissance, mit Zieraten in verschwenderischer Fülle aus dem Barock und Rokoko. Monumentale Patrizierhäuser kontrastierten zu den bescheideneren des weniger begüterten Ackerbürgers, aber — und das war ein Vorzug, wie andere gepflegte Altstädte ihn kaum aufweisen konnten — sie erdrückten und bedrängten ihre Nachbarn nicht. Prachtvoll geschnitzte oder gehauene Fassaden und Portale auch in den engsten, schmale, niedrige und schmuckarme Fronten selbst in den breiten Gassen, das machte den Reiz eines Straßenbildes aus, wie es lebendiger kein Künstler zu erdenken vermocht hätte. So war Kassels Altstadt ein architektonisches Schmuckstück, zu dem es in Deutschland — besonders im dritten und vierten Jahrzehnt unseres Jahrhunderts — nur wenige Pendants gab.

Die Architektur und die Lebensart der Bürger verleihen jeder Stadt den ihrem Geiste gemäßen, unverwechselbaren Charakter. Entscheidend für ihren Ruf in der weiten Welt ist jedoch nicht nur dieser Charakter; bedeutsamer gilt alles, was von den in ihren Mauern entstehenden geistigen Werten über das Weichbild hinauswirkt: Werke der bildenden Kunst, Literatur und Musik, Forschungsergebnisse, Erfindungen, Qualitätserzeugnisse der modernen Technik oder des Handwerks und die Pflege der überkommenen Kultur.

Das geistige Leben der alten Residenz war stets von den Interessen des regierenden Landesherrn abhängig. Er berief und besoldete Architekten, Bildhauer, Maler, Musiker, Gelehrte und Techniker. Manche von ihnen wurden hier ansässig, andere zogen schnell weiter. Einige der Berufenen und vornehmlich drei Landgrafen — Wilhelm IV., Moritz und Karl — trugen jedoch dazu bei, daß auch von Kassel Ideen und Strömungen ausgingen, die über den deutschen Sprachraum hinaus anregend oder gar epochemachend weiterwirkten. Ihr Geist „profilierte" den Charakter der Stadt. Denkende, tätige Menschen wiederum pflegten und erneuerten den Geist ihres Gemeinwesens. Unter den ihre Umwelt durch aufsehenerregende Leistungen überragenden Persönlichkeiten standen schon vor dem Beginn des zwanzigsten Jahrhunderts Söhne von Kasseler Bürgern.

Auf den folgenden Seiten wird nun erstmals versucht, das geistige Profil des tausendjährigen Kassel mit Bildern und Dokumenten, mit Äußerungen berühmt gewordener Bewohner der Stadt und sachkundiger Fremder zu umreißen. Niemand darf erwarten, daß in einem schmalen Band wie diesem die Geistes- und Kulturgeschichte lückenlos dargestellt worden ist. Der Herausgeber hat sich aber bemüht, mit Bildtafeln und knappen Texten auf all das hinzuweisen, was einst ihr geistiges Profil ausmachte und — nach sorgsamem Abwägen — heute wissens- und beachtenswert sein dürfte.

Das untergegangene Kassel besaß ein ganz eigenes geistiges Gepräge; die wiederaufgebaute Stadt strebt danach, ihr neues zu finden. Deshalb mußte darauf verzichtet werden, die schöpferischen Leistungen von Mitbürgern zu würdigen, deren Bedeutung noch nicht klar überschaubar oder deren Lebenswerk noch nicht abgeschlossen ist.

Zu dem historischen Bild- und Textteil fehlte zunächst manches, was im Kriege unwiederbringlich zerstört wurde. Beim Suchen gab es aber auch freudige Überraschungen, so daß fast die Hälfte der Bilder und Texte erstmals veröffentlicht wird.

Es gilt als Gradmesser für den Zauber und architektonischen Gehalt jedes Stadtbildes, ob es Maler und Literaten von Rang zum Darstellen oder Beschreiben des zu Sehenden reizt. Und alles, was den aufmerksamen, für kulturelle Eigenart empfänglichen Betrachter am alten Kassel faszinierte, haben namhafte Künstler mit Zeichenstift, Pinsel und Palette eingefangen. Deshalb gibt es von unserer Stadt eine größere Zahl Gemälde, Aquarelle, Zeichnungen, Kupfer-, Stahlstiche und Lithographien, als manche wohlhabendere ehemalige Residenz oder Freie Reichsstadt vorweisen kann. Den Künstlern vergangener Epochen eiferten im zwanzigsten Jahrhundert die besten Fotografen nach. Wieviel wir ihnen verdanken, wird heute demjenigen bewußt, der bestimmte Vorkriegsmotive sucht.

Die Bilder und Texte dieses Buches sollen nicht nur das Andenken an das tausendjährige, in knapp zwei Stunden untergegangene Kassel wachhalten; Verlag und Herausgeber möchten damit zugleich alle Interessierten anregen, sich selbst eingehender mit der im Fundortverzeichnis genannten Literatur zu beschäftigen. Denn die Bürgerschaft kann dem neuaufgebauten Kassel nur dann zu einem nicht verwechselbaren geistigen Profil verhelfen, wenn sie die aus früheren Jahrhunderten ererbten schöpferischen Werte sinnvoll pflegt und für die Gegenwart wie die Zukunft nutzt.

Thesen und Zweifel über den Ursprung

Wie urgeschichtliche Funde ausweisen, ist der heutige Kasseler Stadtbereich bereits vor einigen tausend Jahren sporadisch besiedelt gewesen. Und doch vermochte bisher noch niemand zu beweisen, wann, durch wen und als was der historische Ortskern gegründet worden ist. Wahrscheinlich gab es darüber eine mündlich weitergetragene Kunde aus dem frühen Mittelalter; sie wurde aber verdrängt, als im sechzehnten und siebzehnten Jahrhundert namhafte Gelehrte außerhalb Kassels der Landgrafenresidenz ein schmeichelhaftes Alter zuerkannten. Philipp Melanchtons früher Gefährte Franz Friedlieb, Historiker und Theologe in Heidelberg, der 1518 unter dem Namen Franciscus Irenicus seine Exegeseos Germaniae *veröffentlichte, lieferte die erste spekulative Erklärung: Kassel sei bereits von Ptolemaios erwähnt worden, und zwar unter den in* nördlichen Gegenden gelegenen Städten *als* Stereontium. *Georg Braun und Franz Hogenberg übernahmen diese* Entdeckung *bedenkenlos für ihre 1572 in Köln verlegte* Beschreibung und Contrafactur der vornembster Stät der Welt. *Abraham Sauer verbreitete sie ab 1593 wiederholt in seinem* Stätte-Buch *und Matthäus Merian in der* Topographia Hassiae.
Schließlich ist sie bei deren Nachahmern ebenso zu finden wie bei den hessischen Chronisten. Die Hessen mußten überdies nicht minder reizvolle Thesen zweier Landsleute wiedergeben, mit denen der Ursprung vom Namen der Stadt her zu erklären versucht wurde: Wigand Lauze († 1568) behauptete, Claudius Drusus habe Kassel als römisches Kastell gegen die Germanen gegründet; Wilhelm Dilich wollte die Anlage des Ortes hingegen den Chassuariern, einer besonderen Nation unter den Chatten, zubilligen. Über den niederländischen Humanisten Philipp Clüver, durch Peter Bertius, Christoph Cellarius und viele andere gelangten auch diese Lesarten in die Lehrbücher der historischen Länderkunde.
Erst im achtzehnten Jahrhundert wiesen kritischer arbeitende Historiker darauf hin, daß keinerlei Funde oder glaubwürdige Berichte diese Theorien zu stützen vermochten. Gleichzeitig überraschten sie mit eigenen Dokumentenfunden.
Johann Philipp Kuchenbecker schrieb in seinem 1730 gedruckten Historischen Bericht von dem Ursprung der Stadt Cassel:

... ich trage kein Bedenken, dieses und alle übrigen so unzeitigen Urteile unter die Einfälle der Poeten zu rechnen, welchen es nichts ungewöhnliches ist, ihre Wohltäter aus dem Stamm, wo nicht der Götter selbst, doch gewiß der für Troja mitgewesenen Helden herzuleiten und durch ein erborgtes Alter den Ursprung der Völker und Städte bis an die Sintflut hinauf zu führen. Bei vernünftigen Gelehrten aber finden dergleichen Chimären keinen Platz, deswegen ich solche denn auch nicht der geringsten Widerlegung würdig achte.
Ob ich nun zwar nicht gänzlich in Abrede sein will, daß vielleicht von einem hier gewesenen Kastell, dessen Erbauer uns bis anjetzo unbekannt geblieben, oder, was mir wahrscheinlicher vorkommt, von den Chatten selbst der Name Kassel herzuleiten, so ist doch ... nicht glaublich, daß man dessen Ursprung bei den Römern sollte zu suchen haben ...
Ich glaube gewiß, daß niemand leicht eine ältere Nachricht wird aufzeigen können als diejenige, so ich zu den Zeiten Conrad I., Königs der Teutschen, wahrgenommen. Es ist eine ausgemachte Sache, daß er aus dem Blut der unter Ludwig dem Jüngern, Carl dem Feisten, Arnulf und Ludwig II. in Teutschland bekannt gewordenen Herzögen von Franken entsprossen. Sein Vater, Conrad der Ältere, besaß in der Wetterau und in Hessen ansehnliche Güter ... Daher ist es nicht zu bewundern, daß er sich zu Zeiten in diesen Gegenden aufgehalten, wie er dann im Jahr DCCCCXII zu Fulda gewesen und sich darauf folgenden Jahrs auch in Unter-Hessen begeben, allwo er dem in Westfalen an der Ruhr gelegenen Kloster Meschede einen Schenkungsbrief erteilet, welcher zu Cassel datieret ... „Data XII. Id. Marti Anno Incarnationis Domini DCCCCXIII. Indictione I. Anno vero Regni Domini Chuonradi II. Chassella feliciter in Dei nomine. Amen."
Und dieses ist das alleralteste Monument, so ich bis anhero, aller angewendeten Mühe ohnerachtet, habe finden können ...
In seinem 1767 erschienenen Versuch einer genauen und umständlichen Beschreibung der Hochfürstlich-Hessischen Residenz- und Hauptstadt Cassel *wies Friedrich Christoph Schmincke eine zweite Urkunde nach, mit der König Konrad I. am selben Tage in Chassalla den Hersfelder* fratres Coenobii sancti Wicberdi *alte Rechte bestätigt hatte.*
Diese beiden Dokumente bewogen Kassels Historiker zunächst keineswegs, die Römertheorie ganz aufzugeben. Christoph Rommel suchte noch 1817 eifrig nach römischen Altertümern, als an Stelle des 1811 durch Unachtsamkeit abgebrannten Renaissanceschlosses Fundamente für eine neue Landgrafenresidenz gegründet wurden. Natürlich fand er keine.
Erst die Sprachforscher beruhigten letzte Skeptiker: der Göttinger Germanist Edward Schröder versicherte am Anfang des zwanzigsten Jahrhunderts, Franken hätten gleich vielen anderen auch den Begriff castellum *als militärischen Fachausdruck dem Lateinischen entlehnt und ihrem fränkischen Idiom angepaßt. — Nun einigten sich namhafte Lokalgeschichtler alsbald auf die Formel, Kassel sei ursprünglich ein fränkisches* castellum *gewesen, einer jener Königshöfe, die dem ohne ständige Residenz sein Land regierenden Herrscher Obdach und Unterhalt boten. In der Folgezeit eiferten sie hauptsächlich um Beweise, auf welchem Platz dieses* castellum *und ein dazugehöriger Meierhof wohl gelegen haben könnten, auf dem Rotenstein, wo heute über dem Steilufer der Fulda das Regierungsgebäude steht, auf dem Ahnaberg oder auf einem Gelände nahe der einstigen Fuldafurt.*
Die Kasseler Bürgerschaft lud unterdessen zum September des Jahres 1913 Gäste aus allen Weltteilen zu ihrer Tausendjahrfeier ... Vierzig Jahre später sank die schöne alte Stadt unter einem bestialisch wütenden Feuersturm in Schutt und Asche.
Während des erst nach 1950 zügig vorangetriebenen Wiederaufbaus versuchten Stadtarchivar Robert Friderici und seine Mitarbeiter zwar, neue Erkenntnisse über die Lage und Gestalt des frühmittelalterlichen Ortskerns zu gewinnen; ein systematisches Graben war indes mit wenig Geld und in dem schnellen Zeitmaß der Bauarbeiten nur selten möglich. Überreste des fränkischen Königshofes wurden leider nicht gefunden.
Deshalb sind unlängst vereinzelt wieder Zweifel aufgekommen, ob das in den beiden Urkunden König Konrads I. erwähnte Chassella *oder* Chassalla *überhaupt an der Fulda zu suchen sei. Es gebe, so ist eingewendet worden, weitere elf Kassel-Orte allein in Hessen und im Rheinland. Mit anderen Hypothesen wird der Ortsname neuerdings von germanischen Flurbezeichnungen oder Wasserläufen herzuleiten versucht.*
Wilhelm Niemeyer, der allzu früh verstorbene gute Kenner frühmittelalterlicher Geschichte, hatte 1965 ebenso sachlich wie fundiert nachzuweisen begonnen, daß Chassella im Jahre 913 eine Konradinerburg, ein Königshof, gewesen ist, in dem am 12. Februar 940 auch Kaiser Otto I. urkundete. Seinen abschließenden Beweis über einen weiteren Kassel-Aufenthalt dieses Herrschers im Jahre 945 konnte er nicht mehr vollenden.
Ein dreiundsechzig Jahre später verfaßter Urkundentext und der die Begebenheit bestätigende Satz in Thietmar von Merseburgs Chronik durften seit jeher ganz zweifelsfrei auf Kassel bezogen werden: am 24. Mai 1008 übereignete Kaiser Heinrich II. seiner Gemahlin Kunigunde die curtis cassala *im Hessengau, den Güterhof Kassel.*

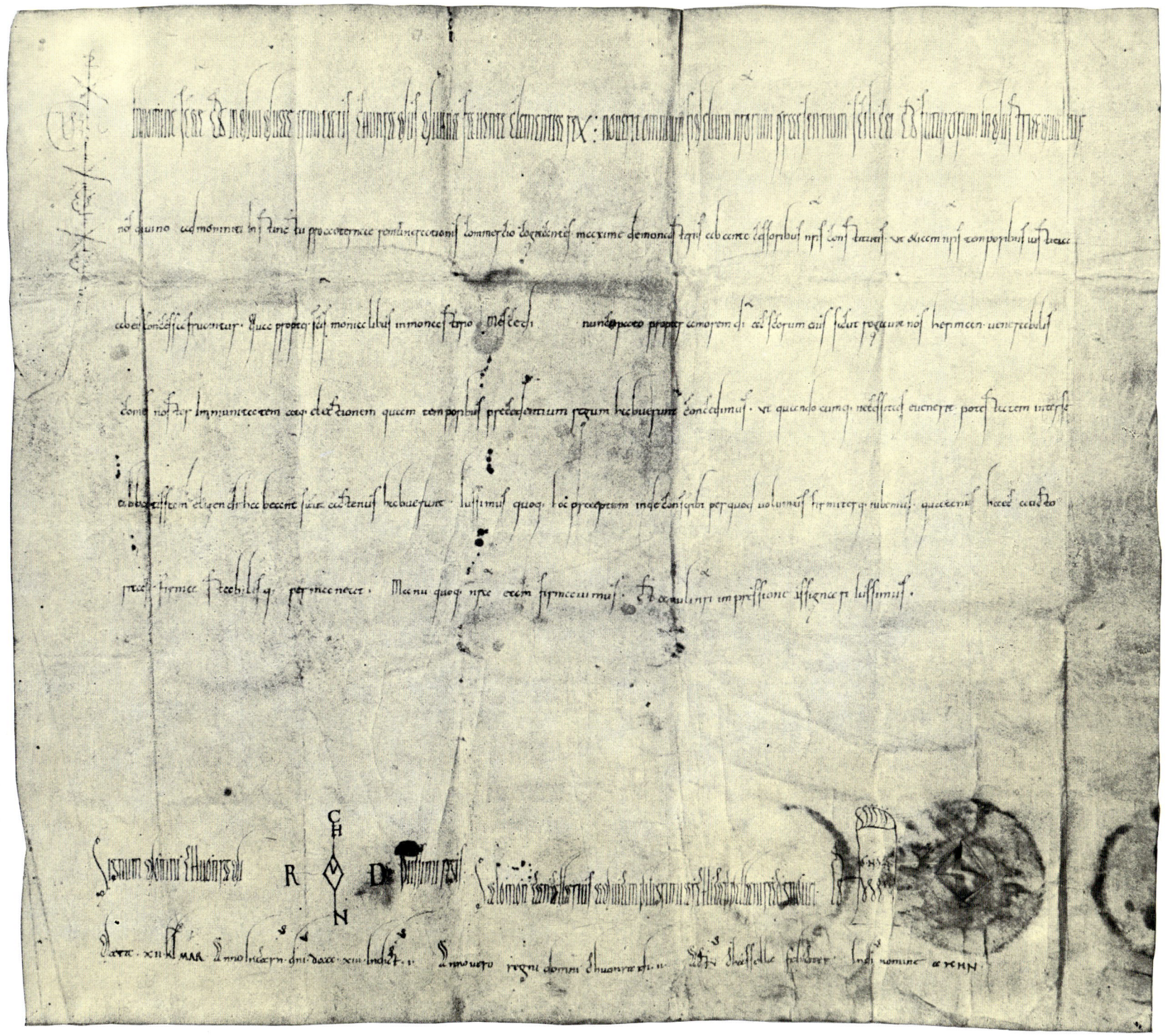

Am 18. Februar 913 vollzog der in Chassella weilende König Konrad I. diese Urkunde für das Kloster Meschede. Neben einem zweiten Schriftstück, mit dem er den Mönchen des Klosters Hersfeld am selben Tage in Chassalla Vorrechte bestätigte, werten die meisten Historiker sie als ältestes erhalten gebliebenes Dokument zur Kasseler Stadtgeschichte.

Der Bürgeraufstand im Jahre 1378

1040 Das Kloster Kaufungen erwirbt die *curtis* Kassel von Kaiserin Kunigundes Bruder Dietrich von Metz.

1140 Heinrich Raspe II., Graf in Hessen und Landgraf von Thüringen, erneuert die Kasseler Burg. Gemeinsam mit seiner Mutter Hedwig stiftet er vor 1148 das Nonnen- und Mönchskloster Ahnaberg.

1189 In einer Urkunde Ludwigs II., Landgraf von Thüringen, wird Kassel erstmals als Stadt bezeichnet.

1239 Hermann der Jüngere, Landgraf von Thüringen und Hessen, beurkundet den Kasseler Bürgern erneut ihr altes, durch Nachlässigkeit verlorengegangenes Stadtrecht.

1262 Heinrich I., Landgraf zu Hessen, lädt den Karmeliter-Orden ein, sich in Kassel niederzulassen.

1277 Heinrich I. läßt auf dem *Rotenstein* ein neues Schloß bauen. — Am rechten Fuldaufer entsteht die Unterneustadt.

1330 Vor dem ersten Mauerring wird in weitem Bogen nach Westen und Norden hin ein zweiter neuer Stadtteil angelegt, die *Freiheit*.

1334 Landgraf Heinrich II. läßt Wolfram von Eschenbachs Epos *Willehalm von Oranse* aufzeichnen.

1364 Die St.-Martins-Kirche wird gebaut.

1377 Die drei Kasseler Städte verweigern Landgraf Hermann II. das *Ungeld*, eine außerordentliche Steuer.

1378 Um den Ranküne des Landesherrn besser begegnen zu können, vereinigen sich die drei selbständigen Kasseler Städte zu einem Gemeinwesen. Im Streit mit Hermann II. kommt es zu einem Aufruhr, Kasseler Bürger besetzen vorübergehend das Schloß.

1380 Der Landgraf verschafft sich die Schlüssel der Stadttore. Angesehene Patrizier müssen fliehen.

1384 Hermann II. verbietet die Zünfte und zwingt der Stadt eine *neue Ordnung* auf.

1391 Landgraf Hermann II. läßt in einem Hochverratsprozeß 28 Kasseler Patrizier, meist Ratsherren, zum Tode verurteilen und zieht ihr Vermögen ein.

1408 Die Bürgerschaft baut ein neues Rathaus.

1440 Während des Gottesdienstes stürzt im Mittelschiff der St.-Martins-Kirche das Gewölbe ein.

1450 Die Martins-Kirche wird wieder zugewölbt.

1454 *Brüder vom gemeinsamen Leben* lassen sich in Kassel nieder.

1466 Meister Johann Herber baut Landgraf Ludwig II. ein neues Schloß.

1502 Landgraf Wilhelm II. gründet die Hofkapelle.

1508 Lukas Cranach d. Ä. liefert Wilhelm II. ein *Reisealtärchen*.

Im Sternerkrieg hatte Hessen einen Schaden erlitten, den die landgräflichen Beamten auf mehr als vier Millionen Gulden schätzten. Äcker waren verheert und Höfe verwaist, die ergiebigsten Einnahmequellen also versiegt. Um verpfändete Güter einlösen und seine Kassen wieder auffüllen zu können, verfügte Heinrichs des Eisernen Neffe und Nachfolger, Landgraf Hermann II., deshalb im Oktober 1376, daß Gerste, Hafer, Roggen, Weizen, Fisch, Fleisch, Bier, Wein, grobe Leinwand, feine Tuche, Wachs, Erze und Metalle mit Ungeld belastet werden sollten, einer fast zehnprozentigen, mithin ziemlich hohen zusätzlichen Steuer.

Die oberhessischen Städte fügten sich dieser Auflage; von den unwilligen niederhessischen besaßen gleich anderen auch die drei selbständigen Kasseler Gemeinden — Alt-, Unterneustadt und Freiheit — das vom Fürsten erst im Februar 1375 verbriefte Versprechen, er werde Marktzölle und andere Abgaben keinesfalls erhöhen. Damit begründete Verhandlungen verliefen ungünstig, der Landgraf gab nicht nach.

Am 11. Januar 1377 berieten die Vorstände achtzehn niederhessischer Städte noch einmal im Kasseler Rathaus. Bei den Klagen der Gilden und Zünfte sahen sie ein: Kaufleute, Handwerker und Ackerbürger waren durch die allgemeine wirtschaftliche Stagnation einer derartigen finanziellen Last gar nicht gewachsen. Kraft ihrer Vollmachten beschlossen sie, dem Fürsten das Ungeld zu verweigern und sich notfalls gemeinsam gegen ihn zu verteidigen. Von untauglichen Räten bestärkt, blieb der zunächst für den geistlichen Stand ausgebildete Hermann jedoch unerbittlich und drohte Druckmittel an.

Die nicht ohne Grund um den Bestand ihrer ererbten Rechte Besorgten wußten keinen anderen Ausweg, sie verbündeten sich noch eindeutiger gegen den unberechenbaren Landesherrn. Am 1. Januar 1378 unterzeichneten sie im Kasseler Altstädter Rathaus ihren Einungs-Vertrag, dessen Sinngehalt aber — eingedenk der Kaiserlichen Landfriedensordnung — überaus geschickt verdunkelt wurde.

Die Bürger der drei bislang nach unterschiedlichen Verfassungen regierten Kasseler Städte ließen sich dabei erstmals von nur einem Ratskollegium vertreten; im Kampf um ihre Gerechtsame hatten sie sich zu einem Gemeinwesen zusammengeschlossen. Kasseler Ratsherren übernahmen denn auch, gemeinsam mit Walter von Hundelshausen, den Vorsitz in dem durch die Beteiligung unzufriedener Ritter erweiterten Städtebund.

Landgraf Hermann verwarf die Einung und bereitete von Oberhessen aus das gewaltsame Kassieren des Ungelds vor. Da geriet Kassel in Aufruhr, empörte Bürger ergriffen Beile, Keulen, Spieße, Leitern und stürmten das Schloß . . .

Sie hielten es besetzt, bis der mit dem hessischen Herrscherhause erbverbrüderte Markgraf Balthasar von Meißen erschien und im Mai des Jahres 1378 den Fürst wie dessen aufsässige Bürger beschwichtigte. Der von ihm durchgesetzte Vergleich blieb für die Einungsverwandten allerdings recht mager: Hermann erkannte den Zusammenschluß der drei Kasseler Städte sowie den einzigen sie jetzt repräsentierenden Magistrat an und versprach, seine fremden, dem ganzen Volke mißliebigen Berater zu entlassen. Als Gegenleistung räumten ihm die Kasseler das Schloß; beide Parteien gelobten, Pflichten und Rechte der anderen nicht zu beeinträchtigen und die Irrung zu vergessen.

Landgraf Hermann dachte weiterhin daran, er fühlte sich zu tief beleidigt und gedemütigt. Vorerst befestigte er sein Schloß und belegte es mit einer ihm bedingungslos ergebenen Mannschaft. Dann wartete er auf die Gelegenheit zur Vergeltung.

Zu bald durfte er über Nachteile der von den Bürgern als Erfolg gewerteten Vereinigung ihrer drei Stadtregierungen frohlocken. Statt der früher sich ablösenden sechzig Ratsherren tauschten jetzt ein übers andere Jahr nur noch sechsundzwanzig die Ämter. Mochten vierunddreißig, die ihre Würden preisgeben mußten, während des Konflikts ausschließlich das freiere Gedeihen von Handel und Handwerk erstrebt haben, nach dem vermeintlichen Sieg gegen den Bedrücker erwachten alte Geltungsgelüste. Daraus entstanden mehrere einander beargwöhnende und grollende Interessengruppen. Hermann brauchte sie gar nicht wider das amtierende Ratskollegium oder gegenseitig auszuspielen, sie befehdeten sich selbst. Bereuende näherten sich ihm, und er nutzte gern jede Chance, seinem Endziel näherzukommen. Ein folgerichtiger Ausbau der mittelalterlichen Stadt zu einem vom Landesherrn unabhängigeren Gemeinwesen scheiterte schließlich an den menschlichen Schwächen eitler Patrizier.

Am Johannistag 1380 schwuren *Bürgermeister, Schöffen* sowie die angesehenen Männer der Gilden und Zünfte mit aufgereckten Fingern zu den Heiligen, sie wollten sich nie wieder gegen den Landgrafen oder dessen Erben empören und keine anderen Ordnungen *in Kassel* aufrichten. Hermann versprach abermals, nun werde er alle Zerwürfnisse, auch die Erstürmung des Schlosses, verzeihen. — Aber schon im Oktober, Monate vor dem üblichen Ende des Amtsjahres, regierte ein neuer Bürger-

Ein Hochverratsprozeß

meister mit zwölf Ratsherren, von denen nicht weniger als sieben zum ersten Male auf dem Schöffenstuhl saßen. Wenige Wochen später klagten Bürgermeister Johann Harbusch, die abgesetzten Räte und Mitglieder der Kaufmannsgilde in einem Brief an die Garanten des Vergleichsvertrags vom Mai des Jahres 1378, die Markgrafen Balthasar und Friedrich von Meißen, der Landgraf habe sein Wort gebrochen und bedränge die Kasseler Bürgerschaft erneut. Als Hermann dies erfuhr und die Verfasser des Schreibens vor sich fordern ließ, flohen sie mit allen den Vergleich und den Sühneschwur betreffenden Dokumenten nach Göttingen. Wenige Tage später besaß der Landgraf die Schlüssel zu den Stadttoren. Seinem Verlangen, die Flüchtigen der Lüge und des Diebstahls zu bezichtigen und sie darum nachträglich förmlich auszuweisen, wagte der Rest des verschüchterten Ratskollegiums sich nicht mehr zu widersetzen. Hermann beschlagnahmte dann die Höfe der Verbannten.

Den Meißener Markgrafen verweigerte er nicht nur ein Gespräch über Kasseler Verhältnisse, er widerrief sogar die Erbverbrüderung. Während Erzbischof Adolph von Mainz beide in ein Bündnis verpflichtete und so die Zahl der Gegner Hermanns ständig vergrößerte, festigte der Landgraf seine Macht über Kassel durch einen weiteren Gewaltakt: am 26. Februar 1384 annullierte er die Stadtverfassung und zwang der Bürgerschaft eine neue auf. Nun setzte er den Rat, die Marktmeister und Torwächter nach seinem Belieben ein oder ab, ließ die Wachen und Knechte der Stadt auf sich vereidigen. Selbst über die Rechtspflege und wer als Bürger aufgenommen werden sollte, bestimmte er nach eigenem Gutdünken. Alle Innungen hob er für zunächst drei Jahre auf.

In den angesehenen Patriziergeschlechtern, die nichts mehr zu erhoffen, aber immer noch etwas zu verlieren hatten, faßten einige Männer Mut, Markgraf Balthasar nochmals an seine Pflichten als Gewährsmann des Vergleichs von 1378 zu erinnern. Dieser bemühte sich zwar um eine Verständigung, Hermann verneinte jeden Gedanken daran. So wurde er, auch unter Standesgenossen, zum meistgehaßten Fürsten jener Zeit.

Die Scharen seiner Feinde fielen dann im April 1385 ins nördliche Hessen ein, belagerten im Juli Kassel und zwangen den Landgrafen zum Einlenken: alle entflohenen Bürger sollten heimkehren dürfen. Endgültig entschied dies allerdings, nach einer zweiten gefährlichen Belagerung der Stadt, erst der Würzburger Fürstentag im Juli 1388. Den Machtspruch der Kurfürsten erkannte Hermann notgedrungen an; die aus Kassel Verbannten warteten lange unsicher, bis er ihn erfüllte.

Als am 10. Oktober wiederum ein feindliches Heer vor Kassel lagerte, mußte er sich den fürstlichen Gegnern, vorab dem Mainzer Erzbischof, endlich beugen. Obwohl sie ihn glimpflich behandelten, inszenierte er nun ganz zielstrebig den bösartigsten Vergeltungsakt gegen das Stadtpatriziat. Weil er die Gnade seines Landesherrn zurückgewinnen wollte, lieferte einer der vertrieben Gewesenen den undurchsichtigen Grund dazu; er verriet folgendes: Wochen vor der letzten Belagerung hätten elf ehemalige Ratsmitglieder geheim und unter Eid abgesprochen, dem Markgrafen Balthasar, sobald er Kassel angreife, die Stadttore zu öffnen. Werner Thomas und Götze Helwigs seien die Vertrauten Balthasars gewesen. Auf diese Aussage gründete Landgraf Hermann seine Rache. Zwei Jahre forschte er nach weiteren Schuldbeweisen; es gab keine. Trotzdem setzte er sich am 4. Juli 1391 auf dem Altmarkt zu Gericht und erhob öffentlich Anklage wegen Hochverrats gegen achtundzwanzig ehrenwerte Bürger. Auf Wunsch der Schöffen mußte Hermann, weil er selbst Kläger war, einen anderen zum Richter bestellen. Er setzte Johann von Eisenbach ein. Dieser wählte Otto Groppe von Gudenberg und Wedekind von Falkenberg zu Beisitzern. Als öffentlicher Ankläger fungierte Heinrich von Hundelshausen.

Vom landgräflichen Schultheiß dreimal aufgerufen, sich vor dem peinlichen Gericht zu verantworten, erschienen nur drei der Beschuldigten; fünfundzwanzig waren abermals entflohen. Werner von Geismar, Cunze Sehewis und Hermann Schultheiß hörten die Klage, sie hätten samt und sonders des Landgrafen Stadt Kassel und ihn selbst verraten. Die drei erklärten, sie wüßten von nichts und seien unschuldig. Hermann und die Richter bezweifelten es. Johann von Eisenbach forderte sie auf, Bürgen beizubringen. Der Landgraf bangte um den Ausgang des Prozesses und begehrte vom Gericht eine Frist für die Gestellung der Gewährsmänner. Seinem Wunsche entsprechend, bemaßen die Schöffen sie recht knapp: bis der Richter zum Verkünden des Urteils aufstehe. Indes, hier mochte kein entsetzter Zuhörer für die Rechtschaffenen einstehen. Wie vorauszusehen, sprach das Junkergericht Leib und Gut der achtundzwanzig dem Landgrafen zu und überwies Geismar, Sehewis und Schultheiß in des Fürsten Gnade.

Bevor Hermann sie abführen lassen durfte, beantragte Bürgermeister Curt Mulenbach zwar noch, die drei Verurteilten als Kasseler Bürger in Stöcken und Heften der Stadt zu halten. Das Gericht lehnte es ab.

Landgraf Hermann ließ die Verhafteten öffentlich enthaupten und vierteilen. Ihre Güter zog er ein.

Das Rückgrat des nach Freiheit strebenden Bürgertums war nunmehr gebrochen. Jahrhundertelang bestimmte der jeweils regierende Landgraf Kassels Geschick.

Ein Symbol aus der mittelalterlichen Residenzstadt: Der Bürger trägt die Lasten.

Im frühen dreizehnten Jahrhundert schnitzte ein unbekannter Künstler dieses Christophorus-Relief in eine Knagge des Fachwerkhauses Müllergasse 17.

Heinrich II., Landgraf zu Hessen, ließ im Jahre 1334 ein Epos christlicher Humanität und Menschlichkeit aufzeichnen, den „Willehalm von Oranse" des Dichters Wolfram von Eschenbach. Der Fürst verpflichtete seine Erben, die mit Miniaturen prachtvoll illuminierte Handschrift nie zu veräußern; lediglich 1945 bis 1972 galt sie hier als verschollen.

Als Arbeit eines namentlich nicht bekannten Kasseler Bildhauers galt die spätgotische Pieta am Judenbrunnen Nummer 14.

Über dem Eingang zum Treppenturm des gotischen Rathauses war die in Sandstein gemeißelte Mahnung zu lesen:

> Eins manns red ein halbe red
> Man sol die part verhören bed

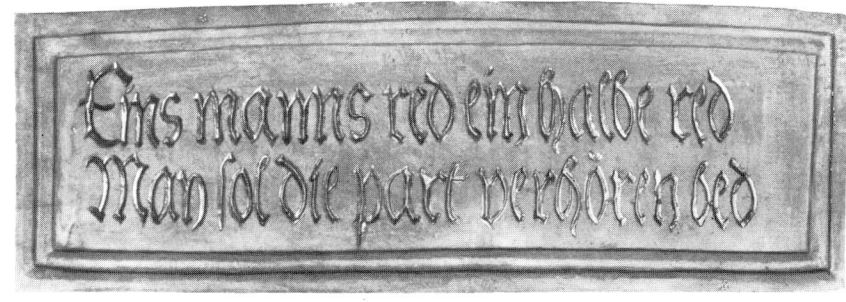

1378 hatten die drei bis dahin selbständig gewesenen Kasseler Städte sich zu einem Gemeinwesen vereinigt. Dreißig Jahre später begann die Bürgerschaft, am Altmarkt ihr neues Rathaus zu bauen. Gleich einigen anderen Künstlern zeichnete auch Ludwig Emil Grimm das schlichte Gebäude in sein Skizzenbuch, bevor es im April 1837 abgebrochen wurde.

Mitteltafel eines um 1420 entstandenen Passionsaltars aus dem Kloster Ahnaberg, das Heinrich Raspe II. und seine Mutter Hedwig nach 1140 gestiftet hatten.

1466 baute Johann Herber für Landgraf Ludwig II. an Stelle der fast zweihundert Jahre alten Burg seines Urahns Heinrich I. das neue Schloß „mit einem gewaltigen steinern Fuß, hölzern Stockwerk, hübschen Spitzen und Zinnen". Eine 1490 aufgenommene Ansicht zeichnete Wilhelm Dilich zweihundert Jahre später für seine „Hessische Chronica" nach.

Die Kasseler Staatskapelle ist das älteste deutsche Orchester; eine 1502 ausgestellte Urkunde Landgraf Wilhelms II. gilt als Gründungsdokument.

„Reisealtärchen", das Lukas Cranach d. Ä. Wilhelm II., Landgraf zu Hessen, im Herbst 1508 lieferte.

Reformation und Renaissance

1518 Der vierzehnjährige, vom Kaiser mündig erklärte Landgraf Philipp vollzieht rücksichtslos die von seiner Mutter begonnene Beschränkung der Stände.

1521 Pfarrer Johannes Angrund liest in der Magdalenenkirche erstmals die Messe in deutscher Sprache. – Durch Unachtsamkeit einer Magd brennen dreihundert Häuser ab.

1523 Der Landgraf baut Kassel zu einer Festung aus.

1524 In allen Kirchen der Stadt wird die Messe in deutscher Sprache gelesen und das Abendmahl in beiderlei Gestalt ausgeteilt.

1525 Hans Wilhelm Kirchhoff, der Verfasser des *Wendunmuth* *.

1526 Landgraf Philipp erläßt die Reformationsordnung und gründet in Kassel eine neue Lateinschule.

1527 Nonnen und Mönche übergeben dem Landesherrn freiwillig ihre Kasseler Klöster und kehren ins weltliche Leben zurück.

1532 Wilhelm IV., Landgraf zu Hessen, der Astronom, Mathematiker und Botaniker *

1535 Helius Eobanus Hessus führt im Schloß seine *Ludi Trojani* auf, ein *Spectaculum longe pulcherrimum*.

1536 Lukas Cranachs Schüler Michel Müller wird Hofmaler in Kassel.

1539 Landgraf Philipp heiratet *zur linken Hand* Margarete von der Sahl.

1546 Kaiser Karl V. spricht die Reichsacht gegen Philipp aus.

1547 Der Landgraf ergibt sich dem Kaiser auf Gnade und Ungnade; er wird fünf Jahre in Oudenarde und Mechelen gefangengehalten. – Hessen muß hundertfünfzigtausend Gulden Entschädigung zahlen. Der Kaiser befiehlt, die Festung Kassel zu schleifen.

1552 Philipps ältester Sohn, Wilhelm IV., erzwingt einen Feldzug der protestantischen Reichsfürsten gegen Kaiser Karl V. und die Freilassung des Vaters.

1553 Unter der Aufsicht Wilhelms IV. wird Kassel neu befestigt und das Landgrafenschloß umgestaltet.

1558 Wilhelm IV. richtet im Schloß die erste institutionell arbeitende Sternwarte Europas ein.

1562 Hans Wilhelm Kirchhofs *Wendunmuth* erscheint.

1567 Landgraf Philipp † – Kraft seines Testaments müssen die vier Söhne aus der rechtmäßigen Ehe mit Christina von Sachsen Hessen unter sich aufteilen. Wilhelm IV. erhält Niederhessen mit der Hauptstadt Kassel.

1568 Beginn der Arbeiten am Renaissance-Park und dem Botanischen Garten auf der Aue-Insel.

1570 Landgraf Wilhelm IV. läßt die Festung Kassel nach Plänen Rochus von Linars mit tenaillierten Werken um- und ausbauen.

1571 Im Habichtswald wird der erste Braunkohlenstollen getrieben. – Wilhelm Dilich *

1572 Moritz, Landgraf zu Hessen *

1573 Der Pfarrer der Magdalenenkirche reicht beim Abendmahl statt der Hostie erstmals Brot.

1579 Der Arzt Johannes Rhenanus konstruiert zur Glasherstellung einen Kohlenofen. – Landgraf Wilhelm läßt den Renthof bauen.

1580 Christoph Müller *dörrt* zum ersten Male Koks. – Wilhelm IV. gründet die spätere Landesbibliothek.

1581 Rochus von Linar und Christoph Müller beginnen das Zeughaus zu errichten.

1583 Im Weißen Hof stellen Venezianer Weißglas her.

1587 Wilhelm IV. läßt das 1297 gestiftete Elisabeth-Hospital erneuern und erweitern.

1588 Jost Bürgi erdenkt die Logarithmen.

1591 Wilhelm IV. beginnt mit dem Bau des Marstalls.

1592 Landgraf Wilhelm IV. † – Wilhelm Dilich wird Kartograph und Historiker am Hofe des Landgrafen Moritz.

1593 Englische Komödianten in Kassel.

1594 Moritz erteilt Wilhelm Wessel das Privileg, eine Druckerei einzurichten.

1595 Landgraf Moritz gründet eine Hofschule und die erste Gewerbeschule.

1599 Moritz erweitert die Hofschule zu einer Vorbereitungsakademie für das Universitätsstudium und nimmt den vierzehnjährigen Heinrich Schütz als Schüler auf.

1604 Landgraf Moritz läßt Wilhelm Vernukken das *Ottoneum* bauen, Deutschlands erstes Theatergebäude.

1605 Der Landgraf verfügt vier *calvinistische Verbesserungspunkte* zur Hessischen Kirchenagende. Heiligenbilder werden aus den Gotteshäusern entfernt.

1609 Moritz plant, eine *allgemeine Wehrpflicht* einzuführen.

1615 Wilhelm Wessel druckt die erste Proklamation der *Rosenkreuzer* an alle Gelehrten und die Herrscher Europas.

1626 Tilly vor Kassel.

1627 Der mit seiner Politik gescheiterte Landgraf Moritz dankt zugunsten seines Sohnes, Wilhelm V., ab.

1633 Die *Universität Cassel* öffnet ihre Pforten.

1639 Ludwig von Siegen (1607 bis 1676) erfindet in Kassel die *Schabkunst*, eine Art des Kupferstichs.

1653 Die *Universität Cassel* wird nach Marburg verlegt.

Kassel

war im Zeitalter der Reformation vorübergehend zu einem der politischen Zentren Deutschlands geworden. Residenz und Verwaltungsmittelpunkt des Niederfürstentums blieb die Stadt, als Gesamthessen im Jahre 1567 durch das eigensinnige Testament Landgraf Philipps des Großmütigen geteilt wurde und damit seine beherrschende Position aufgab. Den nördlichen, später meist nach der Hauptstadt „Hessen-Kassel" genannten Landesteil erbte Philipps ältester Sohn, Landgraf Wilhelm IV. Er bescherte Kassel Jahrzehnte des Friedens, wirtschaftlichen Wohlstand und eine erste kulturelle Blüte. Politisches Machtstreben oder Kriegsruhm lagen ihm fern. Aus religiöser Verantwortung respektierte er — wohl als einziger deutscher Landesherr im Zeitalter der Gegenreformation — die Gewissensfreiheit der Untertanen.

Für die innere Ordnung und Verwaltung Hessens schuf Wilhelm IV. ganz neue, in die Zukunft weisende Grundlagen, den „Ökonomischen Staat". Der Astronom, Mathematiker und Botaniker galt unter den Gelehrten seiner Epoche als Autorität; heute wissen wir, daß er zu den unbeirrbaren Wegbereitern der exakten Naturwissenschaften gehörte.

Bernhard Sticker
Landgraf Wilhelm IV. und die Anfänge der modernen astronomischen Meßkunst

Der Verfasser war Direktor des Instituts für Geschichte der Naturwissenschaften der Universität Hamburg.

Wie sehr es Wilhelm um ein wissenschaftliches Anliegen geht, erhellt aus den gleichzeitigen Beobachtungen am Himmel mit selbstverfertigten Instrumenten und aus den sehr gründlichen theoretischen Studien der astronomischen Lehrbücher jener Zeit, vorab der von Peuerbach und Regiomontan. Sie führen ihn unmittelbar an die seit langem aufgeworfenen, aber noch immer ungelösten Probleme der Himmelskunde, die Verbesserung der Planetentafeln und die damit im Zusammenhang stehende Reform des Kalenders, der durch Annahme einer falschen Jahreslänge erheblich in Unordnung geraten war. Die besten mechanischen Planeten- und Kalenderwerke konnten ja nicht darüber hinwegtäuschen, daß die Übereinstimmung der nach der Theorie berechneten Stellungen der Gestirne mit den tatsächlichen Erscheinungen am Himmel alles andere als vollkommen war. Schon bei der Anfertigung der mit seinen Automaten verbundenen Sterngloben stößt Wilhelm auf bedeutsame Abweichun-

Die erste institutionell arbeitende Sternwarte

gen des überlieferten Sternverzeichnisses des Ptolemaios von dem Himmelsanblick. Es spricht für die Sorgfalt seiner Beobachtungen, daß er nicht nur das Fehlen einzelner heller Sterne, sondern auch beträchtliche Abweichungen zwischen den alten Ortsangaben und seinen Messungen feststellt. Solche Fehler waren auch anderen vor ihm schon aufgefallen, aber niemand vor ihm hatte daran gedacht, den Ursachen nachzugehen, die Örter neu zu vermessen und ein berichtigtes Sternverzeichnis aufzustellen, das die Grundlage aller weiteren Arbeiten darstellen sollte, insbesondere der Verbesserung der Planetentheorien, eine Forderung, die schon Regiomontan und nach ihm Kopernikus eindringlich erhoben hatten.

Die Frage, warum sich bis dahin kein Astronom zu dieser Aufgabe bereit gefunden hat, rührt an das Trauma der mittelalterlichen Astronomie und der Naturwissenschaften überhaupt, das sie offenbar als Erbe der Antike übernommen: die Abneigung, eigene Erfahrungen durch Beobachtung und Experiment zu sammeln. Man kann dieses Phänomen auf mancherlei Ursachen zurückführen: auf die für das Mittelalter bezeichnende Minderbewertung der Handarbeit, auf den äußerlich glänzenden, im Grunde aber doch jede redliche Naturforschung ausschließenden Lehrbetrieb an den Hochschulen, der tiefere Grund liegt aber doch vor allem anderen in einem hochgezüchteten Autoritätsglauben, einer Dogmenhörigkeit, die jeden als Häretiker brandmarkt, der auf eigener Erfahrung die Wissenschaft neu zu gründen denkt. Es bedarf erst der Kräfte des reformatorischen Jahrhunderts, die Menschen zu ermutigen, die Welt neu zu sehen und zu erkennen, daß die Natur erfahrbar und berechenbar ist, ein offenes Gelände, das erkundet und nicht im Streit der Ideologien diskutiert werden will. Es bedarf der geistigen Freiheit und der undogmatischen Einstellung eines solchen Nonkonformisten wie es Wilhelm ist, den Entschluß zu fassen, das durch Tradition überkommene Sternverzeichnis des Ptolemaios durch ein neues zu ersetzen, wobei er durch Vergleich und durch fortgesetzte Beobachtungen festzustellen hofft, ob die Beanstandungen auf Überlieferungsfehler der alten Kataloge oder — eine Vermutung, mit der er seiner Zeit weit voraus ist — auf eigene Bewegungen der bisher für unbeweglich gehaltenen Fixsterne zurückzuführen sind.

Wie kommt dieser Mann zu dem Entschluß, sich nicht mit dem Bau von künstlichen Automaten zu begnügen, sondern Instrumente zur Beobachtung des natürlichen Himmels zu entwerfen und neue Beobachtungsmethoden zu entwickeln? Wäre das nicht Aufgabe der Astronomen vom Fach gewesen, deren es an den Höfen und auf den Kanzeln der Universitäten genügend gegeben hat? Doch die Stunde der Universitäten als Anstalten der Forschung schlägt erst später, und der Aufschwung der Naturwissenschaften verbindet sich mit ihrer Geschichte frühestens am Ausgang des 16. Jhdts., als Galilei in Padua zu wirken beginnt. Keiner der Begründer des neuen astronomischen Weltbildes, weder der Cusaner noch Regiomontan, noch Kopernikus oder Kepler hat sein Werk unter dem schützenden Dach und mit den Mitteln einer Universität durchführen können. Die Reformation der Sternkunde hat sich vielmehr im Kampf gegen die Universitäten vollzogen. Diese Zusammenhänge muß man sehen, wenn man die geschichtliche Leistung des Landgrafen würdigen will. Der erwähnte Andreas Schöner wird nicht zuletzt von ihm gerufen, um sich in die von Bernhard Walther geübte Praxis der Beobachtungen aus der Schule Regiomontans einführen zu lassen. Mit Feuereifer gibt sich Wilhelm in den Jahren bis zu seinem Regierungsantritt (1567) an die Durchführung seines Planes auf der von ihm zu diesem Zweck gebauten Beobachtungsstätte auf dem Altan seines Schlosses. Es ist die erste Einrichtung dieser Art in Deutschland, die man als Sternwarte bezeichnen kann. Das Kasseler Observatorium hat — mit planmäßigen Stellen für Astronomen, Mathematiker und Mechaniker verbunden — bis zum Ende des 18. Jhdts., also über 200 Jahre, wenn auch mit Unterbrechungen und an wechselnden Orten (Ottoneum, Zwehrenturm, Bellevue), bestanden. Seine Geschichte ist mit der Gründung und dem Aufstieg der feinmechanischen Werkstätten in Kassel untrennbar verbunden.

Der Regierungsantritt unterbricht zunächst die eigene Beobachtungstätigkeit des jungen Fürsten, an den verständlicherweise jetzt andere Aufgaben als vordringlich herantreten. Zwar wird das Land beim Tode des Vaters unter die vier Söhne geteilt, aber Wilhelm, dem Ältesten, bleibt doch mit Niederhessen, Ziegenhain, Schmalkalden und vor allem Kassel der wertvollste Besitz. Wichtig erscheint der Hinweis, daß er alles, was man an ihm als Landesherrn schätzt, auch noch als Gelehrter unter Beweis zu stellen weiß: den Blick für das praktisch Erreichbare, für sparsame, immer zweckmäßige Erschließung der Hilfsquellen und vor allem für die Heranziehung der tüchtigsten Fachleute. Als er die begonnenen Beobachtungen und Rechnungen für das Sternverzeichnis selbst nicht fortzusetzen vermag, gelingt es ihm — durch den zehntägigen Besuch des um 14 Jahre jüngeren Tycho Brahe, eines ebenso enthusiasmierten astronomischen Beobachters aufs neue in seinen Absichten bestärkt —, zwei besonders tüchtige Mitarbeiter nach Kassel zu ziehen: Christoph Rothmann (1550–1597; von 1577 bis 1590 in Kassel) als Observator und Jost Bürgi (1552 bis 1632; von 1579 bis 1603 und von 1622 bis 1632 in Kassel) als Mechaniker. Bürgi, der gebürtige Schweizer aus Lichtensteig im Toggenburg hatte längst einen guten Ruf als kunstvoller Uhrmacher. Zu seinen großen Leistungen, die er in Kassel vollbrachte und die den Ruhm seines fürstlichen Herren mehrten, gehört neben der Konstruktion der verschiedenartigsten Rechenhilfswerke, vor allem des Proportionalzirkels und des Triangularinstruments, der Bau hervorragender Planeten- und Globusuhrwerke sowie mehrerer Standuhren, die als Zeitmesser zur Ortsbestimmung der Sterne Verwendung fanden. Bürgi war ein ungewöhnlich begabter Autodidakt, der des Lateins nicht mächtig, also ohne Zugang zu den wichtigsten literarischen Quellen seiner Zeit, eine Fülle origineller Einfälle in die Tat umsetzte. Nach dem Tode des Landgrafen ging er über zwanzig Jahre nach Prag an den Hof Rudolphs II., wo er in Gedankenaustausch und enge Freundschaft mit Kepler trat. Durch ihn veranlaßt, veröffentlichte er die unabhängig von dem Schotten Napier vermutlich schon 1588 in Kassel gemachte Entdeckung der Logarithmen, die gerade für die Reduktion astronomischer Beobachtungen ungewöhnlich nützlich wurden. Daß er mehrere Jahrzehnte vor Galilei den Isochronismus des Pendels erkannt und bereits in Kassel das Pendel in Verbindung mit den damals noch sehr unvollkommenen Räderuhren gebracht haben soll, paßt durchaus zu diesem Bilde. Leider hat er es, wie auch bei seinen anderen Erfindungen, nicht für nötig befunden, sich darüber schriftlich zu äußern, so daß man auf unsichere Vermutungen angewiesen ist.

Auch Rothmanns Einstellung erweist sich als glücklicher Griff. Der aus Bernburg stammende und in Wittenberg ausgebildete Mathematiker wird zwar als eigensinniger und eigenwilliger Kopf geschildert, er hat aber doch zu den Beobachtungen und Rechnungen Wesentliches beigetragen. 1590 nimmt er Urlaub, um Tycho Brahe auf der Insel Hveen zu besuchen. Er kehrt von dieser Reise nicht mehr nach Kassel zurück, stirbt vielmehr ein paar Jahre nach dem Tode seines Herrn in seiner sächsischen Heimat. Aus seinem Briefwechsel mit Tycho kennt man ihn als einen der wenigen überzeugten Anhänger der Kopernikanischen Lehre, der sich von Tychos Scheinargumenten für seine Theorie, nach der sich die Sonne um die in der Mitte des Weltalls ruhende Erde, die anderen Planeten aber um die Sonne und daher mit dieser um die

Erde drehen sollten, nicht überzeugen läßt. Er hat mit seiner Kritik, wie wir aus dem Briefwechsel erfahren, auch den Landgrafen, der sonst nicht in den damals schon lebhaften Streit eingegriffen hat, auf seiner Seite.

Die Hauptsorge des Landgrafen gilt seit den sechziger Jahren und verstärkt durch Tychos Besuch neben der fortlaufenden Beobachtung von Sonne und Planeten dem Zustandekommen des sogenannten „Hessischen Sternverzeichnisses". Das Unternehmen sollte, nach der Anlage des Manuskripts zu urteilen, wohl ursprünglich 1032 Sterne umfassen, also ebensoviel wie der große von Hipparch übernommene Katalog des Ptolemaios. Gemessen an diesem Vorhaben mag das Erreichte gering erscheinen. Wilhelm selbst steuert in den Jahren bis zum Regierungsantritt 58 Sterne bei, weitere 121 Rothmann, während im ganzen noch etwa 900 weitere Beobachtungen vorliegen, die nicht mehr ausgewertet worden sind.

Da niemand den Fleiß und die Geschicklichkeit der Kasseler Beobachter in Zweifel stellen kann, beleuchtet diese Zahl die ungewöhnlichen Schwierigkeiten des Vorhabens. Tycho Brahe, der sich der gleichen Aufgabe mit einer größeren Zahl von Mitarbeitern widmen konnte und 20 Jahre angestrengter Arbeit bis zu einem vorzeitigen Ende benötigte, urteilt über das Vorhaben des Landgrafen, es stehe an Anstrengungen den Arbeiten des Herkules gewiß nicht nach. Man mag heute darüber lächeln, denn die moderne Beobachtungs- und Reduktionspraxis erlaubt es, entsprechende Programme in ungleich kürzerer Zeit durchzuführen.

Es wäre aber verfehlt, die Leistung Wilhelms nach der Zahl der Sterne zu messen. Sein Verdienst ist vielmehr die eigenartige und in mehrfacher Beziehung selbständige Entwicklung des Beobachtungsverfahrens, die zu einer bis dahin nicht erreichten und auch von Tycho kaum übertroffenen Genauigkeit führte. Der Landgraf verwendet hierzu neben der schon im Altertum gebräuchlichen Armillarsphäre (ein Gerät, das eine Nachbildung der Himmelskugel und ihrer Hauptkreise darstellt) und dem von Geber und Regiomontan angegebenen Torquetum (bei dem die einzelnen Himmelskreise auseinandergezogen sind) einen sogenannten Azimutalquadranten. Dieses Gerät stellt nichts anderes als die Grundform unseres heutigen Theodoliten dar mit dem Horizontalkreis zur Ablesung des Azimuts und dem Vertikalkreis (hier nur ein Viertel, daher der Name Quadrant) zur Ablesung der Höhen. Dieses von Wilhelm und seinen Mitarbeitern benutzte Instrument, für das es in der Geschichte der Sternkunde kein Vorbild gibt, befindet sich in der astronomischen Sammlung des Hessischen Landesmuseums. Der Fortschritt besteht in der genialen Einfachheit der Konstruktion und wie bei allen in Kassel von seinen Mechanikern gebauten Instrumenten in der konsequenten Ersetzung der bis dahin bevorzugten schwerfälligen Holzkonstruktionen durch Metallteile, die eine präzisere Ausführung und eine größere Stabilität ermöglichten.

Dieses Gerät erlaubt in Verbindung mit den bereits erwähnten von Bürgi verbesserten Uhren die Einführung einer neuen Beobachtungsmethode, die vielleicht von Walther angeregt, hier jedenfalls zum erstenmal konsequent bei der Beobachtung von Sternen durchgeführt wird. Das alte Verfahren, das die Griechen entwickelt haben, und das auch Tycho fast unverändert anwendet, beruht auf der Messung der gegenseitigen Winkeldistanzen von Stern zu Stern, d. h. auf einer Art Triangulation des Himmels, aus der nur auf sehr umständliche und mancherlei Fehler mit sich bringende Weise die beiden gesuchten Koordinaten der Sterne errechnet werden können. Dieses Verfahren, bei dem keine Uhr benötigt wird, war für das Altertum, das neben Sonnen- und Wasseruhren keine genauen Zeitmeßgeräte kannte, einfach unentbehrlich.

Im Gegensatz hierzu wird bei dem von Wilhelm eingeführten Verfahren der genaue Zeitpunkt, in dem die Höhe des Gestirnes mit den Azimutalquadranten eingestellt und abgelesen wird, mit Hilfe der Sekundenuhr festgehalten. Zu der Winkelmessung tritt also eine Zeitmessung. Aus dieser Zeitmessung ergibt sich als räumliches Bestimmungsstück die gesuchte Koordinate im Winkelmaß auf Grund des sehr einfachen Umstandes, daß die Differenz der Durchgangszeiten zweier Gestirne durch den gleichen Stundenkreis (etwa den Himmelsmeridian) gleich der Differenz der gesuchten Koordinaten ist. Das Neue an dieser Methode — und es ist wie alles Große denkbar einfach — ist die Benutzung der Drehung der Erde um ihre Achse, des Urmaßes unserer Zeiteinteilung, als Einrichtung zur Messung von Winkeln am Himmel. Mit der folgerichtigen Anwendung dieser Methode ist Wilhelm seiner Zeit wiederum weit vorausgeeilt. Erst 100 Jahre später wird sie von dem englischen Astronomen Flamsteed aufgenommen und ist seitdem aus der astronomischen Meßpraxis nicht mehr fortzudenken. Tycho Brahe glaubt sie dagegen als unbrauchbar verwerfen zu müssen und hat seinen Freund heftig getadelt. Der Grund ist freilich verständlich. Das neue Verfahren setzt nämlich sehr gute Uhren voraus, und die von dem Landgrafen benutzten waren bei all ihren Neuerungen doch noch unvollkommen. Aber verdient nicht Wilhelm gerade unser Lob, weil er durch sein Verfahren die Entwicklung besserer Zeitmeßgeräte geradezu herausgefordert und durch die Bemühungen von Bürgi auch einen entscheidenden Fortschritt herbeigeführt hat, der den dann folgenden Siegeszug der Präzisionspendeluhren eingeleitet hat?

Was für Uhren besaß die Kasseler Sternwarte? Räderuhren mit Gewichtsantrieb oder Federzug und mit Stunden- und Minutenanzeiger waren im 16. Jhdt. bereits weit entwickelt. Es fehlte noch an einer Einrichtung zur genaueren Regulierung des Zeitablaufes. In der von Rothmann verfaßten Beschreibung der Beobachtungsgeräte ist von drei Uhren die Rede, davon eine, die neben dem Stunden- und Minutenzifferblatt einen Sekundenzeiger besitzt. Handelt es sich hierbei bereits um eine Pendeluhr? Sie habe — sagt Rothmann — eine Unruhe (libramentum), die durch eine neue Erfindung so angetrieben werde, daß jede Bewegung einer einzelnen Sekunde entspreche. Diese Beschreibung würde auf zwei in Kassel und Wien (Kunsthist. Museum) befindliche Tischuhren mit der sog. Kreuzschlagunruhe und mit hörbarem Sekundenschlag und mit Sekundenzifferblatt zutreffen. Wilhelm selbst hat ihre Genauigkeit offenbar etwas geringer eingeschätzt. Er schreibt 1586 an Tycho von seinem „Minuten- und Sekundenuhrlein, welches gar gewisse Stunden geben und a Meridie in Meridiem offtmals nicht eine minuten variieren" solle. Man erkennt aus den leider sehr spärlichen Zeugnissen, da sich nur wenige Uhren aus Bürgis Werkstatt erhalten haben, daß die Ansprüche noch nicht sehr hoch gewesen sein können und daß man die Beobachtungen schon mehrmals wiederholen mußte, um die zufälligen Fehler zu verkleinern. Eine neuere Untersuchung über die erzielte Genauigkeit steht aus. Sie dürfte, wie ein Vergleich mit Tychos Beobachtungen zeigt, zwischen 1 und 2 Bogenminuten liegen. Vergleicht man dies mit der Genauigkeit des Ptolemaischen Kataloges aus dem Altertum, dessen Ortsangaben um 20—30 Bogenminuten falsch sind, so ermißt man, welcher Fortschritt hier zu Beginn der Neuzeit durch neue Konstruktionsgedanken, durch sorgfältige instrumentelle Ausführung und nicht zuletzt durch sinnvolle Beobachtungsmethoden erreicht worden ist. Dabei bezeichnen diese Arbeiten nur den Anfang einer Entwicklung, die auf dem von Wilhelm instrumentell und methodisch vorgezeichneten Weg zu der heute fast mühelos erreichbaren Genauigkeit von Bruchteilen der Bogensekunde geführt hat.

Gedanken über den Staat

Ludwig Zimmermann
Der „Ökonomische Staat" Landgraf Wilhelms IV.

Der Historiker Professor Dr. Ludwig Zimmermann (1895 bis 1959) lehrte zuletzt an der Universität Erlangen.

Es ist eine merkwürdige, für die Geschichte des deutschen Staatsgedankens ungemein bedeutsame Tatsache: Der „Ökonomische Staat" ist das Vermächtnis des Landgrafen Wilhelms IV. an seinen Sohn. Das Staatshandbuch des hessischen Fürsten ist also ein politisches Testament. Steht dieses Werk in Beziehung zu der gleichzeitig entstandenen Fürstenspiegelliteratur, insbesondere zu deren bedeutsamstem Vertreter, dem „Politischen Testament" Melchiors von Osse, das dieser im Auftrage des Kurfürsten August in den Jahren 1555 bis 1556 verfaßte? Tatsächlich bewahrt die Kasseler Landesbibliothek heute noch eine Abschrift des sächsischen Werkes, und es ist anzunehmen, daß der dem Kurfürsten eng befreundete Landgraf sie kannte.

Man hat Osses Testament als die Grundlegung des älteren Kameralismus angesehen, und tatsächlich enthalten seine wirtschaftstheoretischen Betrachtungen unverkennbar merkantilistische Züge. Aber was bedeuten diese verhältnismäßig beschränkten Ausführungen in dem Rahmen der Staatstheorie, die hier entwickelt wird? Sie entspricht im wesentlichen dem Patriarchalismus, den man zur Kennzeichnung des lutherischen Kleinstaates verwendet. Osses Gedanken um den Staat kreisen um die „justicie" als das Fundament und die Zwecksetzung einer „gottseligen, weisen, vernünftigen und rechtmäßigen" Regierung. Die Art der Begründung, die Berufung auf Aristoteles und die Bibel als die entscheidenden Autoritäten offenbaren, wes Geistes Kind der Verfasser ist. Für Melchior von Osse ist die Politik nach der ideologischen Seite Moraltheologie, nach der praktischen Juristerei, und zwar liegt ihm die Erhaltung der herkömmlichen Rechte und Freiheiten am meisten am Herzen. Er ist ein Vertreter des Ständetums, sowohl dem Reich gegenüber als auch innerhalb des Fürstentums. Ein reaktionärer Konservatismus ist der Grundzug seines Wesens. Jedenfalls ist in dieser Persönlichkeit nichts zu spüren von den säkularen Triebkräften moderner Politik, die trotz aller Theologie auch in die protestantischen Territorialstaaten eindrangen.

Der „Ökonomische Staat" zeigt schon in seiner äußeren Form, wie weit entfernt er von dem Werke Melchiors von Osse ist. Landgraf Wilhelm hat in seinem Testament eine Grundlegung seiner Politik gegeben. Auch hier findet sich naturgemäß der kurze und bündige Hinweis, daß eine wohlgeordnete Justiz das Kernstück einer guten Regierung sei; aber vergeblich wird man seitenlange theoretische Erörterungen über diesen Gegenstand suchen. Der grundsätzlichen Einsicht entspricht bei Wilhelm sofort die Ausführung in den Kanzlei-, Hofgerichts- und Landordnungen. Während man bei dem sächsischen Altkanzler darüber streitet, ob seine Vorschläge erst die geordnete Finanzverwaltung schaffen sollten, ist die Arbeit des hessischen Fürsten nur auf der Grundlage einer solchen Verwaltung möglich. Bei ihm ist alles auf die Erfahrung gegründet. Und wenn man das Prinzip des „Ökonomischen Staates" sucht, dann ist es die Beschränkung der Betrachtung auf das Tätigkeitsgebiet des hessischen Kleinstaates und der Versuch, diesen Objektbereich in Zahlen faßbar zu machen. Dies rückt das statistische Handbuch Landgraf Wilhelms unzweideutig in die geistige Strömung, welche die modernen Naturwissenschaften hervorbringt. Landgraf Wilhelm gehört an die Seite ihrer Bahnbrecher, und sein „Ökonomischer Staat" ist der klarste Spiegel seines rationalen Wesens.

Im Zusammenhang der europäischen Geistesentwicklung aber bedeutet sein Werk einen grundlegenden deutschen Beitrag zu dem gigantischen Gebäude der Gedanken über den Staat, das die Baumeister Westeuropas im Zuge der von Jahrhundert zu Jahrhundert machtvoller werdenden Ausgestaltung der Nationalstaaten geschaffen haben. An dem sprühenden, glühenden Kunstwerk Machiavellis gemessen, erscheint das Zahlenwerk des hessischen Landgrafen nüchtern und kalt. Und doch steckt auch in ihm die ganze Fülle des Lebens eines ringenden, gestaltenden Mannes. Hat des großen Florentiners Werk das Dunkel der triebhaften Mächte der Politik aufzuhellen versucht, die sich zum ersten Male in der Renaissance ungebrochen auswirkten, so dient das Buch des deutschen Fürsten der Klärung der Lebensbedingungen moderner Politik. Es ist ein Schrittstein auf dem Wege zur rationalen Erfassung der Machtquellen des Staates, auf dem Wege zu einem Ziele, das auch heute noch in dämmernder Ferne liegt.

Die ersten Kartoffeln

Wie sehr Wilhelm IV. die im sechzehnten Jahrhundert noch junge Wissenschaft der Botanik durch eigenes Beobachten, Sammeln und Züchten seltener Kräuter, Sträucher und Bäume förderte, bezeugen — neben der Widmung des von Kaspar Ratzenberger angelegten ersten deutschen Herbariums — vor allem Briefwechsel. Bedeutsam ist ein Abschnitt aus dem Schreiben des Landgrafen vom 4. Februar 1591 an Kurfürst Christian von Sachsen:

Wir überschicken auch Euer Liebden unter andern ein Gewächse, so wir vor Jahren aus Italia bekommen, und Taratouphli genannt wird. Das selbige wächst in der Erden und hat schöne Blumen gut Geruchs und unten an der Wurzel hat es viele Tubera hängen. Dieselben, wenn sie gekocht werden, sind gar anmutig zu essen. Man muß sie aber erstlich in Wasser aufsieden lassen, so gehen die obersten Schalen ab. Danach tut man die Brühe davon und seudt sie in Butter vollends gar.

Justus Wilhelm Niemeyer
Wilhelm Dilich, der „Entdecker des Stadtbildes"

Justus Wilhelm Niemeyer (1920 bis 1966), ein vorzüglicher Kenner älterer landschaftsbeschreibender Literatur, besorgte Faksimileausgaben einiger Merian-Bände und der „Hessischen Chronica" des Wilhelm Dilich. — Der 1571 in Wabern geborene Dilich besuchte das Kasseler Pädagogium sowie die Universitäten Wittenberg, Leipzig und Marburg. Von 1592 bis 1627 diente er dem Kasseler Hofe als Geograph, Zeichenkünstler, Architekt und zuverlässiger Historiker. Er starb 1650 in Dresden.

Wilhelm Dilich hatte einen bedeutend größeren Anteil an der künstlerischen Entwicklung seiner Zeit, als ihm ehedem zugebilligt wurde. Mit vollem Recht hat man ihn als den Entdecker des „Stadtbildes" als eines künstlerischen Ganzen und als eines untrennbaren Bestandteils der umgebenden Landschaft bezeichnet. So ist die Landschaftsdarstellung sein ureigenes Kunstgebiet.

Überschwenglich hatten ihn seine Freunde schon zu Lebzeiten Albrecht Dürer zur Seite gestellt. Besonnenes und kritisches Urteil unserer Tage läßt ihn wegen seines echten künstlerischen Empfindens sowie seiner feinen Beobachtungs- und trefflichen Darstellungsgabe immerhin als einen echten Nachfolger Dürers gelten und weist ihm unter den deutschen Landschaftern aus dem beginnenden siebzehnten Jahrhundert einen bedeutenden Platz zu.

Und doch scheint es, als ob Dilich selbst seine künstlerische Begabung nicht als sehr wesentlich geachtet habe.

Englische Komödianten in Deutschlands erstem Theatergebäude

Stets drängte er zu umfassenderer Darstellung, zu geschichtlichen Abhandlungen, zu Chroniken oder sonstigen allgemeinen Berichten. In ihm lebte noch die Universalität des vorangegangenen Zeitalters.

Mit großer Feinfühligkeit und scharfer Beobachtungsgabe vermochte der kaum Zwanzigjährige in seinen Handzeichnungen die atmosphärische Stimmung der Landschaft bis zu den duftigsten Tönen der Luftperspektive einzufangen. Ein sicheres Gefühl für Raumaufteilung und ein Empfinden der Tonwerte von Hell und Dunkel offenbart sich in der Zartheit der Ausführung und ihrer durch das Körperhafte des Striches gewonnenen Tiefenwirkung. Durch feinste Abstufungen von Licht und Schatten vermag er einzelne Partien seiner Zeichnung herauszuheben und damit das abwechslungsreiche Vielerlei des Details zu einem großen, überschaubaren Gesamteindruck zusammenzufassen. Auch Dilichs Radierkunst zeigt uns den vollendeten Künstler, wenngleich bei der Übertragung in die Kupferplatte das Beste aus seinen Zeichnungen vielfach verlorenging. Auf die dem jeweiligen Stadtbild angepaßten reizvollen Vordergrundmotive hat er dabei fast durchweg verzichtet, ebenso auf die ihm eigene atmosphärische Stimmung. Die vielfach gerühmte „malerische Behandlung" landschaftlicher Motive lassen also seine Stiche so gut wie ganz vermissen; dafür stehen sie aber an historischer Treue den Federzeichnungen nichts nach.

Erst in den zarten durchscheinenden Farbtönen der Aquarelle kommt Dilichs eigentliche Begabung wieder reiner zum Ausdruck. Wie die Zeichnungen verraten sie ein ausgeprägtes Streben nach malerischer Wirkung und übertreffen hierin ähnliche Leistungen der beschreibenden Kunst zu damaliger Zeit bei weitem.

Die Freude, die Dilich an der Wiedergabe von Burgen und Ruinen, Denkmälern der Vorzeit, römischen Funden und mittelalterlichen Grabmälern empfindet, bezeugt hier – in der Frühzeit des Barock – eine gleichsam schon romantische Einstellung. Die gegenständliche Poesie seiner Landschaften hat bisweilen etwas merkwürdig Unbarockes, das sich vielfach in geringfügigen Einzelheiten erweist. Während beispielsweise bei Braun-Hogenberg die Türme gedrungen und niedrig dargestellt waren und seine Fensterstürze Renaissanceformen zeigten, bemerken wir bei Dilich ein erstaunlich sicheres Gefühl für die schlanken Formen der gotischen Kirchen, wenn auch oft eine gewisse Überhöhung nicht vermieden wurde; demgegenüber hat Merian dann die gotischen Architekturformen wieder völlig mißverstanden. Dilich weist künstlerisch in die Zukunft.

Hans Hartleb
Der kultivierte Hof des Landgrafen Moritz

Bis jetzt gibt es noch keine kritische Biographie, in der Verdienste und Schwächen des Landgrafen Moritz von Hessen umfassend gewertet worden sind. Von Zeitgenossen „der Gelehrte" genannt, war Moritz zwar vielseitig gebildet, den Rang eines ernsthaft forschenden Gelehrten mochten ihm aber selbst höfische Geschichtsschreiber nicht beimessen. Zu selten nutzte er seine Fähigkeiten zielstrebig nach dem Vorbild des Vaters; trotz dessen Ermahnungen verschwendete er Zeit und Geld an Alchimisten, Astrologen oder Chiromanten. – Der hier folgende Text ist Hans Hartlebs wohlfundiertem Buch über Deutschlands ersten Theaterbau entnommen. Darin würdigt der Autor Landgraf Moritz als den „geistigsten unter den deutschen Fürsten" im beginnenden Barock.

Der Charakter dieses Fürsten war aus den widerstrebendsten Elementen seltsam gemischt. Mit einer leidenschaftlichen – wenn auch mehr vom Kopf als vom Herzen bestimmten – Energie, die ihn, bei der Verfolgung hoher Ziele, Meinung und Willen anderer gering achten machte, verband sich eine persönliche Empfindlichkeit, die, oft bis zur Eitelkeit gesteigert, ihn auch die leisesten Verstöße gegen seine Würde mit einer Peinlichkeit empfinden ließ, die seinem leicht entzündlichen Jähzorn stete Nahrung gab. In der Einstellung zu religiösen, künstlerischen und politischen Grundfragen seiner Zeit weit voraus, vermochte er sich doch dem Genius seines Jahrhunderts niemals zu entziehen. Das erklärt sich wohl aus einer eigenartigen Kälte, ja Nüchternheit des Gemüts, die seine leidenschaftlichsten Bestrebungen oft auf eine unvorhergesehene Weise noch in ihrem Entstehen zerstörte. Selbst sein lebhaftes Temperament vermochte dieser Nüchternheit niemals für lange Zeit Herr zu werden. Es war zu sprunghaft, besaß zu wenig dauernde Glut, um den Landgrafen auch nur zeitweise von den herabstimmenden Einflüssen des Alltags unabhängig zu machen. Die innere Unbeständigkeit ließ diesen geistigsten unter den deutschen Fürsten seiner Zeit politisch wie menschlich scheitern. Diese Unbeständigkeit wirkte sich in der Vielheit der von ihm ergriffenen Geistesrichtungen ebenso aus, wie im Verhältnis zu den Menschen seiner Umgebung. Er fand – und nicht nur als Fürst – Freunde; aber er vermochte nicht, sie sich zu erhalten. Die er, von plötzlichem Impuls getrieben, hob, ließ er, einer Laune, einem augenblicklichen Überdruß folgend, nur zu bald wieder fallen.

Sein Wissen – und wie mancher seiner Zeitgenossen erlag dieser Gefahr – ging zu viele Wege. Überall war er interessiert. Er lernte Hebräisch, Griechisch und Lateinisch, Italienisch, Französisch und Englisch, Holländisch, Spanisch und Ungarisch. Er versuchte sich sogar am Persischen. Er schrieb eine deutsche Sprachlehre, eine lateinische Poetik und ein französisches Wörterbuch. Er hatte bedeutende mathematische, astronomische und chemische Kenntnisse. Er war ein nicht unerfahrener Architekt, er war auch Jurist und schließlich ein Kriegswissenschaftler von hohem Rang. Immer hat er sich bemüht, in die philosophischen Systeme des Altertums wie auch die seiner Zeit einzudringen. Aber dies alles, das große Gebiet der Wissenschaft genügte ihm noch nicht. Er wollte auch die Künste schöpferisch meistern. So komponierte, so dichtete und zeichnete er. Und indem der Landgraf nach so vielen Seiten aussah, verlor er den sicheren Weg unter den Füßen. Eine große und in Wahrheit tragische Persönlichkeit, erlitt er das deutsche Schicksal des Alleswollenden, der an der Vielheit seiner Ziele, an der Maßlosigkeit seiner Wünsche scheitert. Nirgends ruhig verweilend, erfaßte er von allem mehr die äußere Form als den inneren Gehalt. Wenn er sich wissenschaftlich weitgehender zu erfüllen vermochte als künstlerisch, so lag das vornehmlich an jener Nüchternheit, jener plötzlich hervortretenden Kälte des Gefühls, die ihn hinderten, ein Künstler im hohen Sinne des Wortes zu sein. Seine bedeutende Intelligenz machte ihn im Verein mit seinem sehr regen geistigen Interesse zu einem glänzenden Repräsentanten der Geistesbildung seiner Zeit, die eben ihre Befriedigung nicht so sehr in der Tiefe als vielmehr in der Breite der beherrschten Wissensgebiete suchte. Seine künstlerischen Produktionen mußten dagegen bei aller Sicherheit im Technischen ohne eigentliches Leben bleiben. Am bedeutendsten sind noch die durch meisterliche Formbeherrschung ausgezeichneten musikalischen Schöpfungen; sie lassen ahnen, was er – bei größerer Beständigkeit des Strebens und stärkerer Intensität des Fühlens – etwa hätte erreichen können. Seine Dichtungen jedoch, von denen uns allerdings nur spärliche Reste geblieben sind, halten sich ganz innerhalb des konventionellen Rahmens.

Seine tatsächliche Bedeutung für die Kunst liegt nicht so sehr in dem, was er selbst geschaffen hat, als vielmehr in dem feinen Verständnis, mit dem er seinen Hof zu einer Pflegestätte künstlerischer Bestrebungen machte, mit dem er es verstand, junge Talente zu erkennen und sie an den rechten Platz zu stellen. Moritz war es, der gelegentlich einer Reise Heinrich Schütz als 13jährigen

Singknaben in Weißenfels entdeckte, der den Jüngling in Marburg wissenschaftlich und in Venedig musikalisch bilden ließ, der Dietrich von dem Werder, den deutschen Nachschöpfer des „Orlando furioso", jahrelang in hoher Stellung und als Freund an seinem Hofe hielt. Die es ihm wert schienen, erhielten von ihm die Mittel zu ausgedehnten Bildungsreisen. Mit einem besonderen Sinn für repräsentative Pracht begabt, die doch niemals ein durch echten Geschmack bedingtes schönes Maß überschreiten durfte, schuf er den Kasseler Hof zu einem der glänzendsten in Deutschland. Seinen Festen gab er mit bedeutendem Formgefühl Haltung und großen Stil, und zur selben Zeit, da l'Ermite als florentinischer Gesandter das wüste und gedankenlose Amüsiertreiben des Dresdener Hofes überlegen bewitzelt, da eine Unzahl deutscher Hofhaltungen in maßlosen Trinkgelagen ihre Befriedigung finden, entwickelt der Kasseler Hof eine glänzende und sehr kultivierte Form festlichen Lebens, die, deutlich am italienischen Vorgang gebildet, sich trotzdem zu schönem Eigendasein durchzuringen vermag. Die Kasseler Inventionen gewinnen sich europäischen Ruf, und sehr schnell wird der hessische Hof ein Treffpunkt reisender Gelehrter und Künstler aus aller Welt. Italienischer, französischer und englischer Einfluß überschneiden und durchdringen einander, ohne doch je den Landgrafen zu gedankenloser Nachahmung des Fremden verleiten zu können.

Wie sehr mußte ihn daher eine Kunstübung anziehen, die das Theatralische mit dem Musikalischen verband! Eine solche Kunstübung aber wurde von den englischen Komödianten gepflegt, die im letzten Viertel des 16. Jahrhunderts das Festland auf ausgedehnten Wanderzügen zu durchstreifen begannen. Diese fremden Schauspieler neigten schon darum dazu, der Musik in ihren Darbietungen einen besonderen Platz einzuräumen, weil diese Kunst in ihrer Wirkung keinerlei Einschränkung unterworfen ist, wohingegen das Drama sich eines Mediums bedient, das an die Grenzen seines jeweiligen Entstehungslandes gebunden ist, des Wortes. Es war daher in den ersten Jahren ihres Auftretens in Deutschland das natürliche Bestreben der englischen Komödianten, ihre Aufführungen der Schau, der Revueform also, anzunähern: Musik, Tanz und Akrobatik überwucherten das Wort. Die Pantomime ward ein ständiges Hilfsmittel zur Verdeutlichung der Situationen.

Es ist sicher, daß eine Form des Theaters, die das Gewicht des Dramas solchermaßen verschob, eben dies Drama in den Grundlagen seiner Existenz empfindlich erschüttern mußte. Vor das herrschende Wort, das eine Idee mehr oder weniger klar entwickelt, trat die Buntheit einer sehr bewegten Darstellung. Und diese Entwertung des Wortes war ja im 16. Jahrhundert keine so ungewöhnliche Erscheinung. Es soll hier die Tatsache nur angedeutet werden. Der Wunsch, das antike Drama zu erneuern, hatte die Oper ins Leben gerufen, die das Wort der großen leidenschaftlichen Theatergeste opferte. Und im Lied verschob sich das Schwergewicht wachsend vom Text zur Musik. Wenn die englischen Komödianten das Wort hinter die Buntheit ihrer Darstellung zurücktreten ließen, so beförderten sie gerade damit ihren Erfolg in Deutschland sehr wesentlich. Darum vermag auch nur eine schöne Illusion zu dem Glauben zu verleiten, daß vornehmlich die großen Werke eines Greene und Marston, eines Marlowe oder gar Shakespeare unser deutsches Publikum damals erschüttert hätten. Sie haben hinter den Sensations- und Kriminalstücken, hinter den Reißern zurücktreten müssen, und wenn sie einmal gespielt wurden, so blieb von ihnen nicht viel mehr als das rohe Gerüst der Handlung. Wir müssen freilich zugeben, daß selbst diese englischen „Reißer" — man denke doch an Kyds „Spanish Tragedy" oder an die dem Lily zugeschriebene „Warning for Faire Women" — den gleichzeitigen deutschen Erzeugnissen in allem, was dramatischen Aufbau und Entwicklung von Charakteren anlangt, außerordentlich überlegen waren.

Auch ist nicht zu bezweifeln, daß die Darstellung der Engländer an einem Hofe, wie es der Kasseler, vor einem Fürsten, wie es Moritz war, bezähmter, maßvoller, kurz im eigentlichen Sinne wesenhafter sich vollzog als vor dem breiten Publikum der großen Handelsstädte. Dennoch dürfen wir uns nicht scheuen, einzugestehen, daß die oben genannten Elemente des reinen Theaters, des bewegten, bunten Spektakels, die geeignet waren, die Aufmerksamkeit vom dramatischen Kern abzuziehen, auch in Kassel ihre Rolle gespielt haben werden.

Obwohl es nicht die besten Truppen waren, die hinüber auf das Festland gingen, war der Erfolg der englischen Komödianten in Deutschland bedeutend. Er gründete sich vornehmlich auf die oft sehr brutalen Effekte ihrer Darstellung. Und wenn ihnen auch der gelehrte Moritz seinen Beifall nicht versagte, so war sicher nicht der Sinn für die große Form des Dramas das Vorherrschende in seinem Verhältnis zu den fremden Schauspielern. Allein eine völlig gleichgültige Rolle spielte das Drama in diesem Verhältnis auch nicht. Denn es kann nicht übersehen werden, daß eben das neue englische Drama der Wende vom 16. zum 17. Jahrhundert in hohem Maße solche Eigenschaften besaß, die ihm im evangelischen Deutschland, besonders aber bei einer Persönlichkeit von der Prägung des Landgrafen Moritz, Sympathien erwerben konnten. Denn auch das englische Drama dieser Zeit gibt sich niemals völlig einem ekstatischen Rausche hin; es bewahrt immer einen sehr nüchternen Zusammenhang mit dem Wirklichen, der sich selbst im Aufschwung der mitreißendsten Leidenschaften durch eine nahezu sachlich zu nennende Ironie anzuzeigen pflegt, die — weit entfernt, die Wirkung der dargestellten Leidenschaften abzuschwächen — dieselben womöglich noch erschütternder zur Geltung kommen läßt. Es ist dies eine Art, das Leben dichtend zu gestalten, die einer aus Nüchternheit und Gefühlsstärke so seltsam gemischten Natur, wie Moritz sie besaß, allerdings in hohem Maße zusagen, und die seiner von den Lehren der reformierten Kirche bestimmten Weltanschauung ganz besonders entsprechen mußte. In diesen englischen Dramen wurde endlich einmal die verstandesmäßige Konstruktion des deutschen Schuldramas auf eine höchst lebensvolle Weise durchbrochen, und wenn die englischen Komödianten die Hochform auch nicht einwandfrei zur Darstellung zu bringen vermochten, so haben sie sie doch nicht völlig entstellen können. Daß eine so aus entgegengesetzten Elementen gebildete Dramenform ein Volk beeindruckte, das, wie das deutsche, von jeher der Vielseitigkeit bis zur Selbstaufgabe ergeben war, das erst in dem Versuch, alle Möglichkeiten zu erschöpfen, ein künstlerisches Genügen finden konnte, wie es sich andern Völkern schon im Verfolg einer ausgeprägten und in ihrer Stärke einseitigen Kunstrichtung bot, ist natürlich kein Zufall.

Moritz empfing die fremden Schauspieler freundlich und förderte sie mit allen Mitteln. Ihre Existenz wird es nicht zuletzt gewesen sein, durch die er zum Bau eines Komödienhauses, des ersten selbständigen Theaterbaus in Deutschland überhaupt, angeregt wurde. Rund 20 Jahre — von 1593 bis 1613 — blieben sie in mehr oder weniger enger Beziehung zu seinem Hofe; wenn sich später in Kassel keine Spuren mehr von ihnen finden, so liegt das daran, daß die bedrohliche Zuspitzung der politischen Verhältnisse, wachsende Sorgen im Lande und in der eigenen Familie den Landgrafen zwangen, die Vergnügungen am Hofe auf ein Mindestmaß einzuschränken. Das einzige, was ihm blieb, waren wohl die Aufführungen der Hofschüler, die weit geringere Mittel erforderten als die kostspielige Unterhaltung einer ganzen englischen Truppe, und endlich die Konzerte seiner Hofkapelle, die er sich selbst in den schwersten Zeiten seines Lebens zu erhalten verstand.

Baumeister Michel Müller zeichnete und kolorierte 1547 den frühesten der überlieferten Stadtpläne. Auf dem hier wiedergegebenen Ausschnitt sind die Festungsanlagen Philipps des Großmütigen mit Gräben und Wällen, das Hohentor, die Martinskirche mit der kurz zuvor vollendeten „welschen Haube" des Südturms und der Druselturm zu erkennen.

Reizvoll ist die kaum bekannte Ansicht der Residenzstadt Kassel von Südosten her; sie gelang einem Hofmaler Wilhelms IV. um 1570.

Im Chor der Martinskirche richteten im Jahre 1572 Hofbildhauer Landgraf Wilhelms IV. eins der größten und im Hinblick auf die künstlerische Qualität auch bedeutendsten

Renaissance-Grabmäler in Deutschland: das Epitaph für die Eltern des Fürsten, Landgraf Philipp den Großmütigen und Landgräfin Christina, geborene Herzogin von Sachsen.

Elias Godefroy hatte das prunkvolle Philipps-Wandgrab aus schwarzem, glänzend poliertem Marmor und hellgelbem Alabaster 1567 in Form eines römischen Triumphbogens entworfen. Als er im Herbst des folgenden Jahres über der Arbeit starb, änderte sein Schüler und Nachfolger Adam Liquir Beaumont den Aufriß „von der Dorica hinauf". Während das links abgebildete Relief, „Lazarus' Auferweckung", offensichtlich nur ein Eleve meißelte, sind die lebensvollen Alabasterstatuen des Landgrafenpaares Meisterwerke Godefroys.

Elias Godefroy: „Christi Auferstehung", Teil eines Reliefs aus dem Alabastergemach des von Wilhelm IV. neugestalteten Landgrafenschlosses.

Ein Hofmaler porträtierte Wilhelm IV., Landgraf zu Hessen, den gelehrten Astronom, Mathematiker und Botaniker, mit seiner Gemahlin Sabina, geborene Herzogin von Württemberg, im Herbst 1577. Das Paar steht im Südflügel des Kasseler Schlosses vor dem Ausgang auf einen Altan. Der Fürst hält in seiner Rechten als Symbol besonderer Liebe zu den im Hintergrund dargestellten Wissenschaften eine rosa Nelke. Astronomen der 1558 von ihm gegründeten ersten institutionell arbeitenden Sternwarte Europas hantieren auf dem Balkon an Meßinstrumenten. Drunten im Tal, auf dem von der Großen und Kleinen Fulda umflossenen Auegelände, ist der 1568 angelegte Renaissance-Park mit einem „Lustschlößchen" und Wasserkünsten zu erkennen. In dem an ihn grenzenden Botanischen Garten gediehen neben südländischen Obstarten oder seltenen Blumen und Kräutern bereits Kartoffeln.

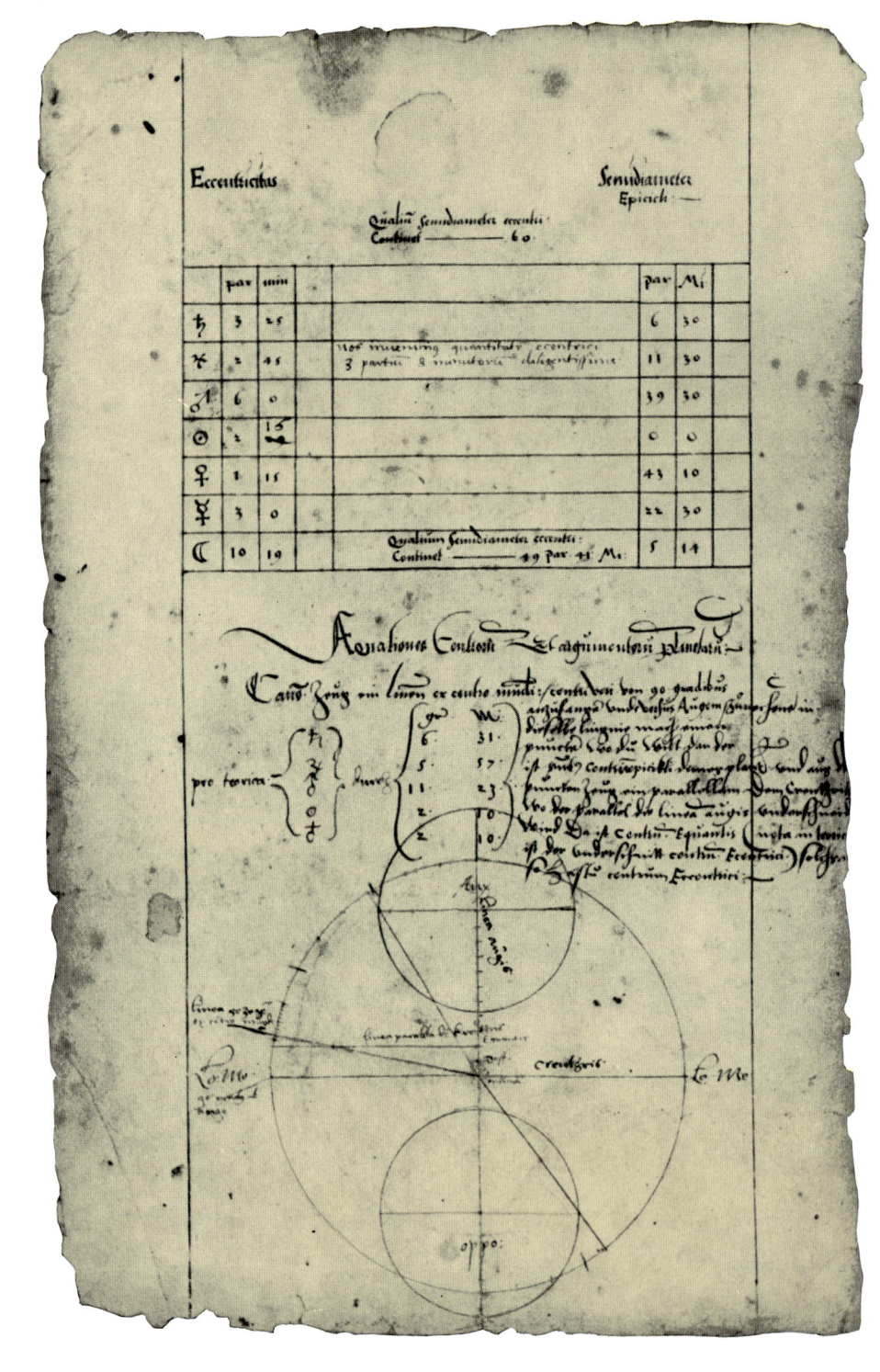

Durch Peter Apians „Astronomicum Caesareum" angeregt, berechneten Landgraf Wilhelm IV. und sein Mathematiker Andreas Schöner um 1560 eine astronomische Kunstuhr.

Auf acht Scheiben zeigt das von Baldewein und Dippel vollendete Werk den jeweiligen Stand des Mondes und der damals bekannten Planeten in ihren geozentrischen Örtern.

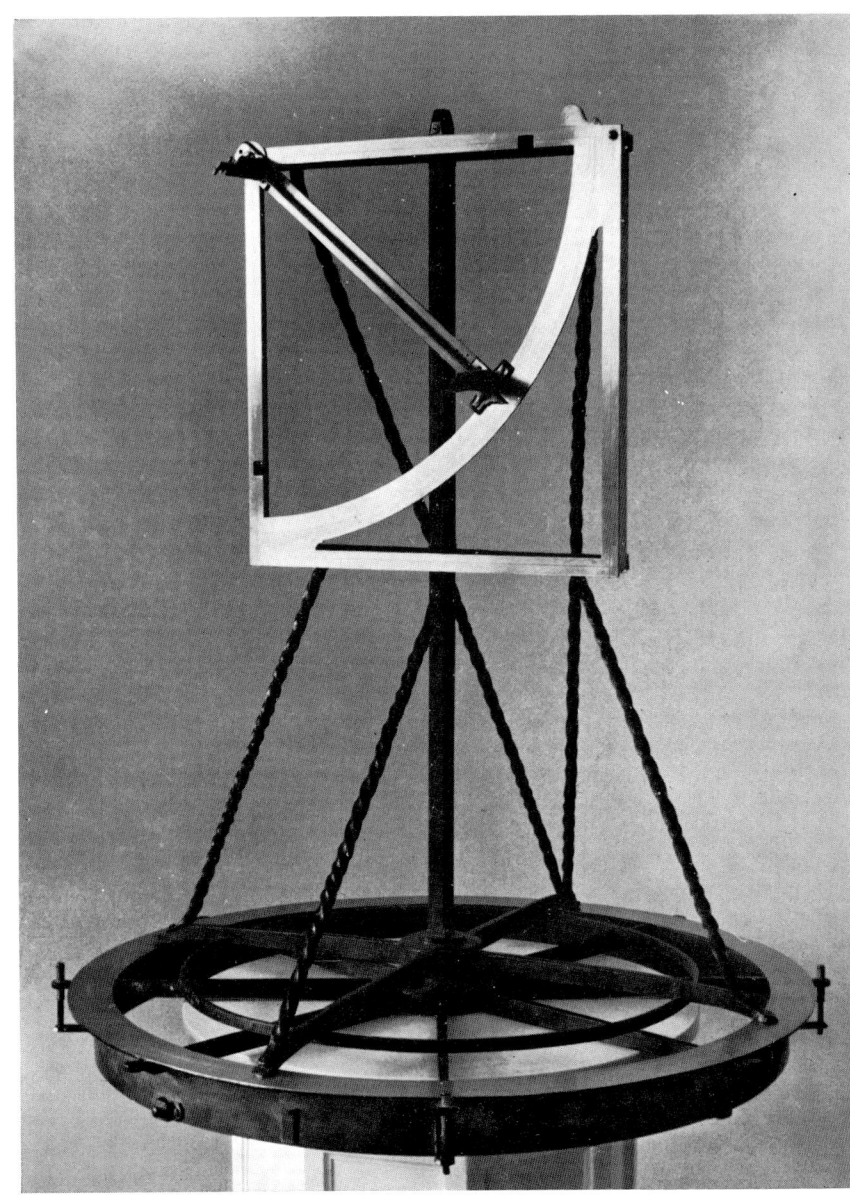

Wilhelms IV. Azimutalquadrant, das Urbild des Theodoliten. Um 1561 vom Landgrafen und seinen Helfern konstruiert, gewährleistete er den Kasseler Astronomen Meßergebnisse von zuvor kaum erreichter Genauigkeit. Sein Horizontalkreis trägt eine Gradskala, der vertikale, von einem quadratischen Rahmen gehaltene Viertelkreis weist Minutenteilung auf. Die am Fuße des aus Eisen und Messing gefertigten Instruments angebrachten Stellschrauben ermöglichen es erstmals, ein astronomisches Meßgerät lotrecht zu justieren. Andere Quadranten und Sextanten aus der Sternwarte des Fürsten gingen verloren; seine Himmelsgloben, Globusuhren und Astrolabien sind noch heute Sehenswürdigkeiten im Kasseler Astronomisch-Physikalischen Kabinett.

Jost Bürgi, Uhrmacher, Instrumentenbauer und Mathematiker der Kasseler Sternwarte, ersann neben anderen Rechenmethoden im Jahre 1588 die Logarithmen.

Von Basel kommend, fuhr am 25. Juli 1579 der siebenundzwanzigjährige Jost Bürgi in Kassel ein. Landgraf Wilhelm IV. hatte den aus Lichtensteig im Toggenburg Stammenden als Instrumenten- und Uhrmacher der Sternwarte an seinen Hof berufen. Offenbar fühlte der junge Schweizer sich bald heimisch, er kaufte ein Haus, Graben 46, und wurde Bürger der Residenzstadt. Nach dem Tode Wilhelms IV. arbeitete er zwar zwei Jahrzehnte als Kammeruhrmacher Kaiser Rudolphs II. in Prag, kehrte aber wieder nach Kassel zurück und starb hier am 31. Januar 1632.

Bürgis Sekundenuhren, Himmelsgloben und astronomische Meßinstrumente boten bei dem damaligen Entwicklungsstand der Technik ein Optimum an Präzision. Ob er den Isochronismus des Pendels tatsächlich vor Galilei wiederentdeckte und für die Räderuhren der Kasseler Sternwarte nutzte, ist bis jetzt noch nicht zweifelsfrei geklärt worden. Obwohl er sich mathematische Kenntnisse lediglich als Autodidakt erwarb, wandte er erstmals die Dezimalrechnung und später die „Prostaphaeresis", ein Verfahren, Multiplikationen und Divisionen durch Additionen und Subtraktionen zu ersetzen, in der astronomischen Rechenpraxis an. Der von Wilhelm IV., Kepler und anderen illustren Zeitgenossen als einfallsreicher Mathematiker geschätzte Jost Bürgi erfand hier 1588 — also noch vor dem Schotten John Napier Lord Merchiston — die Logarithmen, außerdem das Triangularinstrument, den Doppelzirkel mit beweglichem Kopf und ein Gerät zum perspektivischen Zeichnen.

Im März des Jahres 1591 empfing Landgraf Wilhelm IV. von Jost Bürgi eine bewundernswert einfallsreich gearbeitete astronomische Tischuhr. Minuten, Stunden, Kalendertage, Mondwechsel, Mondphasen, der mittlere sowie der wirkliche Lauf von Sonne und Mond sind auf den Zifferblättern abzulesen; dafür treibt ein Werk alle Zeiger und — einen Wecker. Sonnenuhr, Kompaß, eine astronomische Tabelle und ein Gradbogen für Höhenmessungen vervollständigen dieses Meisterstück der Uhrmacherkunst. Der Silberschmied Hans Jakob Emk vergoldete das Bronzegehäuse, verzierte es mit Halbreliefs neun berühmter Astronomen und den vier aus Silber getriebenen Symbolfiguren der Haupttugenden.

26 Januarij mane

In extremitate alæ ♍	42	46
Quartuor alæ prima ♍	40	19
Secunda alæ sinist.	39	30
	44	20 2/3
In medio corpore ♍	51	53 1/2
Vindemiator	35	22 2/3
Quarta tertia alæ sinist.	29	43 1/2
Spica ♍	40	14 3/4
In clune ♍	30	23 1/4
Media trium in Syrmate	34	43
Borea ♍ Suprema trium		
Australis trium in Syrm. in pede sinistro opinor	27	16 1/3
In pede dextro ♍	34	53 1/3

[columns of calculations]

Meß- und Berechnungsergebnisse aus der Kasseler Sternwarte.

DISTANTIÆ STELLARVM FIXARVM A SESE INVICEM: observatæ PER SEXTANTEM.
Cassellis, Anno M.D.LXXXV
VISORIIS in Instrumento nondum correctis

NOMINA STELLARVM	Distantia stellarum inter se.	
	Gra.	Min.
Capita Geminorum distant à se invicem	4	35 1/2
Sinister pes et dexter Humerus Orionis	18	37 1/2
Humeri Orionis dexter et sinister	7	30
Sinister Humerus et sinister pes Orionis	14	50
Dexter Humerus et prima Cinguli Orionis	9	40
Dexter Humerus et media Cinguli Orion.	9	50
Dextrum genu Orion. et Canis Maior	15	46 1/2
Prima et ultima Cinguli orionis	2	48 1/2
Prima et media	1	25
Media et ultima	1	24
Sinister pes Orionis et Canis Maior	23	44
Dextrum genu Orionis et Canis Maior	15	38
Canis Minor et Cor ♌	37	17
Canis Minor et dexter Humerus Orion.	26	5
Dexter Humerus Orion. et Caput ♊ sequentis	33	19
Dexter Humerus Orion. et Caput ♊ anteced.	33	49
Capita geminorum	4	35 1/2
Cor ♌ et Caput ♊ anteced.	40	37
Cor ♌ et Caput ♊ sequent.	37	3
Oculus ♉ et dexter Humerus Orionis	21	27

Im Sommer 1556 leimte und preßte der Wittenberger Studiosus Kaspar Ratzenberger erstmals eine Pflanze auf Papier. Sechsunddreißig Jahre später widmete der Arzt und Botaniker seine auf siebenhundertsechsundvierzig Objekte gewachsene und in drei dickleibige Folianten gebundene Sammlung Landgraf Wilhelms IV. Sohn Moritz. Er gab dieses erste deutsche Herbarium an den Kasseler Hof, weil die noch junge Wissenschaft der Botanik in den beiden hiesigen fürstlichen Gärten wie in kaum einem anderen betrieben und gefördert worden war.

Seite 353 aus dem „Politischen Testament" Landgraf Wilhelms IV., einem Handbuch, in dem er die Grundsätze des von ihm geschaffenen „Ökonomischen Staates" darlegte.

Obgleich der „Gelehrte auf dem Fürstenthron" Zeit seines Lebens warnte, „Es ist kein abscheulicher Ding auf Erden als ein Krieg...", hinterließ er dem Sohne Moritz doch ein vorbildlich organisiertes Verteidigungswesen. Die Prinzipien, nach denen der Erbe des Landes im Kriege handeln und Hessen verteidigen sollte, empfahl er in seinem Handbuch über den „Ökonomischen Staat". Dazu gehörten auch „Bedenken, wie auf den Fall der Belagerung die Stadt Kassel zu besetzen" sei, die Wilhelm IV. zu einer fast unüberwindbaren Festung ausgebaut hatte.

Im Auftrag des Landgrafen planten und bauten Rochus von Lynar und Christoph Müller von 1581 bis 1585 das neue Zeughaus, eins der stattlichsten Renaissancebauwerke Kassels.

Im Zeitalter der Renaissance errichtete Fachwerkgebäude gehörten zu den wertvollsten und schönsten der 1943 zerstörten Altstadt. Ein Portalrahmen in der Oberen Fuldagasse Nummer 12 war durch Schnüre, Diamantbänder und Fächerrosetten, eine Zimmertür in der Hohentorstraße 17 durch Pilaster, Arabeskenornamente und fantasievollen Beschlag verziert.

Dauerhafte Zimmermannsarbeit: die Treppe im prächtigen Fachwerkhaus Klosterstraße 11. Farbig bemalte Tau-Ornamente und Bildschnitzereien am Eckgebäude Graben-Pferdemarkt.

Eckpfosten mit Akanthusornamenten und die Lebensfreude symbolisierenden Figuren am Fachwerkbau Judenbrunnen 5.

Auf bestechend schlicht verzierten Steinkonsolen standen die schmucken Erker des „Deichmannhauses".

Quergebälk, Knaggen oder Konsolen auskragender Erker boten kunstfertigen Handwerkern stets Gelegenheit, Proben ihres Könnens mit Stecheisen und Schnitzmesser zu hinterlassen. Als Arbeit eines reifen Meisters galt dieser männliche Kopf am Hause Graben 56; es gehörte dem im Jahre 1597 aus Augsburg zugewanderten Orgelbauer Georg Weisland.

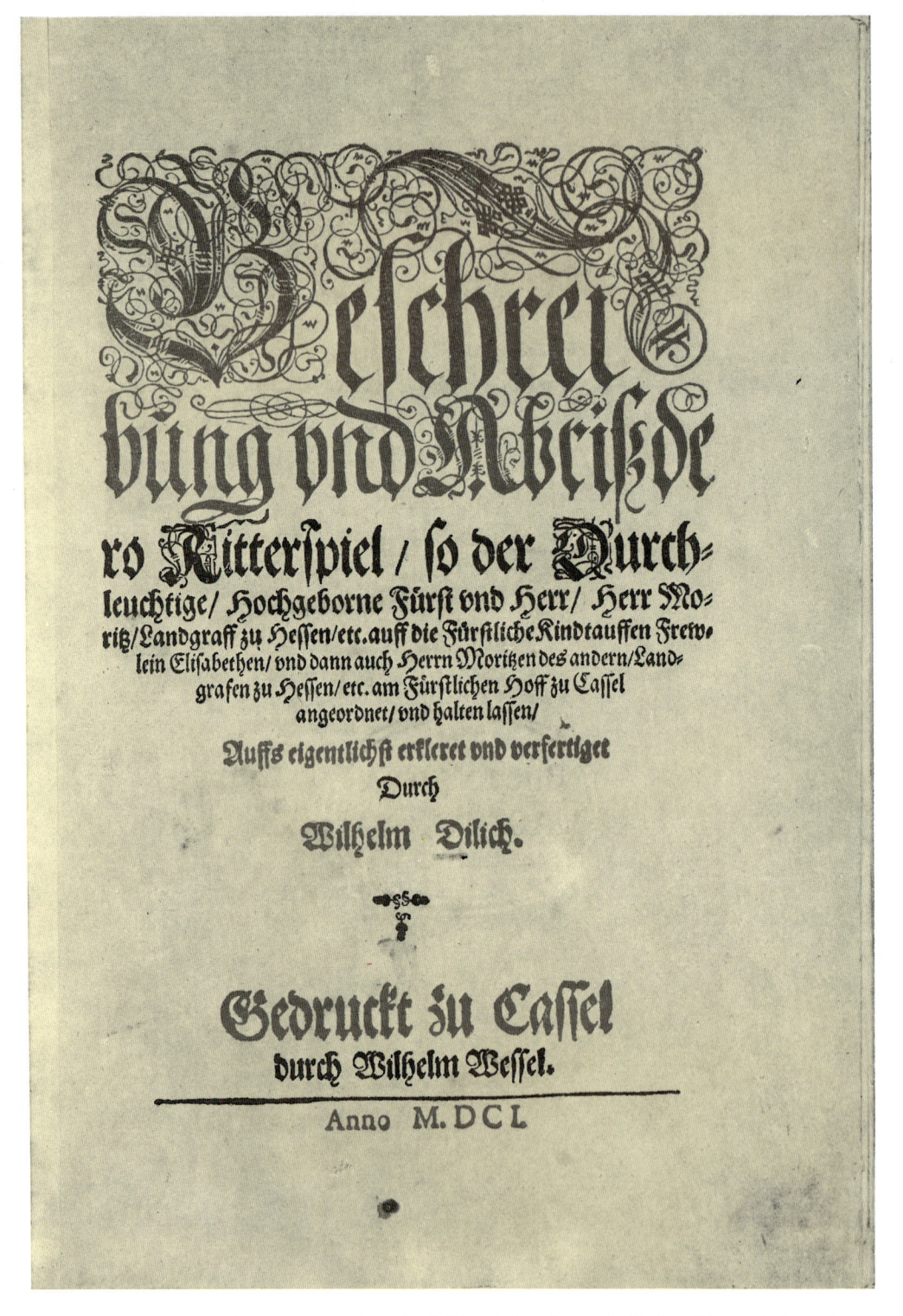

Wilhelm Dilich: Selbstbildnis

Wilhelm Dilich, um dessen vielseitige Ausbildung Landgraf Wilhelm IV. noch bemüht gewesen war, diente dem Kasseler Hofe vom Jahre 1592 an als Chronist, Maler, Kupferstecher, Kartograph und Baumeister. 1601 veröffentlichte er seine ausführliche, farbig illustrierte Beschreibung der „Ritterspiele" des prachtliebenden, jungen Landgrafen Moritz.

Wilhelm Dilich: „Ringelrennen mit Maskerade" am 27. August 1596. Schauplatz ist die von Landgraf Moritz vor der Westbastion des Kasseler Schlosses für solche „Ritterspiele" angelegte „Rennbahn". Der Fürst und seine Gäste sitzen an den Fenstern des rechts errichteten „Judizierhauses". Am jenseitigen Fuldaufer sind die Siechenhofkapelle und die befestigte Unterneustadt mit der Magdalenenkirche auszumachen; links vom Schloß ragen das Türmchen der Brüderkirche und der Müllertorturm über Giebel und Dächer der Altstadt.

Moritz, Landgraf zu Hessen, entfaltete nach 1592 in Kassel eine repräsentative höfische Pracht, zu der es in deutschen Residenzen fast keine Parallelen gab. Vom Vater sorgfältig erzogen und umfassend gebildet, erwarb sich der politisch Wirrköpfige Nachruhm als Bauherr des ersten deutschen Theaters, als Komponist und Mäzen des jungen Heinrich Schütz.

Von den Theaterstücken des Landgrafen Moritz blieben nur Fragmente erhalten, beispielsweise das Szenarium zu seiner Komödie „Otto der Schütz". Wertgeachtet sind die Kompositionen; eine Auswahl wurde neu gedruckt, einige Werke sind sogar auf Schallplatten eingespielt. Die oben abgebildeten vierstimmigen Magnificat-Vertonungen entstanden um 1600.

Heinrich Schütz: autographe Partiturseite der „Auferstehungshistorie". Auch nach 1617, als der vielversprechende Sängerknabe und Organist des Landgrafen Moritz bereits Leiter der Dresdener Hofkapelle und ein bedeutender Komponist geworden war, verehrte er seinem Kasseler Entdecker und Förderer noch des öfteren Handschriften oder Drucke neuer Werke.

Am 2. Januar 1633 öffnete eine „Universität Cassel" ihre Pforten. Landgraf Wilhelm V. mußte sie in den Wirren und Nöten des Dreißigjährigen Krieges gründen, weil Oberhessen mit der Landesuniversität Marburg kraft kaiserlichen Richterspruchs an die lutherisch gebliebene Darmstädter Linie des hessischen Landgrafenhauses gekommen war. Die Kasseler Alma Mater sollte nun akademischen Nachwuchs für das reformierte Niederhessen heranbilden. Obwohl der Stifter sogar mit Flugschriften an Hochschulen befreundeter Mächte um Studierende warb, ließen sich während zwanzig Jahren doch nur sechshundertunddrei junge Männer immatrikulieren. Deshalb wurde die Kasseler Hochschule 1653 wieder mit der im Westfälischen Frieden zurückgewonnenen Marburger vereinigt. Wenngleich diese „Universität Cassel", durch die Ungunst der Zeit bedingt, keine weittragende Bedeutung erlangte, gehörte sie doch zu den wenigen, die in Jahren des geistigen Niedergangs einen Weg aus der Enge mittelalterlicher Scholastik zu den exakten Wissenschaften wiesen.

Für das Studium der Künste und Wissenschaften sollte die im Dreißigjährigen Krieg in Frankfurt erschienene Allegorie mit einer Kassel-Ansicht werben.

Die Matrikel der „Universität Cassel" enthält Namen von fünfhundertfünfundneunzig Deutschen, zwei Franzosen und sechs Schweizern.

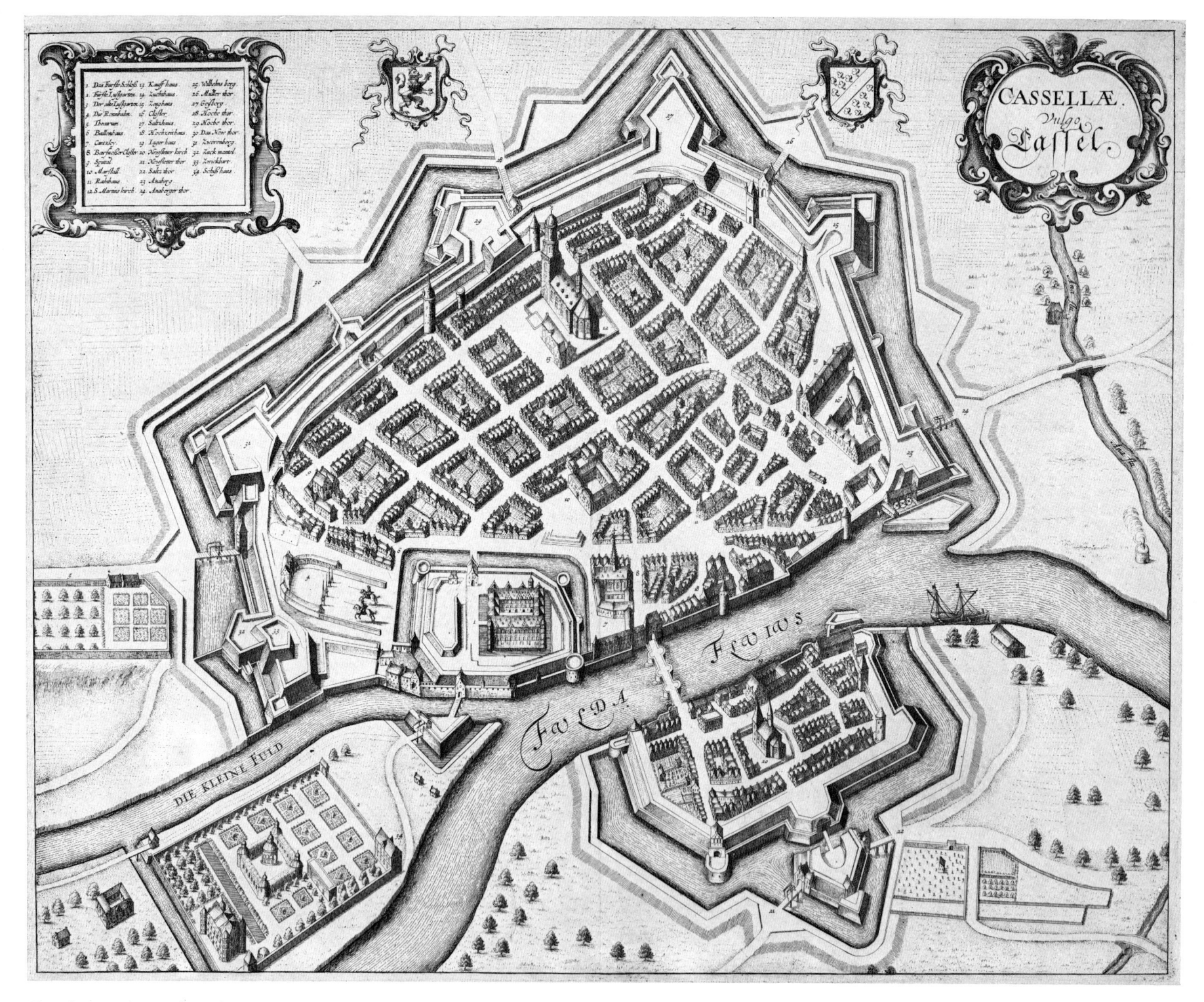

Plan der Residenzstadt und Festung Kassel im Dreißigjährigen Kriege (nach Matthäus Merian).

Barock und Rokoko

1654 Landgraf Karl *
1668 Wegen eines Übergriffs des Generals Rabenhaupt kommt es in der Residenz zum Tumult. Die Kasseler Ratsherren erhalten das Recht, Degen zu tragen.
1677 Landgraf Karl übernimmt die Regierungsgeschäfte.
1680 Der Landgraf läßt den Messinghof und Kupferhammer, Fayence-, Woll- und Lederzeug-*Manufaktureien* einrichten und in Paris geschickte Handwerker werben.
1685 Als erstes deutsches Land nimmt Hessen *Hugenotten* auf. — Paul du Ry wird Hofbaumeister. Der Landgraf plant ein Fabrikviertel auf dem Forst.
1687 Der Landesherr verfügt, daß in seiner Residenz wüste Baustellen und verfallende Häuser nach *vorgeschriebenem Modell* hergerichtet werden müssen.
1688 Paul du Ry beginnt im Auftrage Landgraf Karls, für neunhundert französische Glaubensflüchtlinge die Oberneustadt zu bauen.
1690 Gründung des Armen- und Waisenhauses. — Erste Arbeiten an der späteren Karlsaue.
1693 Karl erläßt eine neue, von merkantilistischen Grundsätzen bestimmte Zunftordnung.
1695 Der Arzt und Erfinder Denis Papin (1647 bis 1712) zieht von Marburg nach Kassel und setzt hier seine Versuche mit der Dampfkraft fort.
1696 Paul du Ry muß das als Theater gebaute *Ottoneum* zu einem *Kunsthaus* umgestalten. — Oberhalb des Jagdschlosses Weißenstein wird am *Winterkasten* gearbeitet.
1699 Landgraf Karl reist nach Italien, um dort Parkanlagen zu besichtigen.
1701 Giovanni Francesco Guerniero, ein aus Rom verpflichteter Baumeister, setzt Karls Ideen für die Weißensteiner Anlagen in baureife Pläne um.
1703 Guerniero und Du Ry bauen das Orangerieschloß.
1705 Guernieros Kupferstichwerk *Delineatio montis* erscheint.
1707 Papin verläßt Kassel mit einem Schaufelradschiff. — Du Ry baut das Gießhaus.
1709 Landgraf Karl stiftet das *Collegium Carolinum*.
1710 Gründung der ersten Kommerzienkammer.
1712 Girardet unternimmt vor der Stadt Flugversuche.
1714 Der landgräfliche Hof *ergötzt* sich zum ersten Male am Wasserspiel der Kaskaden. — Paul du Ry baut am Südrand der Oberneustadt ein Observatorium, das heutige Palais Bellevue.
1717 Die aus Kupferblech getriebene Riesenstatue des Herkules wird auf die Pyramide gesetzt.

1721 Gründung der Leih- und Kommerzienbank.
1723 Der aus Halle vertriebene Philosoph Christian Wolff findet in Kassel Asyl.
1726 Der spätere Hofbaudirektor Simon Louis du Ry *
1727 Robertson unternimmt vor der Stadt Flugversuche.
1728 Pierre Etienne Monnot (1657 bis 1733) vollendet seine Reliefs für das Marmorbad.
1730 Landgraf Karl † — Prinz Wilhelm (geboren 1682) wird vom Erbprinzen, Friedrich I., der als König von Schweden in Stockholm residiert, zum Statthalter bestellt.
1731 Die *Casselische Zeitung von Polizey, Commercien und andern dem Publico nützlichen Sachen* erscheint erstmals. — Bröckel baut die Hof- und Garnisonkirche.
1734 Die Lutherische Gemeinde darf am Graben ein Gotteshaus bauen.
1738 Der Statthalter gliedert dem Collegium Carolinum ein *Seminarium medico-chirurgicum* an.
1742 Die Karlsaue wird zur Fulda hin gegen Hochwasser abgedämmt.
1743 Gründung des Hessischen Oberappellationsgerichts.
1748 Die Residenzstadt erhält eine Straßenbeleuchtung.
1749 Erbprinz Friedrich II. (geboren 1720) konvertiert zum katholischen Glauben. — Wilhelm läßt sich an der Bellevue ein Galeriegebäude für seine Gemäldesammlung bauen. — Die Sängerin Elisabeth Mara geborene Schmeling *
1751 Nach dem Tode des Landgrafen (und Königs von Schweden) Friedrich I. wird der Statthalter Wilhelm VIII. Landgraf zu Hessen.
1752 Landgraf Wilhelm VIII. beruft Johann Heinrich Tischbein (1722 bis 1789) zum Hofmaler.
1753 Wilhelm VIII. läßt nach Entwürfen François de Cuvilliés Schloß Wilhelmstal bauen.
1756 Simon Louis du Ry wird Hofbaumeister.
1757 Französische Truppen besetzen Kassel.
1758 Gefecht am Sandershäuser Berg; die Franzosen bleiben in Kassel.
1760 Die Hessische Residenzstadt wird vorübergehend befreit. — Landgraf Wilhelm VIII. † — Sein Sohn und Nachfolger veröffentlicht unter dem Titel *Pensées diverses sur les princes* seine Regierungsprinzipien.
1761 Alliierte Truppen belagern die von Franzosen besetzte Stadt.
1762 Die Alliierten belagern Kassel abermals und befreien die Hauptstadt endgültig von der französischen Besatzung. Der Hof kehrt zurück.

1763 Friedrich II. läßt das erste *Accouchir- und Findelhaus* für ledige Mütter einrichten; Leiter ist der an vielen Höfen Europas geschätzte Gynäkologe Georg Wilhelm Stein.
1764 Simon Louis du Ry baut ein Messehaus.
1765 Du Ry gestaltet das Palais des Prinzen Maximilian zu einem Opernhaus um. — Friedrich II. sichert allen Bürgern, die eine Fabrik anlegen, zwanzig Jahre Abgabenfreiheit zu.
1767 Der Landesherr läßt die Kasseler Festungsanlagen abtragen. Simon Louis du Ry verbindet die Altstadt durch den Friedrichs- und Königsplatz mit der Oberneustadt. Er legt die Königsstraße und die Wilhelmshöher Allee an. — Die Hessische Brandversicherung wird gegründet, das *Collegium Carolinum* neu organisiert.
1770 Du Ry baut das *Hôpital des François Refugiés*.
1771 Die Freimaurer-Loge *Zum gekrönten Löwen* erhält ihre Bestätigung. — Friedrich II. gründet ein Lotto.
1772 Erste Bauarbeiten an der *Charité*.
1774 Die Landstände beschließen, Friedrich II. ein Denkmal zu errichten.
1776 Erster Gottesdienst in der katholischen St.-Elisabeth-Kirche am Friedrichsplatz.
1777 Der Landgraf stiftet eine Maler- und Bildhauerakademie und die Gesellschaft der Altertümer.
1778 Nach Plänen Sömmerings vollendet Du Ry ein *Theatrum Anatomicum*, das erste anatomische Institut in Deutschland. — Friedrich II. gründet eine *École militaire*, die spätere Kadettenschule. — Friedrich Murhard *
1779 Die fürstliche Bibliothek und die Antikensammlung ziehen ins neuerbaute *Museum Fridericianum*.
1780 Carl Anton Henschel *
1781 Der Maler- und Bildhauerakademie wird eine Abteilung für Architektur angegliedert. — Karl Murhard *
1782 Straßen und Gassen der Altstadt müssen umbenannt werden; ein Teil erhält Namen von Heiligen.
1783 Enthüllung des Denkmals für Friedrich II.
1785 Friedrich II. † — Sein Sohn und Nachfolger Wilhelm IX. schränkt die großzügige Hofhaltung ein, läßt die Karlsaue sowie den Weißensteiner Park nach englischem Vorbild umgestalten und die Wasserkünste erweitern.
1794 Landgraf Wilhelm IX. stellt den Gelehrten Deutschlands die Preisaufgabe, über Schlagworte der Französischen Revolution zu schreiben: *Freiheit, Gleichheit, Menschenrechte*.

Wunderwerke der Gartenkunst

Kassel war im Dreißigjährigen Kriege zwar nicht von Feinden besetzt oder beschädigt worden, die Bürgerschaft hatte dennoch ihren Wohlstand eingebüßt. Erst Landgraf Karl, einer der kühn unternehmenden, kraftvollen und selbstbewußten Fürsten des Barock, traf nach 1680 rigorose Maßnahmen, die seiner Residenz aus wirtschaftlicher und geistiger Stagnation halfen. Er bereicherte Kassel mit der hugenottischen Oberneustadt, der Karlsaue und dem Bergpark über dem Weißenstein. Wissenschaftlich interessiert und vor allem technischen Neuerungen aufgeschlossen, zog er neben anderen den Erfinder Denis Papin an seinen Hof. Papin, dessen Gedanken nur wenige Zeitgefährten — wie etwa Leibniz — würdigten, konnte hier erste Versuche mit der Dampfkraft durchführen.

Der zweite Sohn Landgraf Karls, Wilhelm VIII., hinterließ Kassel seine wertvolle Gemäldegalerie.

Parkanlagen, Manufakturen, Gemälde und Skulpturen, aber auch technische Denkmäler lockten alsbald Tausende fremder Besucher nach Kassel. Manche schrieben ihre hier empfangenen Eindrücke in Tagebücher oder Briefe.

Eberhard Rudolph Rothans
Lange saubere Gassen und viele Gärten

Die Stadt ist schön und ziemlich groß, auch sehr fortifiziert, und mit solcher Kunst, daß man auch zwei Berge vor der Stadt, welche zu Kriegszeiten sehr nachteilig gewesen, endlich durch die wegen Verbrechen zum Tod verurteilten Personen gänzlich rasiert und gleich gemacht und an deren Statt schöne fürstliche Lustgärten gebauet worden. Man kann sich nicht genugsam verwundern über die Klugheit des Baumeisters, wenn man die Tiefe der Gräben, die Höhe der Wälle und andere dergleichen Arbeit betrachtet. Kassel hat ringsherum viele schöne Gärten. Die Gassen sein lang und wegen der durchfließenden Drusel sauber. Das Schloß ist ein prächtiges Gebäu, sehr erhaben und regular erbauet.

Zacharias Konrad von Uffenbach
Das einzigartige Grottenwerk über dem Weißenstein

Von weitem sieht alles sehr gering aus. Unten an dem Berge, der gar nicht sonderlich hoch scheint, liegt der sogenannte Weißenstein, welches ein schlechtes herrschaftliches Haus ist. Wir fuhren bei demselben vorbei und gleich den Berg allgemach hinauf bis an die bereits verfertigten Treppen und Kaskaden, woselbst wir ausstiegen und nun erst mit Erstaunen dieses große Werk anzusehen begannen. Es ist zwar solches noch nicht in seiner Vollkommenheit und soll nach dem mit dem italienischen Baumeister gemachten Akkord innerhalb fünf Jahren erst zu seiner Vollkommenheit gelangen. Das Werk an sich zu beschreiben, ist fast unmöglich und kann aus einem Risse oder Kupferstich am besten ersehen werden. Es ist zwar nur ein Grottenwerk und Kaskade, dergleichen aber man wohl nicht in der ganzen Welt finden wird. Der ganze Berg, worauf es gebaut, und der oben eine Meile breit und lang ist, wird der Habichtsberg, die Gegend und der Ort aber, allwo die Grotte steht, der Winterkasten genannt. Auf beiden Seiten gehen nicht allein zwei Treppen, sondern auch zwei Kaskaden herunter. In der Mitte sind vier große Bassins, in deren Mitte ein ziemlicher Strahl von Wasser in die Höhe steigt. Es werden derselbigen, wie der Treppen, wenn es bis herunter vor das neue Haus geführt wird, noch mehrere und vor dem Hause ein gar großer gemacht werden, in welchem, wie der Baumeister versichert, der Strahl unglaublich, und zwar hundertundzwanzig Schuh hoch steigen soll, ohne künstliche Maschinen und Druckwerke, sondern bloß durch den natürlichen Fall des Wassers. Es wurde in der Gesellschaft verschieden hierüber geurteilt. Der Herr Obrist von Haxthausen verteidigte, daß es geschehen würde, und zwar nach der arithmetischen Proportion. Daß, wenn fünf Schuh Falls oben in der Höhe so viel täten, würden unten etliche hundert so viel mehr tun. Herr Professor Wolfart, dessen Meinung ich beipflichten mußte, behauptete, daß, da Quecksilber nur zweiunddreißig Zoll, Wasser aber zweiunddreißig Schuh natürlicherweise steigt, solche Progression und Multiplikation, wenn es über gedachte Höhe komme, nicht angehe.

Wir gingen erstlich die Treppe ganz hinauf, ohne das Wasser springen zu lassen. Es sind der gedachten Stufen bereits vierhundertachtzig. Ganz oben kommt eine über ein Haus hohe Moles (wenn ich es wegen seiner rauhen und doch zierlichen Wildigkeit also nennen mag) von artig vermengten gewaltigen Steinen. Es kann nichts Natürlicheres und doch Künstlicheres, auch zumal für ein Grottenwerk sich so unvergleichlich schickendes Wesen erdacht werden. Wenn man die Menge und Größe der Steine und der zur Aufrichtung derselben erforderten Materialien ermißt, ist nicht zu begreifen, wie man ein solches ungeheures Wesen auf einen nicht allein senkrecht, sondern am allermeisten oblique hohen Berg hat bringen können.

Ganz oben in der Höhe ein Altan kommen wird, auf welchem die unvergleichlichste Aussicht ringsherum und weit und breit sein muß, über die höchsten im Hessenland befindlichen Berge und Täler.

Die Bassins, deren bereits vier fertig, sind verschieden. Das oberste ist vor der Hauptgrotte; selbige besteht aus vier Schwibbogen, mit allerhand kleinen Steinen ineinandergefügt besetzt, worunter hinten drei Strahlen in die Höhe gingen. In der Mitte war eine große und auf beiden Seiten zwei kleinere Statuen. Unten aus dem Boden, überall aus den Wänden und auch oben herunter springt unversehens Wasser hervor, die Zuschauer naß zumachen. Auf beiden Seiten waren zwei Pavillons, welche zwei Kabinette sind, worinnen von der Herrschaft gespeist wird.

Wenn man von hier etliche Treppen heruntergeht, kommt ein großes Bassin, in welchem ein Felsen einen Riesen vorstellt, der auf dem Rücken liegt und die Hälfte des Leibes zeigt. Dieser speit aus dem Munde mit großem Getöse einen armdicken Strahl bereits vierzig Schuh hoch. Ringsumher stehen sechs große Statuen noch zur Zeit von Gips. Zur Linken steht ein Zentaur, welcher ein Horn hat, das durch Blasbälge einen starken Laut von sich gibt. Es soll aber hinfüro ein Stentereophonicum gemacht werden, welches man in der Stadt hören soll.

Nun ist noch von oben zu melden, daß das Wasser von dem Berge überall aus Gräben und kleinen Bächen zusammengeleitet und in einen hundert Schuh tiefen und sehr weiten Kasten oder Zisterne gesammelt wird.

Lauritz Thura
Die prachtvolle Orangerie

Nach der Tafel führte uns Herr Baron von Lindau in Gesellschaft von Herrn Kammerjunker von Meysenbug in den fürstlichen Garten, die sogenannte Au, wo das erste, das unsere Augen frappierte, die prächtige Orangerie war. Diese hat in der Mitte einen großen achteckigen Pavillon, zwei Stockwerke hoch, dessen großes und ansehnliches Haupttor oder Eingang mit einem zierlichen Portal, aus jonischen Wandpfeilern bestehend, geschmückt ist. An jedem der äußeren Enden des Gebäudes ist ein viereckiger Pavillon, jeder mit drei Stockwerken, an denen ebenfalls jonische Wandpfeiler angebracht sind. Die beiden dem Schlosse zugewandten Stücke von den Gebäuden zwischen den Pavillons sind jedes in der Mitte mit einer Tür versehen und haben zu jeder Seite der Tür fünf Bildernischen, in die schöne Bilder gestellt

Versuche mit der Dampfkraft

sind. Über jeder Nische ist ein kleines rundes Fenster, das einem langen Korridor hinter der Orangerie Licht gibt. Von diesem wird in die Öfen hineingeheizt, die in der Orangeriegalerie stehen. Die Pfeiler, die in diesen zwei Linien zu sehen sind, haben einen Vorsprung von ungefähr 5 Zoll und bilden lauter Arkaden, die zwischen sich die oben erwähnten Bildernischen einschließen. Zwischen den Bogen dieser Arkaden sieht man die Büsten der alten Kaiser en medaillon, in runden Rahmen gefaßt, alle in kleiner Erhöhung ausgehauen. Die Dächer, sowohl über den Pavillons als auch über dem ganzen Gebäude sonst, sind en terrasse, mit Kupfer gedeckt und von Steinbalustraden umgeben, deren Postamente teils mit Statuen besetzt sind.

Die andere Fassade des Orangerieschlosses nimmt sich ebenfalls ausgezeichnet aus, sie ist der ersteren in den wichtigsten Teilen gleich, nur daß an Stelle der an der ersteren befindlichen Bildnischen an dieser richtige Fenster angebracht sind; so hat auch jede Linie des Gebäudes auf dieser Seite in der Mitte einen Vorsprung, bestehend aus einem großen zierlichen Portal, aus vier jonischen Wandpfeilern, die ein rundes Frontispiz, das in seinem Tympan mit Bildhauerei und oben und an den Seiten mit Bildern und Statuen geschmückt ist, tragen. In der Mitte von diesem Portal ist eine große Eingangstüre, oben mit Festons und Girlanden ausgeziert. Der mittlere Pavillon hat vier große Öffnungen, nämlich eine nach jeder Seite des Gartens und eine zu jeder Seite, die ihn mit den beiden langen Gebäuden, die die Orangerie eigentlich einschließen, verbinden. Diese beiden letzten sind aber halb blind und bilden nach innen, gegen die Orangeriegalerien, nur eine ordentliche Tür, die gerade in der Mitte des kurzen Endes liegt und am anderen Ende gerade gegenüber eine gleiche Tür zum Endpavillon hat, die damit korrespondiert. Zu jeder Seite von diesen beiden Türen ist eine Bildernische mit dazu gehörigem Bild, und sonst im Inneren der Galerie distribuierte korinthische Wandpfeiler mit vergoldeten Schäften und Kapitälen. An der langen Seite der Galerie, den Fenstern gegenüber, sind 13 Nischen. In der mittelsten und in den beiden an den Enden sind Grotten eingerichtet, aus vielen Muscheln und ähnlichem Grottenwerk, das sich sehr gut ausnimmt, zusammengesetzt. In den übrigen steht abwechselnd ein Bild und ein Ofen, so daß in jeder Galerie an dieser langen Wand sechs Statuen und vier Öfen sich befinden. Die Öfen sind aus Ton gebrannt, glasiert und mit vielen Zieraten geschmückt, so daß es aussieht, als wären sie mehr zum Schmuck als zum Nutzen oder aus Not dort hingesetzt. Die Decke ist en voute und überall von einem prächtigen Gemälde bedeckt, so daß man wahrlich sagen kann, dieses Gebäude ist innen und außen königlich und majestätisch.

Die Orangeriebäume waren an sich sehr schön und hatten außergewöhnlich dicke Stämme, die sogar in jeder Weise großartiger waren als die herrlichen Orangeriebäume im Rosenborg-Garten in Kopenhagen, die sonst auch nicht zu verachten sind.

Nicht weit von dem vorerwähnten Orangeriehaus entstand ein großer, prächtiger Pavillon, der als fürstliches Bad eingerichtet wurde; innen war alles fertig und bestand nur aus ausgezeichnetem Marmor, überall wunderschön poliert; ebenfalls waren dort einige prächtige und superbe Statuen aus weißem italienischen Marmor zu sehen. Der fürstliche Garten selbst ist sehr ansehnlich, groß und angenehm mit herrlichen Alleen aus Ulmen, einer Baumart, die sehr schnell wächst und viel Schatten spendet.

Denis Papin
Brief an Gottfried Wilhelm Leibniz

Kassel, 25. Juli 1698

Je Vous demande pardon d'avoir été si long temps sans répondre à celle dont Vous m'avez honoré du 24 Avril mais Je ne sçay comment le temps se passe. Je differe d'une semaine à l'autre dans l'esperance d'achever quelque chose dont Je puisse Vous entretenir: et il survient d'autres affaires à la traverse, ou des difficultez à quoy Je ne m'attendois pas:

La maniere dont J'employe à present le feu pour elever l'eau est toujours sur le Principe de la rarefaction de l'eau. Seulement Je le fais à present d'une maniere bien plus facile a bien executer que celle que J'ay publiée: et deplus, outre la suction dont Je me servois, J'employe aussi la force de la pression que l'eau exerce sur les autres corps en se dilatant, dont les effets ne sont pas borné comme sont ceux de la suction: ainsi Je suis persuadé que cette invention si on la pousse comme il faut, pourra produire des utilitez tres considerables: mais on n'a pas encor fait de grands progrés: car quoy que Monseigneur ayt paru fort satisfait de tout ce que J'ay fait sur cela, Je ne sçay par quelle raison S.A.S. ne m'a pas fait l'honneur de m'employer dans le desseing qu'elle a eu de faire monter l'eau de la Fulde sur une des tours du chateau: et cependant Je crois pouvoir dire, sans vanité, que ce que l'on fait est peu de chause en comparaison de ce que J'aurois pu faire. Pour moy, comme Je crois, qu'on peut employer cette invention à bien d'autres choses qu'à lever de l'eau, J'ay fait un petit modele d'un chariot qui avance par cette force: et il fait, dans mon poele, l'effect que J'en avois attendu: mais Je crois que l'inegalité et les detours des grands chemins rendrons cette invention tres difficile à perfectioner pour les voitures par terre; mais pour les voitures par eau Je me flatterois d'en venir à bout assez promptement si J'avois plus de secours que Je n'en ay: et J'ay quelque lieu d'esperer qu'avec le temps S.A.S. se resoudra de m'assister plus efficacement qu'elle n'a fait jusques icy. J'ay eu bien de la joie d'apprendre que Vous avez aussi des desseings pour mettre à profit la force mouvante du feu et Je souhaite fort que la petite epreuve dont Vous me parlez ayt reussi à votre gré et que Vous puissiez bien tost venir dans nostre voisinage comme Vous me le faittes esperer pour cet été.

Johann Friedrich Armand von Uffenbach
Die Rumpelkammern der unglücklichen Erfinder im Kasseler Kunsthaus

Des bekannten Papins Grillen waren hier in wahrem Original schier die meisten, wodurch er sich, wie viele seinesgleichen, soviel Ruhm erworben, daß er zuletzt heimlich sich schamrot aus dem Staube gemacht. Man verdenke mir also nicht, daß ich von den vielen Schöpf-, Druck- und Wasserwerken, Hand-, Roß-, Säge-, Walk-, Mahl- und Poliermühlen, Feuerspritzen, Maschinen über und unter dem Wasser zu gehen, Pontons, Artillerieeinfällen, Schiffen und anderem Zeuge nichts beschreibe, inmaßen der Aufsicher selbst von allem, wonach ich fragte, mir vor Lachen kaum die Erläuterung geben konnte und jedesmal schloß: „Es hat aber nicht gut getan."

Vor allem anderen aber habe ich mich höchstens zu verwundern Ursache gefunden bei einer Maschine, die ein unglücklicher Erfinder mit großen Kosten und langem Zeitverderb allhier, um fliegen zu lernen, verfertiget. Er hat zu dem Ende zwei entsetzliche mit Tuch und unzähligem eisern Federwerk versehene Flügel an eine mannsgroße Puppe dergestalt angehängt, daß man solche durch Anziehung allerlei Stricke nach Belieben bewegen sollte. Es siehet aber das Werk so erbärmlich und so schwer von Eisen aus, daß ich weder Worte, noch Mühe über der Beschreibung verlieren will. Ich ginge also voll betrübter Gedanken über die menschlichen Betrügereien und den Schaden, so die Unwissenheit bewerkstelligen kann, aus diesen Rumpelkammern.

Erlesenes für die Gemäldegalerie

Erich Herzog
Rembrandts „Jakobssegen" in der Kasseler Galerie

Prof. Dr. Erich Herzog, Direktor der Staatlichen Kunstsammlungen, Kassel, lehrt an der Universität Frankfurt.

Der „Jakobssegen" aus dem Jahre 1656 darf wohl als das Hauptwerk der Kasseler Galerie bezeichnet werden. Dargestellt ist eine Begebenheit aus dem ersten Buch Moses, achtundvierzigstes Kapitel: Der betagte Patriarch Jakob ließ seine beiden Enkel, Ephraim und Manasse, zu sich rufen, um sie zu segnen. Er sitzt, von seinem Sohn Joseph gestützt, im Bette auf und legt seine Rechte auf das Haupt eines blonden Knaben, der hinter dem Bett steht. Joseph versucht offenbar die Hand seines Vaters höchst behutsam auf den Scheitel des dunkelhaarigen Kindes zu lenken, denn Manasse, der Erstgeborene, sollte des stärkeren Segens der Rechten teilhaftig werden. Daneben steht Josephs Frau Asnath, in Gedanken versunken. In der mittelalterlichen Ikonographie wurde diese Szene typologisch auf das spätere Verhältnis von Judentum und Heidentum bezogen. Manasse, der Erstgeborene (= Judentum), wird zurückgesetzt, Ephraim, der Zweitgeborene (= Heidentum), wird bevorzugt, weil das Heidentum die Offenbarung annahm, während das Judentum sie ablehnte. Anlaß hierzu gab die Überkreuzung der Hände Jakobs, wie sie ausdrücklich im Bibeltext beschrieben wird (Kreuz = Christus).
Bei Rembrandt spielt diese Deutung offenbar keine Rolle mehr. Er schuf ein Bild des Segnens, des Weitergebens einer überweltlichen Auserwähltheit an kommende Generationen. Der Vorgang ist in seiner ganzen Innerlichkeit Form geworden, wie niemals vorher noch nachher. Den Segen muß man, wie im Alten Testament, als lebendig wirkende Kraft verstehen, ähnlich dem kultischen Brauch in der Kirche. Wir wissen nicht, für wen Rembrandt dieses Gemälde schuf. Es wurde vermutet, daß es für das Haus eines sephardischen Juden in Amsterdam bestimmt war. Rembrandt hatte eine Reihe Bekannter unter den reichen, gebildeten Juden portugiesisch-spanischer Abstammung in Amsterdam. Vielleicht geht auf diese Quelle auch die Gestalt der Asnath zurück, die im Bibeltext nicht erwähnt wird, von deren Verlobung mit dem ägyptischen Joseph aber die jüdische Tradition ein apokryphes Buch besaß. Sie kommt auch in abendländischen Darstellungen dieser Szene bis Rembrandt nicht vor.
Eine leuchtend rote Decke ist über das Bett Jakobs gebreitet. Die gewaltige rote Masse schiebt die Figuren in eine tiefere Schicht zurück, so daß die Szene wie ein Bild im Bilde erscheint. Dunkelgrüne Vorhänge des Bettbaldachins umrahmen den Vorgang. Sie bilden auch den Hintergrund. Von der Bettdecke überschnitten erscheinen die Gestalten nur als Halbfiguren. Weitgespannte Kurven schließen sie zu einer asymmetrischen Komposition zusammen, deren ungleichwertige Glieder durch farbige Werte ausgewogen werden. Es erscheint wie ein Wunder, wie Rembrandt hier aus Licht und Farbe allein eine ungemein beseelte und zugleich monumentale Malerei entwickelt, die auf Figurenplastik und Raumkonstruktion völlig verzichten kann. Der reife Meister hat hier die äußersten Möglichkeiten seiner Zeit erreicht.
Die Farbe beginnt die übrigen Gestaltungselemente zu ersetzen. Durch sie allein wird Raum, Bewegung, Stofflichkeit, Licht, seelische Charakterisierung wiedergegeben. Die Farbe scheint auch nicht mehr fest auf eine Form bezogen. In jeder Fläche klingen eine Reihe von anderen Farbwerten an. Dem Rot der Decke zum Beispiel sind Ocker- und Grautöne beigegeben, dem Grün der Vorhänge Rot- und Ockerwerte. Es entsteht eine Durchdringung der Farben, die aus einem einheitlichen Grund hervorzugehen scheinen. Durch die Freiheit von der Form ist die Farbe auch räumlich nicht mehr eindeutig fixiert. Die Farbfläche scheint ins Schwingen zu geraten. Über Jahrhunderte hinweg spannt sich so der Bogen zur großen Figurenmalerei des neunzehnten Jahrhunderts (Manet, Courbet). „Rembrandts Kunst ist nicht mehr Auftragskunst, sondern Bekenntniskunst. Hier wird seine Einsamkeit spürbar, die nicht allein Einsamkeit des Genies, sondern geschichtliches Schicksal ist."

Joseph Friedrich Engelschall
Johann Heinrich Tischbein wird zum Hofmaler berufen

Wilhelm VIII., Landgraf zu Hessen, befand sich im Sommer des Jahres 1752 im Schlangenbade. Seine Gegenwart zog mehrere Standespersonen aus der Nachbarschaft, besonders auch viele vom hohen Adel aus Mainz, dahin. Hier lenkte sich einst das Gespräch auf Malerei. Der Landgraf, bekanntlich ein großer Liebhaber der Künste, fragte, ob sie nicht einen geschickten Maler in Mainz hätten.
Der Kaiserliche Gesandte versetzte hierauf, daß er einen jungen Mann von Wien mitgebracht habe, dessen Geschicklichkeit Lob und Beifall verdiene. Überzeugt, daß nur das Werk selbst seinem Meister ein unzweideutiges Lob erteilen könne, verlangte der Landgraf etwas von der Arbeit dieses Malers zu sehen. Er wurde also herbeigerufen und mußte einige seiner Gemälde vorzeigen. Der Landgraf betrachtete sie aufmerksam, drehte sich aber bald herum und sagte: „Entweder muß Kobenzl nichts von Malerei verstehen oder er muß glauben, daß ich nichts davon verstünde."
Als man zu einer anderen Zeit sich wieder von Malerei unterhielt, erwähnte der Kaiserliche Gesandte eines geschickten Malers, den Graf Stadion bei sich habe, und der erst kürzlich von seinen Reisen aus Italien zurückgekommen sei. Dies war Tischbein.
Tischbein mußte also von Mainz herüberkommen und das Bildnis der jungen Gräfin Stadion, nachherige Gräfin von Spaur, welches er eben in der Arbeit hatte, mitbringen. Die überwiegende Stärke wahrer Kunst, im Kampfe mit einem tiefgewurzelten Vorurteil, brachte jetzt eine Wirkung hervor, die dem Genie unseres Tischbein ebenso zur Ehre gereicht, als sie in der Folge sein Glück befestigte.
Das noch nicht ganz fertige Bildnis der Gräfin Stadion wurde dem Landgrafen eines Morgens frühe gebracht. Er lag noch im Bette; als er aber das Gemälde sah, rief er aus: „Nein, dazu muß ich aufstehen!" Er setzte sich vor dasselbe hin und ließ den Künstler hereinrufen.
„Hat Er das gemalet?" fragte der Landgraf sogleich. Als Tischbein es bejahte, fuhr er mit einem zweifelhaften Kopfschütteln fort: „Das glaub' ich nicht, so was kann ein Deutscher nicht machen." — „Die Gräfin ist selbst hier und kann es bezeugen, daß ich es gemalet habe."
„Wo ist Er her?" fragte ihn darauf der Landgraf weiter.
„Ich bin ein Hesse, aus Haina."
„Aus dem Tollenkloster? — Getraut er sich mich zu malen?"
„Es wird eine Gnade für mich sein, wenn nur Ihro Durchlaucht mir drei Stunden in allem sitzen wollen."
Der Vorschlag wurde angenommen. Tischbein ließ seine Gerätschaften von Mainz holen und malte darauf den Landgrafen zu dessen vollkommener Zufriedenheit.
Das stille und sich eben darum umso mehr empfehlende Verdienst Tischbeins machte auf den Landgrafen einen so lebhaften Eindruck, daß er den Wunsch äußerte, den jungen Künstler in seine Dienste zu nehmen. Dies geschah im Jahre 1752.
Der Landgraf, indem er auf diese Art das Genie hervorzog und seinem Lande den Mann wiedergab, der in der Folge in demselben den Geist des Schönen belebte und der Stifter einer neuen Kunstschule wurde, empfing zugleich von der belohnenden Hand der Kunst den unverwelklichen Kranz, womit veredelte Gefühle das Andenken eines guten Fürsten schmücken.

Eine der schönsten Residenzen Mitteleuropas

Landgraf Friedrich II. ließ 1767 die veralteten Festungswerke abtragen und das architektonische Gesicht der Stadt von Simon Louis du Ry noch einmal entscheidend umgestalten. Kassel wurde zu einer der schönsten mitteleuropäischen Residenzen. Weniger Glück hatte dieser Fürst, Kassel auch zu einem überragenden geistigen Zentrum zu erheben.

Adolf Freiherr Knigge
Aus einem Brief an seinen Pflegevater

10. Oktober 1796

Ich schreibe Ihnen diese Zeilen aus einer Stadt, ach! aus einer Stadt, die so schön ist, daß ich wohl schwerlich viel lernen würde, wenn ich, statt in Göttingen zu studieren, unter der Menge von Zerstreuungen, hier arbeiten sollte. Alles atmet nur Freude hier. Herrliche Gebäude, Paläste, bezaubernde Gärten, Musik, Malerei, Schauspielkunst, das alles scheint hier zuhause zu sein. Und Soldaten, die wie Kinder einer schönen Familie aussehen, und deren äußeres Ansehen das Gepräge von Wohlstand, Zucht und Fröhlichkeit hat.

Kassel hat wirklich viel aufzuweisen, welches man in wenigen Städten Deutschlands vereinigt antrifft. Etwas weniger lebhaft als gewöhnlich fanden wir Kassel, weil der Hof, eine kleine Stunde von da, auf dem Lustschlosse Weißenstein war. Als wir hörten, daß dort Komödie sein würde, so fuhren wir gleich hin. Wir kamen noch zu rechter Zeit an, um ein französisches Lustspiel und eine Operette zu sehen. Beides wurde, soviel ich davon verstehe, gut gegeben. In den Messen und zur Zeit des Karnevals hat man auch in Kassel große italienische und französische Oper, große heroische und andere Ballette, Maskeraden — mit einem Wort alles, was nur Vergnügen erwecken kann.

Wir blieben die Nacht in dem Gasthofe auf dem Weißenstein und erstiegen dann frühmorgens den prächtigen Karlsberg, ein Werk, welches, in dem größten Stil gebaut, das Ansehen hat, als wenn Riesen diese künstlich aufeinandergekitteten Felsenstücke aufgetürmt hätten. Es war ein Schweizer mit uns in Gesellschaft, der, um etwas zu sagen, das schweizerisch klingen sollte, ausrief: „Mein Gott! Wozu nützt das alles? Es ist doch nur eine Wasserkunst zum Vergnügen und kostet so ungeheure Summen!"

Das Ding kann etwas Wahres enthalten, aber nach dieser Lehre wäre ein Nachttopf viel besser als ein Punschnapf.

Rudolf Erich Raspe
Entwurf für ein gotisches Antiquitäten-Kabinett

Der Verfasser des „Münchhausen" war von 1767 bis 1775 Verwalter des fürstlichen Kunstkabinetts in Kassel.

Durchlauchtigster Landgraf
Gnädigster Fürst und Herr,
Ew. Hochfürstl. Durchlaucht haben die Versetzung derer in einer Kammer Hochdero Kunsthauses befindlichen und mir bisher mit anvertraut gewesenen Achate in die Mineralien-Kammer zu genehmigen und zu veranstalten geruht.

Hierdurch ist erstere, bis auf die darin befindlichen Schildereien und einige wenige darin zurückgebliebene Altertümer, leer geworden; und dieses gibt mir eine erwünschte Gelegenheit, Ew. Hochfürstl. Durchl. hiemit einen Entwurf
zur Formierung und Aufstellung eines gotischen oder Alt-Teutschen Antiquitäten-Kabinettes in dieser Kammer zu hoher Prüfung untertänigst vorzulegen.

Zu dieser Art Altertümern rechne ich alle Kunstsachen, die in denen sogenannten mittleren oder gotischen Zeiten von Karl dem Großen an bis auf Albrecht Dürer und Raffael oder bis gegen die Mitte des sechzehnten Jahrhunderts in Teutschland sowohl als in denen übrigen Teilen von Europa verfertigt worden sind; denn in diesen Zeiten, welche für Teutschland ungemein glänzend waren, gaben die teutschen Sitten allen Völkern von Europa wie ihre jetzige Verfassung also auch den Ton.

Ich weiß zwar wohl, daß, nachdem man in Italien den alten griechischen und römischen Geschmack mit dieser Völker Gelehrsamkeit wieder hervorgesucht und hiernach und einer gewissen französischen Delikatesse einen gemischten neuern Geschmack in der Gelehrsamkeit und denen Künsten gebildet hat, unverständige Geschichtsschreiber und verwöhnte Kunstsammler jene teutschen Zeiten und ihre Überbleibsel als barbarisch verächtlich angesehen haben und, daß aus dieser Ursache bis jetzt, soviel mir bekannt, noch nirgends ein dergleichen Kabinett gesammelt worden sei; aber eben dieses veranlaßt mich nur noch mehr, mit allem Ernste darauf zu denken und sie Ew. Hochfürstl. Durchlaucht hoher Attention bestens zu empfehlen.

Einem Teutschen, der sein Vaterland liebt, einem unparteiischen Fremden, der den Wert der Sitten und Künste nicht bloß nach der Mode mißt, und einem Geschichtsschreiber und Künstler, der alle Völker und Jahrhunderte kennen und gelegentlich nützen muß, wird eine solche Sammlung etwas sehr Erwünschtes und Schätzbares sein, indem sie dergleichen sonst nirgends finden. Sie wird auch Ew. Hochfürstl. Durchlaucht übrigen Kunstsammlung dadurch noch einen merklichen Vorteil schaffen, daß nämlich inskünftige das Gotische von denen Antiken und neueren Kunstwerken, zu beider Vorteil, ganz separiert werden wird.

Zur Anlegung eines solchen Kabinettes findet sich im Kunsthause schon ein ziemlich großer Vorrat, verschiedene alte Altarblätter, geschnitzt und gemalt, einige Statuen, einige Waffen, die Sammlung der alten fürstlichen Kleidungen, viele Pokale u.d.g.m.

Es noch ansehnlicher zu machen, wird es nicht an öfterer Gelegenheit fehlen, da sich in Ew. Hochfürstl. Durchl. Schlössern und Zeughäusern, auch sonst, verschiedenes finden wird, das für diese Sammlungen noch brauchbar sein wird. So fehlet es z. E. noch an einer vollkommenen Kriegs- und Turnierrüstung eines alten Ritters, die sich hoffentlich noch in einem oder dem andern Zeughaus aufsuchen ließe.

Das Arrangement selbst kann ohne große Kosten in die Augen fallend eingerichtet werden, wenn alles Zusammengehörende in Schränken zusammengelegt oder an denen Wänden geschickt gruppiert, diese aber mit gotischer Architektur en detrempe bemalt würden, damit man alles, was den gusto jener Zeiten betrifft, soviel möglich beisammen haben möge.

Ich ersterbe in pflichtschuldigster Devotion
Ew. Hochfürstl. Durchlaucht, meines Gnädigsten Fürsten und Herrn untertänigster treugehorsamster Knecht
Rudolf Erich Raspe

George Forster
Johann Wolfgang von Goethe in Kassel

10. Oktober 1779

Vor vier Wochen war Goethe, nebst dem Kammerherrn von Wedel und dem Oberforstmeister von Wedel bei mir. Ich soupierte mit ihnen, ohne zu wissen, daß der Letztgenannte der Herzog von Weimar wäre. Zum Glück bewahrte mich mein guter Genius, daß ich ihm keine Sottise sagte, wiewohl ich von großen Herren überhaupt mit großer Freimütigkeit sprach. Ich wette, es hat Goethe'n Mühe gekostet, bei einigen Gelegenheiten über meine Treuherzigkeit nicht loszupruschen. Den Tag darauf besahen sie den Garten zu Weißenstein; ich sollte die Partie mitmachen, allein ich war zu sehr beschäftigt.

In der Zwischenzeit erfuhr ich, daß der Herzog in der Gesellschaft sei. Den andern Morgen kam Goethe wieder zu mir, und der Kammerherr bald hernach, wir gingen zusammen nach dem landgräflichen Kabinett der Altertümer und der Kunstkammer, wohin der Herzog sich nachher auch begab. Ich mußte bei ihnen bleiben und mit ihnen speisen, und gleich nach frühe eingenommenem Mittagsmahl reisten sie davon.

Da sich Goethe anfangs nicht genannt hatte, so kannte ich ihn nicht, und — erkundigte mich nach ihm — bei ihm selbst. Sie kennen ihn, und wissen, was es für ein Gefühl sein kann, ihn kaum eine Stunde lang zu sehen, nur ein paar Minuten lang a l l e i n zu sprechen und als ein Meteor wieder zu verlieren. Sagen läßt sich das nicht.

**Johann Wolfgang von Goethe
Besuch in der Gemäldegalerie**

15. September 1779

Wir gehen unter den Kasseler Herrlichkeiten herum und sehen eine Menge in uns hinein. Die Gemäldegalerie hat mich sehr gelabt, wir sind wohl und lustig; es war Zeit, daß wir ins Wasser kamen.

Behagliche Anstalten zur Aufnahme von Fremden

(13. Dezember 1792)

Wie düster aber auch in der letzten und schwärzesten aller Nächte meine Gedanken mochten gewesen sein, so wurden sie auf einmal wieder aufgehellt, als ich in das mit hundert und aberhundert Lampen erleuchtete Kassel hineinfuhr. Bei diesem Anblick entwickelten sich vor meiner Seele alle Vorteile eines bürgerlich städtischen Zusammenseins, die Wohlhäbigkeit eines jeden einzelnen und seiner von innen erleuchteten Wohnung und die behaglichen Anstalten zur Aufnahme von Fremden. Ich fuhr auf dem prächtigen tageshellen Königsplatz an dem wohlbekannten Gasthof an.

**Johannes von Müller
Entschlossen zu einem ruhmvollen Leben**

1. Juni 1781

Facta alea est! Ich bleibe hier, liebster Bruder! Ein großer Mann, ein Mann, dessen Genie und Charakter mich ganz anders begeistert, als die preußischen Minister, der Freiherr von Schlieffen, Staatsmann, Feldherr und wahrer Gelehrter, hat mich zum Hessen gemacht. Der Landgraf hat sich auf das gnädigste ausgedrückt. Ich habe eine Rede vor demselben, dem Hof und den hiesigen Gelehrten in französischer Sprache gehalten, vom Einflusse, den die alten Griechen und Römer auf die Neueren gehabt und haben sollten. Kassel ist ungemein schön. Die Gesellschaft scheint angenehm: ich werde aber derselben selten genießen; zwar nicht als wäre ich durch mein Amt allzu beschäftigt: sondern weil, da mein Standpunkt nun fest ist, ich große Pläne ununterbrochen ausführen werde. Ich werde die Geschichte der Schweizer, so wie ich es dem Herrn von Schlieffen versprochen, fortsetzen. Zugleich excerpiere ich mit größter Genauigkeit jene kostbaren siebenundzwanzig Folianten alter Geschichtsschreiber Italiens, welche Muratori gesammelt hat. Endlich lese ich zum Vergnügen und meiner Vervollkommnung in der Schreibart, was die deutsche, englische, italienische und französische Literatur Großes und Schönes hervorgebracht haben. Daher werde ich den Tag meist auf meiner Stube und auch die Nacht großenteils bei den Toten zubringen. Denn ich bin von unbeschreiblichem Eifer entflammt, mich des Herrn von Schlieffen würdig zu beweisen, und werde seinetwegen hundertmal stärkere Efforts tun.

Viele Betrachtungen haben mich zu diesem Entschlusse bewogen. Ich befinde mich wie n e u belebt, stärker in aller Absicht als jemals, entschlossen zu einem ruhmvollen Leben und dem unbescholtensten Wandel.

**George Forster
Brief an seinen Vater Johann Reinhold Forster**

19. September 1782

Wenn Sie einen Franzosen kennen, der geläufig Unsinn reden kann, und eine eherne Stirn hat, so senden Sie ihn hierher, und in Jahresfrist wird er ein angesehener Mann. Wir haben hier eine bettelhafte französische Marquise, deren verstorbener Mann ein spanischer Grande war. Anfangs sagte man, sie sei unermeßlich reich; nun hör' ich, daß sie auf eine Pension vom Landgrafen Jagd macht. Sie kam hierher, unter dem Vorwand, dem Landgrafen einige G e i s t e r zu zeigen, tat aber bis jetzt nichts, weil er, wie sie behauptet, nicht fromm genug ist, um vom Teufel in körperlicher Gestalt versucht zu werden. Diese alte Hexe erhielt von ihm eine Dose, hundertfünfundzwanzig Louisdor an Wert, zur letzten Augustmesse. Sie ist ungefähr siebzig Jahre alt und hat einen alten Franzosen bei sich, der ein halber Narr ist, und empfindsame Dramen schreibt, die, obgleich unerhört langweilig, doch auf unserm französischen Theater gespielt werden. Er ist auch einer von jenen schlauen Taschenspielern, sagt den Leuten, daß die heilige Dreieinigkeit auf sie herabgekommen sei, als sie getauft wurden, und besteht darauf, daß ein jeder, der recht fromm sein will, katholisch werden müsse.

**Joachim Heinrich Campe
Außerordentlich schönes Straßenpflaster**

Der Braunschweiger Pädagoge, Sprachforscher und Übersetzer des „Robinson Crusoe", J. H. Campe (1746 bis 1818) besuchte Kassel mehrfach. Die hier wiedergegebenen Reiseberichte schrieb er im Jahre 1785.

Diese Stadt, welche mit den schönsten in Deutschland um den Vorzug streiten darf, liegt etwas abhängig an dem Fuße eines ansehnlichen Berges, den die vorbeifließende Fulda benetzt. Vermöge dieser ihrer angenehmen Lage kann die Reinigung der Straßen mit leichter Mühe geschehen, weil die Gossen alle abwärts nach dem Flusse laufen. Sooft daher ein Regenschauer einfällt, wäscht derselbe das außerordentlich schöne Pflaster der Stadt so rein, als wenn es gescheuert wäre, und das unsaubere Waschwasser empfängt die Fulda. Ich sage: das außerordentlich schöne Pflaster; denn wirklich muß ich gestehen, daß ich ein schöneres — ich sage zuwenig — daß ich ein ebenso schönes in keiner anderen Stadt jemals gesehen habe. Bisher schien mir dasjenige, was man in der Neustadt zu Kopenhagen sieht, das „weiter gehts nicht" der Vollkommenheit zu sein! Jetzt aber, da ich Kassel kenne, habe ich diese Meinung aufgeben müssen. Hier hat man nämlich, soweit die neue Verpflasterung schon vollendet ist, die Steine nicht bloß so zu legen und aneinander zu fügen gewußt, daß sie eine vollkommen ebene Oberfläche bilden, sondern man war auch darauf bedacht, sie von einerlei Größe auszusuchen und sie dann nach geraden Linien in Reihen und wiederum ins Kreuz zu legen, so daß das Auge überall Ordnung und Ebenmaß bemerkt.

Wollte ich mich darauf einlassen, nur die vorzüglichsten Schönheiten und Sehenswürdigkeiten dieser prächtigen Stadt zu beschreiben, so möchten sich die Leser gefaßt halten, in diesem ganzen Band aus Kassel nicht wieder hinauszukommen. Und doch würde ich auch alsdann bei weitem noch nicht alles erschöpft haben, sondern einen neuen Band zu Hilfe nehmen müssen.

Das erste öffentliche Museum

Friedrich Karl Gottlob Hirsching
Das erste Museum des europäischen Kontinents

Um die kostbaren Schätze des Museum Fridericianum so gemeinnützig als immer nur möglich ist zu machen, so ist preiswürdig dafür gesorgt, daß diese ausnehmenden Seltenheiten sogar in den Messen einem jeden für ein geringes Trinkgeld gezeigt werden können, weil da besondere Aufwärter zur Vorzeigung bestellt sind, die hierzu mehr Zeit haben und sich auch nehmen als gelehrte Aufseher. Jahrhunderte wird es der unermüdeten Geschäftigkeit des großen Errichters zum Ruhme gereichen, in wenigen Jahren eine so herrliche Ordnung und nachahmenswerte Verfassung in diese so mannigfältigen, oft ganz diversen Sammlungen gebracht zu haben. Wie sehr wäre zu wünschen, daß diese erst erwähnte Einrichtung doch an mehreren Orten nachgeahmt würde und reisende Gelehrte bei ihrer oft so eingeschränkten kostbaren Zeit nicht so oft dem Eigensinn und der Trägheit eines zwar gelehrten — aber äußerst morosen und bockledernen Aufsehers ausgesetzt wären.

Es sind in demselben die Bibliothek, die Sammlungen von Naturalien, Altertümern, Kunstsachen usw. befindlich, die alle Aufmerksamkeit wert sind. Vorzüglich findet man in dem Museum eine Sammlung alter, echter, sehr gut durch neuere Meister ergänzter Statuen, eine große Sammlung von geschnittenen Steinen von unschätzbarem Wert; ein Münzkabinett, eine Sammlung von Uhren, wie nach und nach die Kunst in deren Verfertigung gestiegen; Instrumentensammlungen; schöne Stücke mosaischer Arbeit; vielerlei Gattungen musikalischer Instrumente; vielerlei Waffen, sowohl alte als jetzt noch bei unterschiedlichen Völkern gebräuchliche; Abbildungen alter Denkmäler nach verjüngtem Maßstab von Kork.

Die wahrhaft fürstliche Bibliothek

Der große Saal der Bibliothek nimmt im mittlern Stockwerk die ganze Länge des Hauptgebäudes nach dem Friedrichsplatz hin ein. Er ist zweihundertsiebzig Fuß lang, vierzig breit, dreißig hoch und durch fünfundzwanzig Fenster erleuchtet. Durch die vielen hohen und hellen Fenster wird er von drei Seiten erleuchtet und durch seine Länge das Perspektivische sowie das Angenehme sehr vermehrt. Der Bücherraum hat drei Einteilungen: eine Galerie von hundertzwanzig Fuß, die an beiden Seiten mit zwei korinthischen gereiften Säulen endigt. Die Bücherschränke stehen vor den Wandpfeilern der Fenster und nehmen alle vier Wände des Saales ein. In einer Höhe von ungefähr fünfzehn Fuß tritt eine von dem so weit vorspringenden Gesimse der Schränke getragene Balustrade hervor. So bleibt zwischen ihr und den oberen Bücherschränken ein drei Fuß breiter Gang frei, und man kann um die ganze Galerie herumgehen. Die Handschriften und eine Sammlung von Kupferstichen werden in den Schränken aufbewahrt, die in den Mauern sind. Aus diesem Saal geht man in das Zimmer, welches im Winter zum Gebrauch der Bibliothek geheizt wird. Hier befinden sich gleichfalls Handschriften in Schränken verschlossen, Bilder von verschiedenen Landgrafen in Lebensgröße und Grundrisse von Hauptstädten in Kupfer gestochen, nebst Ansichten. Die Zahl der Bücher naht sich wirklich schon an die fünfzigtausend Bände. Das historische Fach und das Staatsrecht sind hier am vollständigsten. Von der Geschichte der Gelahrtheit, Erd- und Reisebeschreibungen findet man auch eine zahlreiche Sammlung sowie Zeitungen, ingleichen viele teutsche und französische Journale und Monatsschriften.

Joachim Heinrich Campe
Die merkwürdige Bibliothek des Herrn Schildbach

Schildbach hat weder Erziehung noch gelehrten Unterricht von irgendeiner Art gehabt, und doch hat er sich in der Naturgeschichte und in der Naturlehre ganz durch eigenen Fleiß und ohne alle Hilfsmittel, Kenntnisse und Geschicklichkeiten zu erwerben gewußt, welche einem Gelehrten Ehre machen würden. Er ist dabei ein geborener Künstler, ohne, soviel ich weiß, eine einzige Kunst von andern gelernt oder berufsmäßig getrieben zu haben. Alles, was seine lebhafte Einbildungskraft ihm vormalt, das weiß er auch auf irgendeine Weise künstlich darzustellen.

Beim Eintritt in seine gar nicht geräumige Wohnstube glaubt man, in einem großen Glasschranke eine kleine Büchersammlung von ungefähr dreihundert Bänden zu erblicken. Tritt man näher, so wundert man sich über den sonderbaren Einband dieser Bücher und hebt man endlich eins heraus, so erfährt man, daß es gar keine Bücher sind. — Kleine hölzerne Kästchen in Bücherform, die ganze Naturgeschichte der Bäume und Holzarten enthaltend, welche in der Landgrafschaft Hessen angetroffen werden. Ich will sie näher beschreiben:

Jedes dieser Kästchen ist aus einer besonderen Holzart verfertigt, und zwar so, daß es vollkommen einem Buche gleicht. Der Rücken desselben ist mit der natürlichen Rinde desjenigen Baumes belegt, dessen Geschichte das Kästchen darstellen soll; und der rote Titel zeigt sowohl die Kunstbenennung desselben nach dem Linnéischen Lehrgebäude als auch den gemeinen Namen, und zwar in deutscher, französischer und englischer Sprache an. Die beiden Deckel des Buchs sind von der nämlichen Holzart, und zwar der eine der Länge nach, der andere in die Quere geschnitten, um sowohl den Fadengang derselben an dem einen als auch die Kreise des alljährlich in Holz verwandelten Splints an dem andern Deckel beobachten zu lassen. Diejenigen drei Seiten des Kästchens, welche man an einem Buche den Schnitt zu nennen pflegt, sind von der nämlichen Holzart, doch so gewählt, daß man daraus die Verschiedenheit des Holzes, in Ansehung des verschiedenen Alters desselben, ersehen kann. Es ist nämlich die eine dieser Seiten von einem jungen, die andere von einem noch nicht ganz erwachsenen und die dritte von einem zu seiner völligen Reife gediehenen Baume dieser Art genommen. Irgendwo ist auch, entweder etwas Gummi, wenn die Baumart dergleichen enthält, oder ein kleiner Schwamm von denen angebracht, die an einem solchen sich anzusetzen pflegen.

Jetzt wird das Kästchen aufgemacht, und da wird man auf einmal durch den Anblick der ganzen übrigen Naturgeschichte des Baums auf die angenehmste Weise überrascht. Man erblickt einen kleinen Zweig desselben, an ihm sieht man Blätter und Fruchtknospen, ganze Blätter, Blütenknospen, welche eben aufbrechen wollen, andere, welche eben aufgebrochen sind und in welchen die Befruchtung jetzt vor sich gehen will; wiederum andere, in welchen die Befruchtung schon geschehen ist. Dann die junge, die halb ausgewachsene und die reife Frucht zusamt den Samenkernen.

Das meiste dieser Dinge ist aus der wirklichen Natur genommen und zur Erhaltung mit einem Firnis überzogen worden. Andere, welche in der Natur nicht aufbewahrt werden können, wie zum Beispiel Obst, sind von Wachs so künstlich nachgemacht, daß sie täuschen. Am meisten bewunderte ich hierbei die Geschicklichkeit, mit welcher der Mann die zarten Befruchtungsteile der Blüten in ihrer natürlichen Lage und Stellung so zu erhalten weiß, als ob sie soeben erst vom Baume genommen wären. Noch sieht man ein oder das andere Geziefer oder Insekt daneben liegen, welches diesem Baume seinen Unterhalt verdankt.

Auf eine ebenso sinnreiche und geschickte Weise hat der Mann eine zweite Sammlung gemacht, welche die Naturgeschichte aller einheimischen Vögel darstellt.

Landgraf Karl, der Hessen von 1677 bis 1730 regierte, begründete Kassels Ansehen als Kunst- und Parkstadt endgültig. Nach seinen Ideen wurden die barocke Oberneustadt gebaut und zwei einzigartige Parkanlagen geschaffen: die Karlsaue mit der Orangerie und das Riesenschloß des Herkules Farnese mit pittoresken Wasserspielen auf dem Karlsberg.

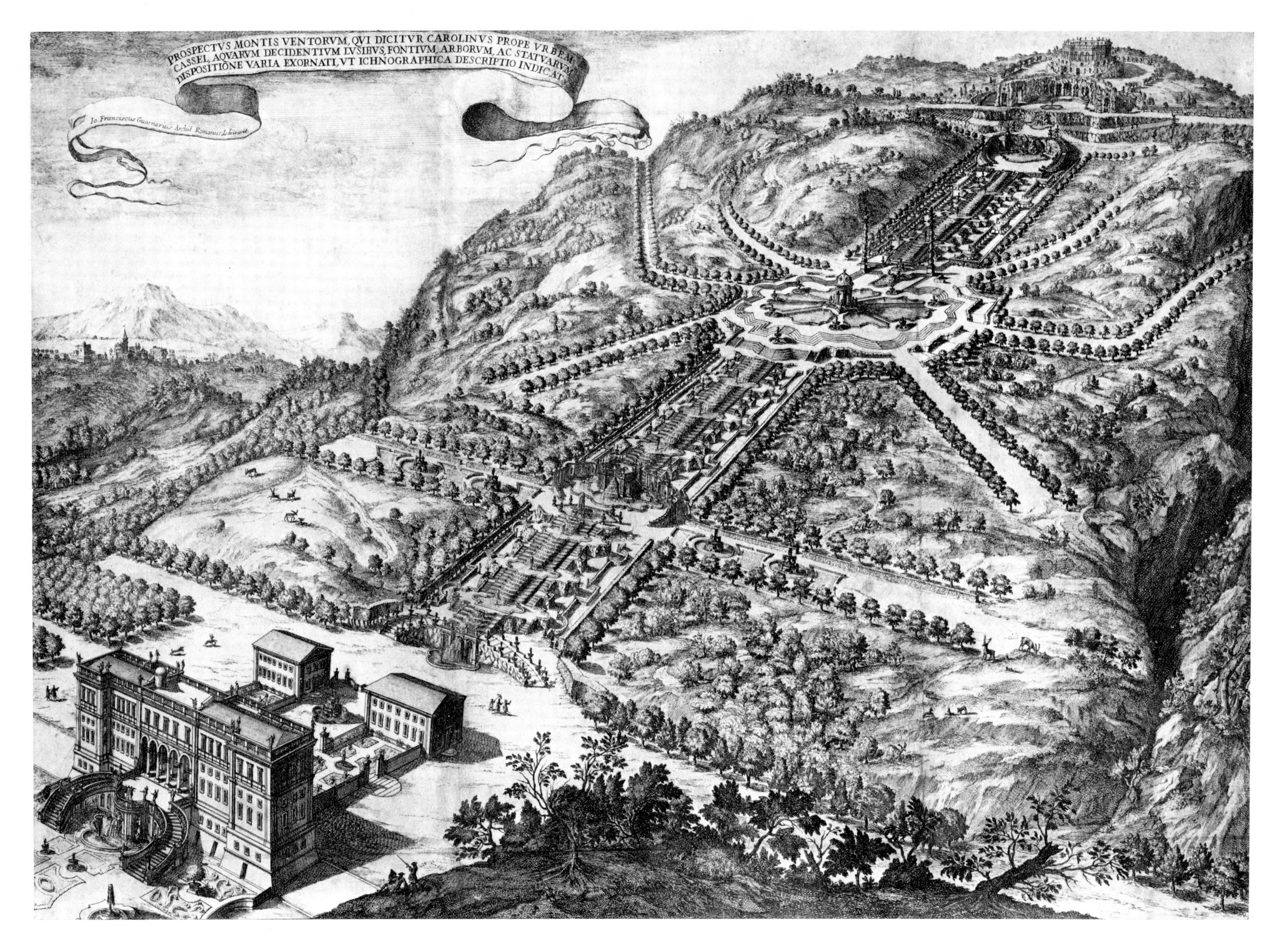

1705 veröffentlichte der aus Rom nach Kassel verpflichtete Baumeister Giovanni Francesco Guerniero seinen ersten nach Anregungen Landgraf Karls gestalteten Entwurf für die „Anlagen über dem Weißenstein". Er plante einen großen Terrassengarten mit Schloß, Grotten, Skulpturen, Fontänen, Kaskaden und einen das Ganze bekrönenden „Tempel der Winde".

Geldmangel zwang Landgraf Karl, den ersten Entwurf um zwei Drittel zu reduzieren. 1713, als ein Großteil der Anlagen nahezu fertiggestellt war, beschloß der Fürst eine weitere entscheidende Änderung: an Stelle des vorgesehenen Figurenschmucks wurde seinem acht- eckigen „Tempel der Winde" 1717 eine Pyramide mit der die benachbarten Bergkuppen überragenden, acht Meter hohen Statue des Farnesischen Herkules aufgesetzt. Im Sommer 1714 soll erstmals das Wasser über die einhundert tischhohen Kaskaden geplätschert sein.

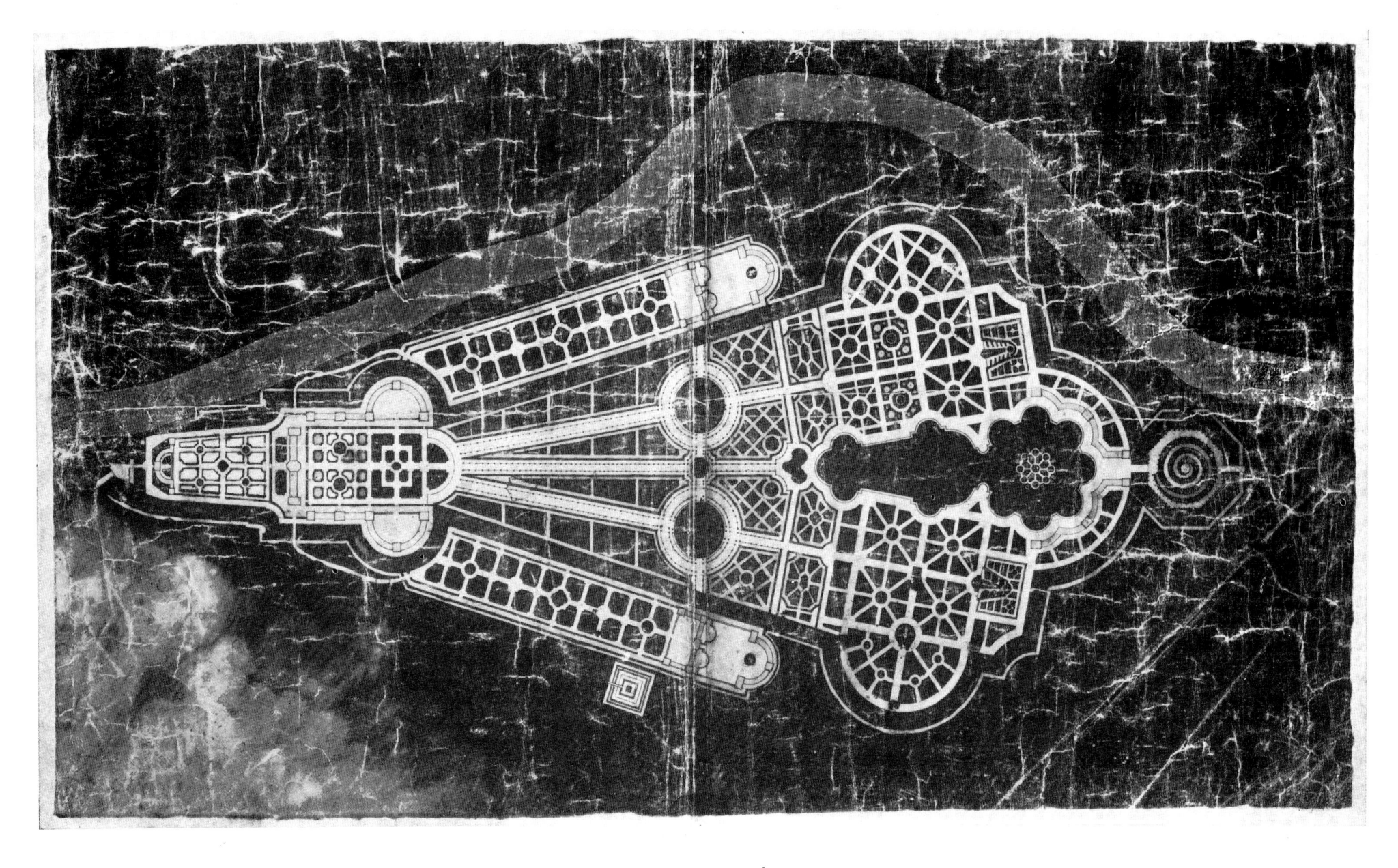

Während „über dem Weißenstein" felsige Hänge, Huten und verwilderte Schluchten zu einem grandiosen Bergpark mit stürzenden und wieder steigenden Wassern gestaltet wurden, entstand auf der Aue-Insel als Gegenstück ein zweiter Barockgarten mit Alleen, Kanälen, Taxushecken, Rondells und spiegelnden Gewässern. Der Landgraf erweiterte dafür das Gelände des Renaissance-Parks seiner Vorväter Wilhelm IV. und Moritz. Karls „neuer Au-Garten" erhielt, wie der oben wiedergegebene Plan von 1710 zeigt, die Form einer Leier.

Giovanni Francesco Guerniero und Paul du Ry gelten als Architekten des Orangerieschlosses. Sie errichteten das prachtvollste Bauwerk des Aueparks von 1703 bis 1711. Diente es im Winter dazu, Orangen- oder Feigenbäume, Palmen und andere kälteempfindliche Pflanzen zu schützen, nutzte es der Hof im Sommer für Bälle, Empfänge, Gartenfeste oder Hochzeiten.

Gleich den Anlagen des Karlsberges boten auch die der Aue Landgraf Karls Nachfolgern Gelegenheit zum Ändern oder Ergänzen. Den von Johann Georg Kötschau für die Balustraden des Orangerieschlosses gehauenen Skulpturen wurden später Pierre Etienne Monnots Marmorvase mit Jagdszenen und Johann August Nahls zwei „Schleuderer" beigefügt.

62

Jean Baptiste Xavery lieferte köstliche Marmorputten für die Balustrade der Gartenterrasse.

Ansicht des Treppenaufgangs und des Portals der südöstlichen Galerie.

Zwei einzeln stehende Pavillons flankieren das Orangerieschloß; der westliche birgt ein heute noch bewundertes Beispiel barocken Repräsentationsbedürfnisses: das Marmorbad. Es ist ungewiß, ob der fürstliche Bauherr dieses eigenwillige Kunstwerk lediglich als heitere Zutat zu seinem Sommerpalast gestalten ließ, oder ob er es sogar als Bad benutzen wollte.

Der Bildhauer Pierre Etienne Monnot fügte das prunkvolle Badegemach aus bizarr gemusterten, in den Farben kontrastreichen Marmorarten von 1722—1728. Er schmückte es mit zwölf Statuen und acht Wandreliefs, deren Sinngehalt antiken Mythen entlehnt ist. Recht effektvoll gerieten ihm das Relief „Triumphzug der Venus" und die Skulptur des „Faun".

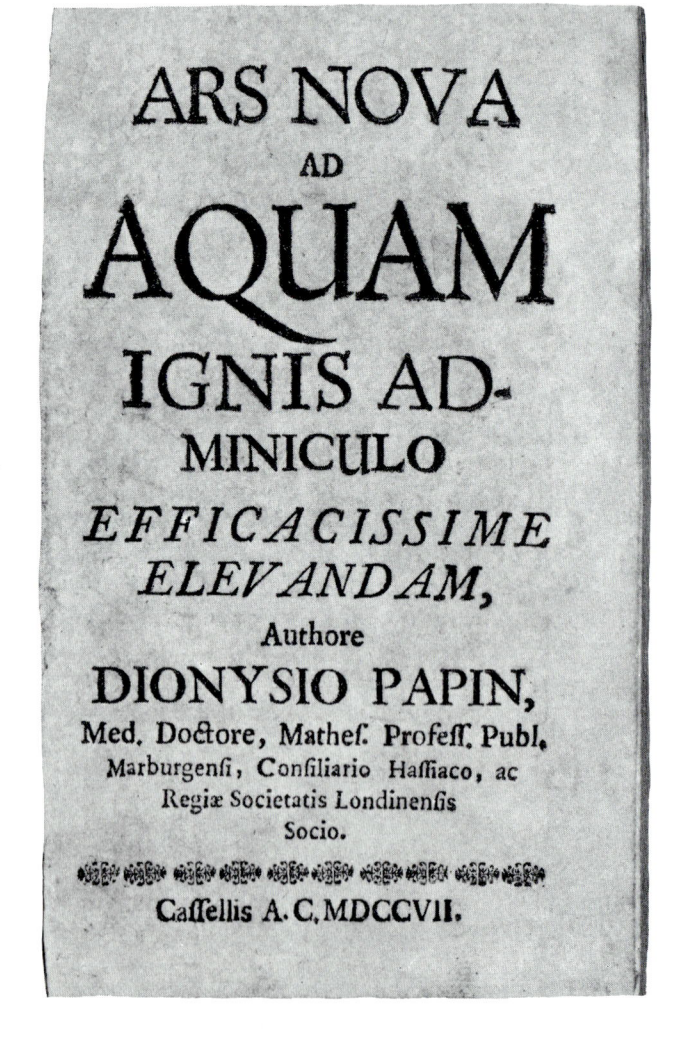

ARS NOVA AD AQUAM IGNIS ADMINICULO EFFICACISSIME ELEVANDAM,

Authore
DIONYSIO PAPIN,
Med. Doctore, Mathef. Profeff. Publ.
Marburgenfi, Confiliario Haffiaco, ac
Regiæ Societatis Londinenfis
Socio.

Caffellis A. C. MDCCVII.

Denis Papin, der von Landgraf Karl geförderte Arzt, Mathematiker und Erfinder, arbeitete seit dem Frühjahr 1695 in Kassel. Im Juli 1698 schrieb er an Leibniz, er traue sich jetzt zu, Land- oder Wasserfahrzeuge mit Dampfkraft zu bewegen. 1707 veröffentlichte Papin eine Broschüre mit der Beschreibung seiner hier entwickelten Hochdruck-Dampfmaschine.

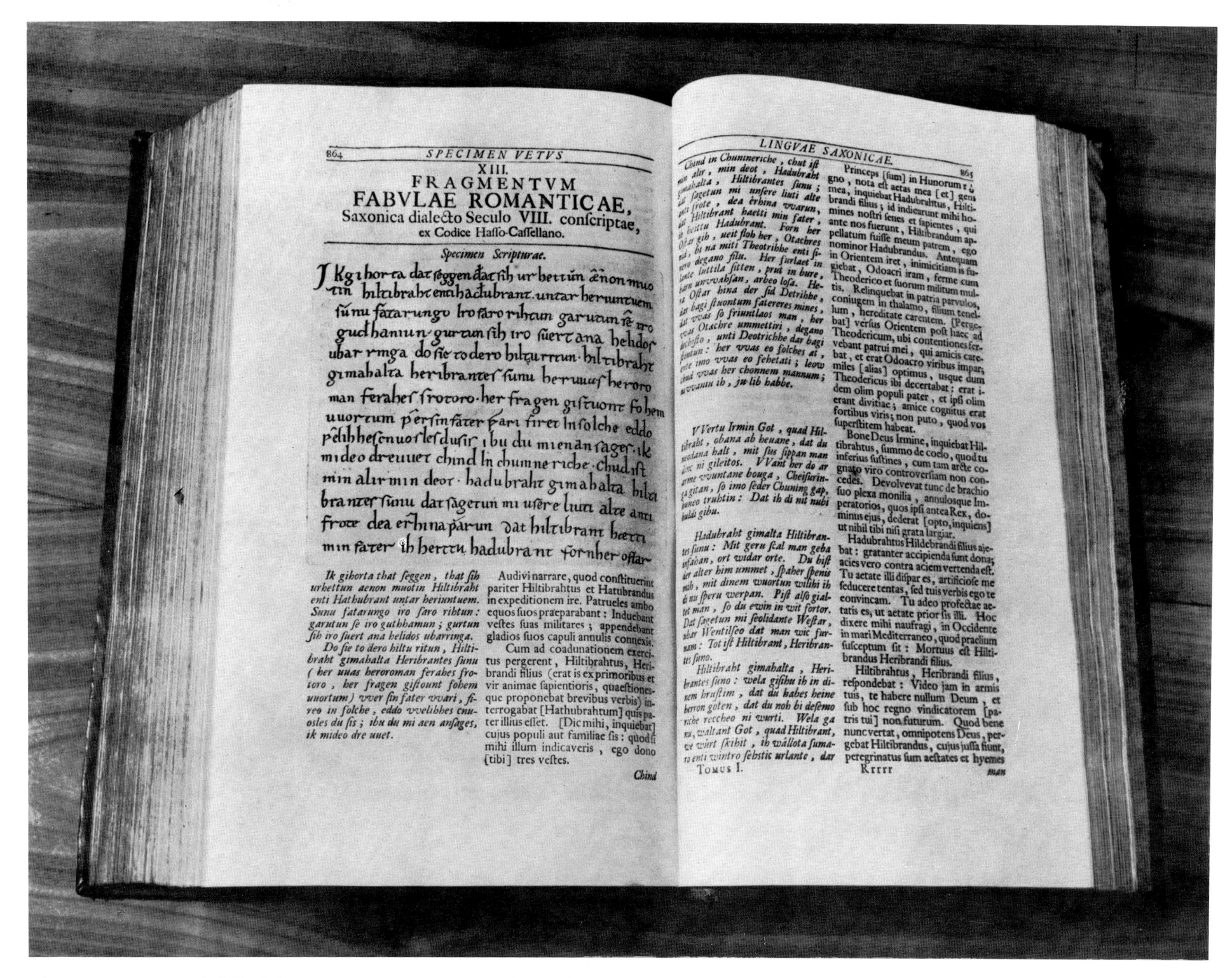

Seit 1632 besitzt die Kasseler Landesbibliothek das älteste erhalten gebliebene Schriftdenkmal deutscher Dichtung: das um 800 aufgezeichnete Hildebrandlied. Von Bibliothekar Johann Hermann Schmincke angeregt, gab der Historiker Georg von Eckart 1729 das erste gedruckte Faksimile mit einer lateinischen Übersetzung und Erklärung des Textes heraus.

1753 porträtierte Johann Heinrich Tischbein Landgraf Wilhelm VIII., den Gründer der Kasseler Gemäldegalerie und Erbauer des Rokokoschlosses Wilhelmstal. Mit viel Glück und kritischem Sachverstand erwarb der Fürst von 1722 bis 1760 einige hundert Gemälde. Fast alle im „Schildereyen"-Katalog von 1749 erfaßten Bilder sind erlesene Kunstwerke.

Peter Paul Rubens: Der Triumph des Siegers.

Frans Hals: *Der lustige Zecher.*

Rembrandt Harmensz van Rijn: Der Segen Jakobs, das kostbarste Gemälde der Kasseler Galerie.

Johann Heinrich Tischbein malte den „Maientanz einer Hofgesellschaft im Fuldatal bei Kassel".

Landgraf Wilhelm VIII. ergänzte die barocken Ornamente der Karlsaue und die großartigen Wasserstürze des Karlsberges um einen feinsinnig-spielerischen Akzent: Wilhelmstal. François de Cuvilliés lieferte erste Entwürfe für dieses Juwel unter den deutschen Rokokoschlössern, Johann Georg Fünck, Charles und Simon Louis du Ry bauten von 1747 an daran.

H Tischbein

Johann Heinrich Tischbein d. Ä. wurde 1754 Hofmaler Landgraf Wilhelms VIII., 1762 Lehrer für Malerei und Zeichenkunst am wiederbelebten „Collegium Carolinum" und 1779 schließlich „dirigierender" Professor der neu gestifteten „Akademie der bildenden Künste". Ihr schenkte er dieses Selbstbildnis, das der würdevolle Sechzigjährige 1782 vollendete.

Die Ahnengalerie, eins der intimen Kabinette im Rokokoschloß Wilhelmstal. Nach dem Geschmack Wilhelms VIII., des kunstliebenden Bauherrn, formte Johann Michael Brühl die Stukkaturen an den Decken, schnitzte Johann August Nahl subtilen Dekor für Türen und Täfelungen, lieferte Johann Heinrich Tischbein eine Reihe bezaubernder Frauenporträts.

Kasseler Porzellan: Täfelchen mit einer Jagdszene von Johann Georg Pforr; ein Teekessel mit Blumen und galanten Szenen von Johann Heinrich Eisenträger. Die beiden Maler und zwei Modellierer, Georg Daland und Benedikt Furth, waren die besten Kunsthandwerker der 1766 eingerichteten, 1788 jedoch schon wieder stillgelegten Landgräflichen Manufaktur.

Zu den großen Künstlern, die Landgraf Wilhelm VIII. nach Kassel holte, gehörte der Bildhauer Johann August Nahl (1710 bis 1781). Weit mehr Nachruhm als Skulpturen sicherten ihm seine für Schloß Wilhelmstal und einige Bürgerhäuser entworfenen Innendekorationen: Flächen in zarten Pastelltönen mit Ornamenten und virtuos geschnitzten Figurenmotiven.

Der 1768 zum „Hofmechanikus" ernannte Johann Christian Breithaupt (1736 bis 1799) mußte die vorhandenen Instrumente der Kasseler Sternwarte betreuen und — neue erfinden. Nach dem Distanzmeßgerät und einer „Parallaktischen Maschine" lieferte er den Mauerquadranten zur Bestimmung des Winkelabstands einzelner Gestirne zum Himmelsäquator.

S. L. Dury architecte.

Simon Louis du Ry, ein talentvoller Schüler Blondels, veränderte die städtebauliche Gestalt Kassels nach 1767 ganz entscheidend: Durch große Esplanaden, den Friedrichs- und Königsplatz, verband er die verwinkelte Altstadt in idealer Weise mit der barocken Oberneustadt und dadurch das neu entstehende Zentrum beider Teile zugleich mit der weiten Karlsaue.

Über fünfzigtausend Bände der von Wilhelm IV. gegründeten landgräflichen Bibliothek standen seit dem Herbst 1779 im großen Büchersaal des Museum Fridericianum. Dort konnte sie jeder Interessent benutzen. Im Erdgeschoß dieses ersten öffentlichen Museumsgebäudes auf dem europäischen Festland waren antike Skulpturen, Reliefs, Vasen und Gläser, Pretiosen, Münzen, Uhren und erbeutete Waffen, Wachsfiguren, vor- und frühgeschichtliche Funde, naturwissenschaftliche und ethnologische Sammelstücke ausgestellt.

1783, als Du Ry die Neugestaltung der „Hochfürstlichen Residenz- und Hauptstadt" fast beendet hatte, ließ sich der Bauherr, Friedrich II., in nicht alltäglicher Weise ehren: am 14. August enthüllten „die Untertanen" auf dem Friedrichsplatz ein von den Ständen bestelltes Marmordenkmal des Landgrafen. Anton Wilhelm Tischbein fing die Zeremonie damals mit Pinsel und Palette ein. Neben der — bis auf eine Ecke verdeckten — St.-Elisabeth-Kirche sind auf seinem Bilde das Museum Fridericianum und das Palais Jungken sowie die Häuser Johann August Nahls und des Kaufmanns Roux, das Palais des Freiherrn Waitz von Eschen und das zum Opernhaus umgebaute Palais des Prinzen Maximilian zu sehen.

Johann Gottfried Herder: „Denkmahl Johann Winkelmanns. Demselben von der Fürstl. Akademie der Alterthümer zu Cassel bei Anlaß der ersten Preisaufgabe im Jahre 1777 errichtet."

Seit den ersten Apriltagen des Jahres 1777 arbeitete in Kassel eine „Société des Antiquités". Nach dem Willen des Landesherrn sollte sie mit Vorträgen, Preisfragen und Druckschriften „das Studium der Alterthumswissenschaft in der weitesten Ausdehnung" fördern. Deshalb schickte sie ihre Satzung und die Bitte um Mitarbeit wenige Wochen nach der Gründung an bekannte europäische Gelehrte. Mehrere verdiente Altertumsforscher meldeten sich als Mitglieder an und verhalfen der Vereinigung rasch zu Ansehen. Auf die erste Preisfrage über die Bedeutung Johann Joachim Winckelmanns antworteten mehr als zwanzig Bewerber mit Manuskripten. Den Preis erhielt der Göttinger Philologe Christian Gottlob Heyne. Johann Gottfried Herder verscherzte sich das Wohlwollen dieser Kasseler Gesellschaft mit dem französischen Namen, weil er seinen Text mit der Erläuterung einleitete:

„Zuförderst erbitte ich mir die Freiheit, als Deutscher über Winkelmann deutsch schreiben zu dürfen. Winkelmann war ein Deutscher und bliebs selbst in Rom. Er schrieb seine Schriften auch in Italien deutsch und für Deutschland, nährte die Liebe zu seinen Landsleuten und zu seinem Vaterlande auch in jener Ferne; schien endlich nicht sterben zu können oder zu sollen, bis er die Nation wieder gesehen, die sich im Grunde so wenig um ihn bekümmert hatte. Er ist in der Zahl der Wenigen, die den deutschen Namen auch in Gegenden schätzbar gemacht, wo man ihn sonst unter dem Namen der Gothen zu begreifen gewohnt ist, und machte sich eine Schmeichelei daraus, mit Mengs und Wille in dieser kleinen Anzahl zu stehen. Die Schreibart seiner Schriften wird bleiben, so lange die deutsche Sprache dauert; ein großer Theil ihres Inhalts und ihr Geist wird sie überleben — warum sollte also Winkelmann, wie es im Leben war, auch noch nach seinem Tode verbannt werden, und vor einem deutschen Fürsten, mitten in seinem Vaterlande, im Kreise der Ersten Akademie, die seinem Studium in Deutschland gestiftet worden, eine Lobrede in fremder Sprache und nach einer Weise erhalten müssen, die ihm im Leben nicht die liebste war? — Ich schreibe deutsch. Verdients meine Schrift, so werde sie übersetzt..."

Niemand übertrug diese Sätze ins Französische. Von den vielen Manuskripten der „Société des Antiquités", die jetzt zum Handschriftenbestand der Kasseler Gesamthochschul-Bibliothek gehören, ist Herders Preisschrift das wertvollste.

Johannes von Müller    *George Forster*    *Samuel Thomas von Sömmering*

Zeitweilig lehrten nach 1770 bis zu dreißig Professoren am Kasseler „Collegium Carolinum" Philosophie, Philologie, Geschichte, Rechtswissenschaften, Medizin, Anatomie, Chirurgie, Mathematik, Physik, Chemie, Botanik, Musik, Malerei, Bau- und Bildhauerkunst. 1709 als Vorschule für ein ordentliches Studium vorgesehen, gab Landgraf Friedrich II. dem Institut eine Verfassung, die das „Collegium Carolinum" Universitäten annäherte. Es gelang sogar, Fachgelehrte von hohem Rang zu verpflichten: 1778 kam der Natur- und Völkerkundler George Forster (1754 bis 1794) und zog 1779 seinen Freund, den Chirurgen Samuel Thomas von Sömmering (1755 bis 1830) nach, der hier erstmals in Deutschland ein Anatomisches Institut einrichtete. 1781 hielt der Historiker Johannes von Müller (1752 bis 1809) seine Antrittsvorlesung. Er blieb zunächst nur zwei, Forster sechs, Sömmering fünf Jahre.

Johann Heinrich Eisenträger: Das von Bastionen und Wällen befreite Stadtschloß der Landgrafen um 1770.

Landgraf Friedrich II. mußte die im Siebenjährigen Krieg beschädigten Wasserspiele des Karlsbergs renovieren und den Park neu herrichten lassen. Dabei wurden seltene Bäume und Sträucher gepflanzt, chinesische Häuser, eine Pagode, ägyptische, türkische, griechische Grabmäler oder Tempel, Kopien antiker Statuen und Triumphbögen aufgestellt, das Jagdschloß des Ahnherrn Moritz erweitert und neu möbliert. Johann Heinrich Tischbein überlieferte auf einem Gemälde, wie das Schloß und der Park Weißenstein um 1770 aussahen.

*Wilhelm Böttner: Hessische Offiziere huldigen Kurfürst Wilhelm I. auf „Wilhelms Höhe".
Seit der Regierungszeit des Landgrafen Karl unterhielt das kleine Hessen-Kassel ein starkes, schlagkräftiges Heer. Damit konnte es seine Selbständigkeit wahren, dem Heiligen Römischen Reiche Deutscher Nation oder — auf Grund von Subsidienverträgen — befreundeten Großmächten dienen. 1803 brachte der vielfach mit tapfer kämpfenden Soldaten bewiesene „edle reichsständische Patriotismus" Landgraf Wilhelm IX. die lange erstrebte Kurwürde ein. — Mit einem Teil der britischen Subsidiengelder vollendete dieser Fürst die Weißensteiner Anlagen. Ab 1785 ließ er den Park nach englischem Stil umgestalten, den Lac, die Teufelsbrücke mit dem Höllenteich, den Steinhöferschen Wasserfall und die Große Fontäne anlegen, den Aquädukt, die Löwenburg als bewohnbare, künstliche Ruine und das neue dreigeteilte Schloß bauen. Am 19. August 1798 ordnete er an, daß der von seinen Vorfahren begonnene, nunmehr fertiggestellte Bergpark künftig „Wilhelms Höhe" zu nennen sei.*

Simon Louis du Ry baute die schräggestellten klassizistischen Seitenflügel des Schlosses Wilhelmshöhe von 1786 bis 1790, Heinrich Christoph Jussow vollendete seinen schweren Mitteltrakt 1798. Im Obergeschoß dieses Teils war der „Hortensiensaal" ebenso reich wie gediegen ausgestattet. Die Kurfürsten benutzten ihn für Konzerte, Hofbälle und Empfänge.

Friedrich Christian Reinermann: Die Große Fontäne auf Wilhelmshöhe im Jahre 1801.

Ludwig Philipp Strack: Der Wassersturz unter der Teufelsbrücke mit dem Höllenteich und Schloß Wilhelmshöhe um 1796.

1795 befahl Wilhelm IX. den Abbruch der Magdalenenkirche. Johann Martin von Rohden (1778 bis 1868) zeichnete die Ruine und merkte an: „Die herrliche Kirche der Untern Neustadt zu Cassel, aus d. 13ten Jahrhundert, zerstöhrt, um einen geraden Weg zum Thore zu machen. Auch gut!!!" Später wurde von Rohden in Rom ein bedeutender Landschaftsmaler.

Empire und Romantik

1803 Wilhelm IX., Landgraf zu Hessen, wird *des Reiches Kurfürst*. — Heinrich Christoph Jussow (1754 bis 1825) baut das Wilhelmshöher Tor.

1806 Obwohl Hessen neutral bleibt, besetzen Truppen Napoleons Kassel. Sie entwaffnen die Kurhessische Armee, transportieren Waffen, Vorräte und Kunstgegenstände ab. — Der Kurfürst flieht.

1807 Kassel wird Hauptstadt des von Napoleon geschaffenen *Königreichs Westphalen*. Der Kaiser setzt seinen Bruder Jérôme als König ein.

1808 König Jérôme ernennt Johann Friedrich Reichardt (1752 bis 1814) zum Hofkapellmeister.

1809 Der Dörnbergsche Aufstand scheitert vor Kassel.

1810 Gründung der Henschelwerke.

1811 Das Renaissance-Schloß der Landgrafen brennt ab. — Jacob Grimm veröffentlicht sein Buch *Über den altdeutschen Meistergesang*, Wilhelm Grimm die *Altdänischen Heldenlieder*.

1812 *Kinder- und Hausmärchen* der Brüder Grimm, erster Band. — Gründung der ersten Realschule.

1813 Russische Truppen vertreiben König Jérôme aus Kassel. Kurfürst Wilhelm I. kehrt aus dem Prager Exil zurück. Die alten Gesetze gelten wieder.

1815 *Kinder- und Hausmärchen* der Brüder Grimm, zweiter Band. — Der Maler Andreas Achenbach *

1816 Jacob und Wilhelm Grimm veröffentlichen die *Deutschen Sagen*.

1817 Kasseler Bürger veranstalten die erste *Deutsche Gewerbeausstellung*.

1818 Die Brüder Grimm geben den zweiten Band ihrer *Deutschen Sagen* heraus.

1819 Jacob Grimms *Deutsche Grammatik* erscheint.

1820 Kurfürst Wilhelm I. legt den Grundstein zu einem neuen Stadtschloß, der *Kattenburg*.

1821 Kurfürst Wilhelm I. † — Der Dichter Salomon Hermann Mosenthal *

1822 Kurfürst Wilhelm II. beruft Louis Spohr (1784 bis 1859) als Hofkapellmeister. — Karl Schomburg (1791 bis 1841) wird Bürgermeister von Kassel. — *Kinder- und Hausmärchen* der Brüder Grimm, dritter Band.

1823 Uraufführung von Spohrs Oper *Jessonda*.

1826 Die Brüder Grimm veröffentlichen *Irische Elfenmärchen*.

1828 Kasseler Kaufleute gründen den *Mitteldeutschen Handelsverein*. — Jacob Grimms *Deutsche Rechtsaltertümer* erscheinen.

1830 Der Kasseler Magistrat überreicht Kurfürst Wilhelm II. eine Petition über die Not des Landes. Nach dem *Bäckerkrawall* konstituiert sich die *Bürgergarde*. — Jacob und Wilhelm Grimm folgen einem Ruf an die Universität Göttingen.

1831 Wilhelm II. unterzeichnet Kurhessens neue Verfassung, die fortschrittlichste der Zeit. — Aus persönlichen Gründen verläßt er Kassel und setzt seinen Sohn Friedrich Wilhelm als Regenten ein. — Die erste *Garde-du-Corps-Nacht*.

1832 Spohr veröffentlicht seine *Violinschule*.

1834 Im Rahmen einer neuen Stadterweiterung wird das Ständehaus gebaut.

1835 Gründung des *Kasseler Kunstvereins*.

1836 Feierliche Einweihung des Ständehauses. — Franz Dingelstedt unterrichtet als Hilfslehrer am Lyceum Fridericianum.

1837 Abbruch des gotischen Rathauses. — Jacob Grimm kehrt als politischer Flüchtling nach Kassel zurück. — Landgerichts-Wundarzt Dr. Benedikt Stilling führt als erster in Europa eine Ovariektomie durch.

1838 Wilhelm Grimm wieder in Kassel. Die Brüder beginnen ihr *Deutsches Wörterbuch*.

1839 Albrecht Rosengarten vollendet die neue Synagoge.

1840 Der Kurprinz-Mitregent ernennt den Maler Ludwig Sigismund Ruhl (1794 bis 1887) zum Direktor der Kunstakademie. — Jacob Grimm veröffentlicht die *Weistümer*.

1841 Jacob und Wilhelm Grimm übersiedeln nach Berlin.

1845 Baubeginn der Kurhessischen Eisenbahnen.

1848 Die Garde du Corps haut mit dem blanken Säbel auf wehrlose Bürger ein, wütende Menschen plündern das Zeughaus und bauen Barrikaden. Der Kurfürst muß die Garde du Corps auflösen.

1849 Der Erbauer des Simplontunnels, Karl Wilhelm Brandau *

1850 Die Ständeversammlung verweigert Minister Hassenpflug Steuergelder. Der Kurfürst ruft den Kriegszustand aus und flieht. *Strafbayern* und preußische Truppen besetzen die Residenzstadt.

1851 Die liberale Verfassung von 1831 wird geändert.

1852 Gottlob Engelhard baut den Hauptbahnhof.

1853 Friedrich Murhard †

1854 In Straßen und Gassen werden Gaslaternen installiert.

1859 Gründung des Arbeiter-Fortbildungsvereins.

1863 Karl Murhard †

1866 Preußen annektiert Kurhessen. Kassel wird Hauptstadt der neugebildeten Provinz Hessen-Nassau. — Abbruch der Stadttore und -mauern.

Kassel

blieb im neunzehnten Jahrhundert die von Fremden bestaunte Residenz. Bedürfnisse des Hofes bestimmten das wirtschaftliche wie das geistige Leben.

Weil Kurfürst Wilhelm I. sich nicht dem Rheinbund anschloß, zwang Napoleon Bonaparte ihn sieben Jahre ins Exil. Während dieser Zeit regierte von Kassel aus Jérôme Bonaparte ein „Königreich Westphalen". Als er 1813 überstürzt fliehen mußte, ließ er neben Schulden auch einen Vorgeschmack auf die neu zu erkämpfende bürgerliche Freiheit zurück.

Weder er noch die hessischen Fürsten begriffen, daß seit dem Jahre 1806 zwei Männer in der Stadt sammelten, forschten und darbten, die „zu den Koryphäen des geistigen Deutschland" gehörten: Jacob und Wilhelm Grimm. Der Hof blieb gleichgültig, als sie Kassel 1830 verließen. Was die Brüder Grimm hier — über die Veröffentlichung der Kinder- und Hausmärchen hinaus — Bahnbrechendes leisteten, wird allerdings erst jetzt allmählich erkannt und gewürdigt.

Die letzten Kurfürsten, Wilhelm II. und sein Sohn Friedrich Wilhelm, liebten das repräsentative Theater. Ihrem Hofkapellmeister, dem Komponisten Louis Spohr, gelang es, der Kasseler Oper und der hiesigen Musikkultur im zweiten und dritten Jahrzehnt des Jahrhunderts internationale Geltung zu verschaffen.

Wie er und die Grimms sympathisierte ein zweites, über die Grenzen des deutschen Sprachgebiets hinaus bekanntes Kasseler Brüderpaar mit den Idealen des Liberalismus und der republikanischen Staatsform: die Publizisten Friedrich und Karl Murhard. 1834 lieferte Friedrich Murhard mit seiner Erläuterung des Kurhessischen Staatsgrundgesetzes den ersten wissenschaftlichen Kommentar überhaupt zu einer deutschen Verfassung.

Johanna Schopenhauer
Das achte Wunder der Welt

Das Marmorbad in Kassel blendete mich durch nie gesehene Pracht. Den Winterkasten auf Weißenstein aber, wie damals die Wilhelmshöhe genannt wurde, war ich bereit, mitsamt seinem Herkules für das achte Wunder der Welt anzuerkennen. Die rohe, fantastische Größe dieses kaum zur Hälfte vollendeten Riesenbaues stand wie ein kolossales Traumbild aus einer, ich wußte nicht, ob überirdischen oder unterirdischen Wunderwelt vor mir. Mag man immerhin geschmacklos mich schelten, ich hoffe, unsere neue überschwengliche Zeit wird sich nie

Das westphälische Intermezzo

bis zu der Höhe versteigen, es untergehen lassen zu wollen. Beim Abschied stattete ich noch dem Herrn Pythagoras, Solon, Demokrit, und wie sie weiter noch heißen, in ihren damaligen respektiven Wohnungen auf dem Weißenstein einen kurzen Besuch ab, einen anderen desgleichen in Kassel selbst den wächsernen Landgrafen und Gräfinnen, die damals, angetan in Prachtgewändern, die sie, als sie noch lebten, getragen, Tag und Nacht im Museum nebeneinandersaßen und Hof hielten.

Journal für Literatur, Kunst, Luxus und Mode
Die Illumination bei der Kurfete

Aufgeputzt standen die Häuser, die Straßen mit Sand befahren, die Fenster, wo der Zug vorbeigehen sollte, waren zu einem halben Laubtaler vermietet, kein Mietwagen mehr zu haben, und die Palais alle mit Gerüsten verbrämt. Ein gedrucktes Reglement alles dessen, was hier vorfallen sollte, kostete zwei Groschen, und in den letzten Tagen hörte man durchaus nur von zwei Gegenständen reden: der eine war die Modekrankheit, Grippe genannt, welche gleich den frivolen Waren aus Paris gen Deutschland gefördert, so viele Menschen unerwartet grippierte.
In den Wirtshäusern lagen so manche Kranke, die aus entlegenen Provinzen hergeeilt waren, um dem Feste durch irgendeine pflichtgemäße Repräsentation beizuwohnen; ja, am Sonnabend sagte man sich sogar in der Stadt, die Herrschaft sei nun auch von der Grippe befallen. Der andere Gegenstand, womit sich Gesunde und Kranke unterhielten, waren lustige Anekdoten über die nahe Illumination der Stadt, die Embleme komischer Art und die frommen Wünsche an den Wettergott, um dieses alles in Schutz zu nehmen. Denn ärger als der launischste April schlich kalt und naß ein trüber Mai einher. Obenan unter den Illuminationsstücken stand das Haus der Reichsgräfin von Schlotheim in der Bellevue-Straße; dies war nach italienischer Bauart dekoriert, mit Transparenten und Inschriften versehen und perspektivisch mit dem höchsten Pomp erleuchtet. Des Ministers von Waitz Palais liegt vortrefflich wie am Ende einer Allee, als wäre es mit seiner Pyramidenumgebung, die zum eigentlichen Hofe führt, besonders für eine Illumination gebaut. Das langflügelige Hotel stand ganz im Feuer. Dort wurde der Kurfürst mit Fanfaren empfangen. Hoch über dem Hause erhob sich eine Sonne von trefflicher Wirkung, die wie ein Gestirn am Firmament am dunkeln Hintergrunde blitzte. Noch mehrere Häuser der Königsstraße zeichneten sich aus, wo eigentlich alles leuchtete. Gegenüber dem Haus des englischen Gesandten wohnte ein Spiegelfabrikant, der inwendig sein Haus mit Spiegelglas umgeben, auch von außen das glänzende Material angebracht hatte. Die Auszierungen und Inschriften waren von geschliffenem Glase, so wie man wohl in Stahlarbeit Worte auf Armbändern findet. Dies alles mit dem hellsten Kerzenschein beleuchtet, gab dem Hause das nur möglichste Feen-Air, denn alle Lampen der Welt könnten den Gedanken des Reichtums und der Eleganz nicht hervorrufen, den diese Brillantierung bewirkte.
Der Altstädter Markt war sehr reich erleuchtet und verziert. Dort stehen vieler reicher Kaufleute Häuser und das Rathaus, dessen gotische Bauart und die unzähligen Leitern mit Menschen, die auf den Dächern wie die Fliegen hingen, einen sehr guten Effekt machten. Auch die Brücke, die über die Fulda führt, war reich mit Ehrenpforten besetzt. Jenseits schien ein verschiedener Charakter unter dem Volke zu herrschen; patriarchalischer, lebhafter und vielleicht weniger gezügelt als in anderen Quartieren der Stadt äußerte man sich hier. Darum benennt man die Altstädter, wie ich hörte, mit dem sehr alten Namen der Unbändigen. Aber es ist alte echte Kattennatur voll Biedersinn, Kraft und Treue. Jenseits der Brücke sieht man wenig gute Häuser, sie sind wie die Londoner City aneinandergedrückt.
Sonderbar nahm sich ein illuminiertes Feuer des Staatsgefängnisses aus dem sogenannten Kastell an der Fulda aus. Welcher Gefangene kann da wohl der Freude geopfert haben?

Philipp Andreas Nemnich
Die Westphälischen Zustände

Von Kassels ehemaligen öffentlichen Zierden ist in diesem Augenblicke folgendes zu bemerken: weg ist das meiste und zugleich das Schätzbarste aus der Bildergalerie. Das Gebäude selbst, nebst den in den Zimmern und Nischen befindlichen Gemälden und Porzellansachen sind dem Kriegsminister des Königs als Geschenk zuteil geworden. Den Rest von Gemälden hat man nach dem Museum geschleppt, wo es nicht der Mühe wert gefunden wird, sie in Ordnung zu bringen.
Das seit 1776 vorhandene Gebäude der Maler- und Bildhauer-Akademie dient jetzt dem Staatsrat von Müller zur Wohnung. Unter demselben Dache befindet sich die seit einem Vierteljahre etablierte Königliche Französische Buchdruckerei, woraus der „Westphälische Moniteur" hervorgeht. Der Unterricht für Maler und Bildhauer wird seitdem im Museum erteilt.
Das Museum hat die besten Statuen und andere Kostbarkeiten verloren. Die Medaillen, obgleich nebst anderen Schätzen in Sababurg verborgen, konnten dem Schicksal des Auswanderns nicht entgehen.
Das herrliche, wohleingerichtete Schulgebäude (Lyceum Fridericianum) ist nebst dem daranstoßenden Schulmeisterseminar zur Hälfte in ein Finanzbüro verwandelt, das Kadettenhaus jetzt „École Militaire". Dieses vom Landgrafen Friedrich II. im Jahre 1778 errichtete vortreffliche Institut war damals für vierzig Zöglinge bestimmt. Unter seinem Nachfolger wurde es mit dem Pageninstitut vereinigt und dadurch die Anzahl der Zöglinge bis sechzig vermehrt. In der Folge verringerte sich diese Zahl bis auf vierundzwanzig. Dagegen erhielten die sogenannten Junker oder die Kadetten von den in der Residenz befindlichen Regimentern freien Unterricht im Kadettenhause. Der jetzt regierende König hat das Institut nicht nur bestätigt, sondern auch die Zahl der Zöglinge auf fünfzig vermehrt. Davon leben zehn ganz frei, zehn bezahlen die Hälfte und zehn zwei Drittel, die übrigen zwanzig müssen das Ganze für ihren Unterhalt und Unterricht, welches jährlich einhundertsechzig Reichstaler ausmacht, bezahlen. Es sind bei diesem Institut angestellt: der Gouverneur, gegenwärtig ein General; der Adjutant-Major, jetzt ein Kapitän, hat die militärischen Übungen zu besorgen; ein Regiments-Quartiermeister, der die ganze Ökonomie zu halten und die Rechnungen zu führen hat. Professoren sind: Herr Kapitän Gaugreve, in der Mathematik und Kriegswissenschaft; Herr Rat und Professor Glaß, in der Geschichte, Geographie und Literatur; Herr Professor Matsko, in der Arithmetik.

Bericht des Königlich-Westphälischen Ministers
Jean Baptiste Moise Comte Jollivet an Napoleon I.

Dezember 1807

Die Bevölkerung von Kassel ist seltsam abgekühlt seit der Ankunft des Königs. Man bläst Trübsal nach Noten, man klagt, die Dinge gehen nicht, wie man es sich versprochen hatte. Die Franzosen ziehen sich in Masse und durchaus unzufrieden zurück. In der Stadt läßt man die Flügel hängen, bei Hofe langweilt man sich, wo — sagt

Altdeutsche Studien

man — weder Geld noch Vergnügen ist. Alle Welt ist niedergeschlagen. Dem König erweist man nicht viel Achtung. Selten, daß man ihn auf der Straße grüßt, wo er sich oft zu Pferde zeigt. Er hat in der öffentlichen Meinung stark eingebüßt. Einige galante Abenteuer haben ihm bereits geschadet. Man weiß im Publikum, daß eine der Damen der Königin seinethalben entfernt worden ist. Der Oberkammerherr hatte nichtsdestoweniger Mittel und Wege gefunden, die Dame für Rechnung seines Herrn in der Stadt zurückzubehalten. Die Königin bestand darauf, daß sie gehe. Endlich hat die Polizei sie davon befreit. Herr Le Camus gilt für einen recht gefälligen Diener seines Herrn. Eine Schauspielerin aus Breslau, welche der König dort während des schlesischen Feldzuges kennengelernt hatte, soll durch die Bemühungen des Genannten und auf Befehl des Königs nach Kassel geholt worden sein. Auch erzählt man noch andere Geschichten derselben Art. Die Kasseler Mütter, welche hübsche Töchter haben, fürchten, sie zu den Hofbällen und Hoffestlichkeiten zu führen. Die Königin hat man gern. Man fürchtet für ihr häusliches Glück.

Georg Friedrich Wilhelm Hegel
Ein Haus, wo man im Freien Kaffee trinken kann

Kassel liegt ganz vortrefflich in weitem Tale; den Herkules auf Wilhelmshöhe erblickt man schon von einigen Stunden her als eine Spitze in der Mitte eines Gebirgszuges. Um Kassel selbst ist es sehr schön; es hat Straßen — das ist in einem Teil — im Stil von Berlin. Die Aue ist eine Anlage ungefähr der Art, wie der neue Garten in Potsdam, schöner grüner Rasen mit gesunden mannigfachen Bäumen zerstreut, ohne alles Gebüsch, — also allenthalben durchsichtig; — es ist höchst anmutig, darin zu gehen, am Ende ein schöner Wasserspiegel, mit hängenden Weiden hier und da ein Ufer besetzt, Bänke und so fort; auch ein Haus, wo man — im Freien Kaffee trinken kann.

Philipp Andreas Nemnich
In der Arnoldschen Tapetenfabrik

Sehenswert sind die vielfältigen Produkte des neuesten Geschmacks und der Schönheit in allen Teilen der Ausübung, welche die Arnoldschen Papier-Tapeten dem Auge darbieten. Seine Fabrik ist die einzige im Lande. Er hat sie vor achtzehn Jahren aus eigener Industrie etabliert und zum gegenwärtigen Grade der Vollkommenheit gebracht. Er beschäftigt über zwanzig Arbeiter. Außer dem einheimischen Verbrauch geht vieles von seiner, selbst von den Franzosen bewunderten Ware ins Ausland, meistens nach Norden, bis Hamburg, auch bis zur schwedischen Grenze.
Als Herr Arnold mir die Tapetenmuster, einige lackierte Teebretter und andere Gegenstände seines Genies zeigte, erinnerte er mich zu bemerken, daß sich verschiedene Töpfer — der gemeine Mann in Hessen nennt sie Gräper — in Kassel in ornamentalen Oberöfen auszeichnen und es in der Kultur dieser Arbeit seit zehn Jahren sehr weit gebracht haben.
Ich bezeuge Herrn Kommerzienrat Bähr meine Achtung. Er hat, ohne Eigennutz, sondern bloß um den Armen eine wohltätige Beschäftigung zu geben, ein Fabrikwesen seit sechs Jahren etabliert.

Clemens Brentano
Sie wissen bei weitem mehr als Tieck

19. Oktober 1807

Es ist äußerst notwendig, daß Du mit mir zusammen und zwar hierherkömmst, um den ewig aufgeschobenen zweiten Teil des „Wunderhorns" zu rangieren. Wir können es hier außerordentlich gut und besser noch als damals in Heidelberg. Denn ich habe hier zwei sehr liebe altteutsche vertraute Freunde, Grimm genannt, welche ich früher für die alte Poesie interessiert hatte, und die ich nun nach zwei Jahren langem, fleißigem, sehr konsequentem Studium so gelehrt und so reich an Notizen, Erfahrungen und den vielseitigsten Ansichten der ganzen romantischen Poesie wiedergefunden habe, daß ich bei ihrer Bescheidenheit über den Schatz, den sie besitzen, erschrocken bin. Sie wissen bei weitem mehr als Tieck von allen den Sachen, und ihre Frömmigkeit ist rührend, mit welcher sie sich alle die gedruckten alten Geschichten, die sie aus Armut nicht kaufen konnten, so auch das Heldenbuch und viele Manuskripte, äußerst zierlich abgeschrieben haben. Ihr jüngerer Bruder Ferdinand, der sehr schön schreibt, wird uns die Lieder abschreiben. Sie selbst werden uns alles, was sie besitzen, noch mitteilen, und das ist viel!
Du wirst diese trefflichen Menschen, welche ruhig arbeiten, um einst eine tüchtige teutsche poetische Geschichte zu schreiben, sehr lieb gewinnen.

Jacob und Wilhelm Grimm
Kinder- und Hausmärchen
Aus der Vorrede zur zweiten Sammlung

Einer jener guten Zufälle aber war die Bekanntschaft mit einer Bäuerin aus dem nahe bei Kassel gelegenen Dorfe Zwehren, durch welche wir einen ansehnlichen Teil der hier mitgeteilten, darum echt hessischen, Märchen, sowie mancherlei Nachträge zum ersten Band erhalten haben. Diese Frau, noch rüstig und nicht viel über fünfzig Jahre alt, heißt Viehmännin, hat ein festes und angenehmes Gesicht, blickt hell und scharf aus den Augen, und ist wahrscheinlich in ihrer Jugend schön gewesen.
Sie bewahrt diese alten Sagen fest in dem Gedächtnis, welche Gabe, wie sie sagt, nicht jedem verliehen sei und mancher gar nichts behalten könne; dabei erzählt sie bedächtig, sicher und ungemein lebendig mit eigenem Wohlgefallen daran, erst ganz frei, dann, wenn man will, noch einmal langsam, so daß man ihr mit einiger Übung nachschreiben kann. Manches ist auf diese Weise wörtlich beibehalten, und wird in seiner Wahrheit nicht zu verkennen sein. Wer an leichte Verfälschung der Überlieferung, Nachlässigkeit bei Aufbewahrung, und daher an Unmöglichkeit langer Dauer, als Regel glaubt, der müßte hören, wie genau sie immer bei derselben Erzählung bleibt und auf ihre Richtigkeit eifrig ist; niemals ändert sie bei einer Wiederholung etwas in der Sache ab, und bessert ein Versehen, sobald sie es bemerkt, mitten in der Rede gleich selber. Die Anhänglichkeit an das Überlieferte ist bei Menschen, die in gleicher Lebensart unabänderlich fortfahren, stärker, als wir, zur Veränderung geneigt, begreifen. Eben darum hat es auch, so vielfach erprobt, eine gewisse eindringliche Nähe und innere Tüchtigkeit, zu der anderes nicht so leicht gelangt, das äußerlich viel glänzender erscheinen kann. Der epische Grund der Volksdichtung gleicht dem durch die ganze Natur in mannigfachen Abstufungen verbreiteten Grün, das sättigt und sänftigt ohne je zu ermüden.

Der innere gehaltige Wert dieser Märchen ist in der Tat hoch zu schätzen, sie geben auf unsere uralte Heldendichtung ein neues und solches Licht, wie man sich nirgendsher sonst könnte zu Wege bringen. Das von der Spindel zum Schlaf gestochene Dornröschen ist die vom Dorn entschlafene Brunhilde, nämlich nicht einmal die nibelungische, sondern die altnordische selber. Schneewittchen schlummert in rotblühender Lebensfarbe wie Snäfridr, die schönste ob allen Weibern, an deren Sarg Haraldur, der haarschöne, drei Jahre sitzt, gleich den treuen

Zwergen, bewachend und hütend die totlebendige Jungfrau; der Apfelknorz in ihrem Munde aber ist ein Schlafkunz oder Schlafapfel. Die Sage von der güldnen Feder, die der Vogel fallen läßt, und weshalb der König in alle Welt aussendet, ist keine andere, als die vom König Mark im Tristan, dem der Vogel das goldne Haar der Königstochter bringt, nach welcher er nun eine Sehnsucht empfindet. Daß Loki am Riesenadler hängen bleibt, verstehen wir besser durch das Märchen von der Goldgans, an der Jungfrauen und Männer festhangen, die sie berühren; in dem bösen Goldschmied, dem redenden Vogel und dem Herz-Essen, wer erkennt nicht Sigurds leibhafte Fabel? Von ihm und seiner Jugend teilt vorliegender Band andere riesenmäßige, zum Teil das, was die Lieder noch wissen, überragende Sagen mit, welche namentlich bei der schwierigen Deutung des zu teilenden Horts willkommene Hilfe leisten. Nichts ist bewährender und zugleich sicherer, als was aus zweien Quellen wieder zusammenfließt, die früher voneinander getrennt, in eignem Bette gegangen sind; in diesen Volks-Märchen liegt lauter urdeutscher Mythus, den man für verloren gehalten, und wir sind fest überzeugt, will man noch jetzt in allen gesegneten Teilen unseres Vaterlandes suchen, es werden auf diesem Wege ungeachtete Schätze sich in ungeglaubte verwandeln und die Wissenschaft von dem Ursprung unserer Poesie gründen helfen. Gerade so ist es mit den vielen Mundarten unserer Sprache, in welchen der größte Teil der Worte und Eigentümlichkeiten, die man längst für ausgestorben hält, noch unerkannt fortlebt.

Wir wollten indes durch unsere Sammlung nicht bloß der Geschichte der Poesie einen Dienst erweisen, es war zugleich Absicht, daß die Poesie selbst, die darin lebendig ist, wirke: erfreue, wen sie erfreuen kann, und darum auch, daß ein eigentliches Erziehungsbuch daraus werde.

Gegen das letztere ist eingewendet worden, daß doch eins und das andere in Verlegenheit setze und für Kinder unpassend oder anstößig sei (wie die Berührung mancher Zustände und Verhältnisse, auch vom Teufel ließ man sie nicht gern etwas Böses hören) und Eltern es ihnen geradezu nicht in die Hände geben wollten. Für einzelne Fälle mag die Sorge recht sein und da leicht ausgewählt werden; im Ganzen ist sie gewiß unnötig. Nichts besser kann uns verteidigen, als die Natur selber, welche gerade diese Blumen und Blätter in dieser Farbe und Gestalt hat wachsen lassen; wem sie nicht zuträglich sind, nach besonderen Bedürfnissen, wovon jene nichts weiß, kann leicht daran vorbeigehen, aber er kann nicht fordern, daß sie darnach anders gefärbt und geschnitten werden sollen. Oder auch: Regen und Tau fällt als eine Wohltat für alles herab, was auf der Erde steht, wer seine Pflanzen nicht hineinzustellen getraut, weil sie zu empfindlich dagegen sind und Schaden nehmen könnten, sondern lieber in der Stube begießt, wird doch nicht verlangen, daß jene darum ausbleiben sollen. Gedeihlich aber kann alles werden, was natürlich ist, und darnach sollen wir trachten. Übrigens wissen wir kein gesundes und kräftiges Buch, welches das Volk erbaut hat, wenn wir die Bibel obenanstellen, wo solche Bedenklichkeiten nicht in ungleich größerm Maß einträten; der rechte Gebrauch aber findet nichts Böses heraus, sondern nur, wie ein schönes Wort sagt: ein Zeugnis unseres Herzens. Kinder deuten ohne Furcht in die Sterne, während andere nach dem Volksglauben Engel damit beleidigen.

Leipziger Allgemeine Zeitung
Das Deutsche Wörterbuch

Es ist der menschlichen Natur gegeben, aus dem Herben ein Süßes zu ziehen, der Entbehrung neue Frucht abzugewinnen. Jacob und Wilhelm Grimm, von gemeinschaftlichem Schicksal gleichzeitig betroffen, nach langem und vergeblichem Harren, daß sie ein deutsches Land in seinen Dienst aufnehmen werde, haben den Mut gefaßt, ihre Zukunft sich selbst zu erfrischen, zu stärken und sicherzustellen. Sie unterfangen sich eines großen Deutschen Wörterbuches, das die Weidmann'sche Buchhandlung in Verlag genommen hat, eines schweren, weitaussehenden Werkes, dem sie unter der Last von alltäglichen Berufsgeschäften nicht so würden gewachsen gewesen sein. Es soll von Luther bis auf Goethe den unendlichen Reichtum unserer vaterländischen Sprache, den noch niemand übersehen und ermessen hat, in sich begreifen. Alle edeln Schriftsteller sollen vollständig eingetragen, die übrigen ausgezogen werden; das Ergebnis wird überraschend sein. Alle Wörter mit ihren Bedeutungen, alle Redensarten und Sprichwörter sind aus den Quellen zu belegen; die alphabetische Ordnung ist hier die angemessenste und bequemste.

Das Wörterbuch Adelungs, des unter allen Vorgängern allein nennenswerten, ist weit hinter der Fülle des Materials zurückgeblieben und ruht auf keiner ausreichenden grammatischen Grundlage, die, wie sich von selbst versteht, nur eine historische sein kann. Erst nachdem die Gesetze aller älteren deutschen Sprachen entdeckt und durch die verschiedenen Zeiträume hindurch dargelegt waren, jetzt, nachdem ein Althochdeutsches Wörterbuch seiner Vollendung naht, ein mittelhochdeutsches nicht lange mehr vermißt werden wird, darf auch unsere lebendige Sprache mit voller Sicherheit erfaßt und in ihren Erscheinungen festgehalten werden. Wörterbücher hat man auch bei anderen Völkern stets als wahre Nationalunternehmungen angesehen, die unberechenbaren Einfluß auf Reinhaltung und Fortbildung der Muttersprache ausüben, also einem heiligen Zwecke geweiht sind.

Was in den meisten übrigen Ländern lange schon mit großem Aufwande von Mitteln unter dem reichen Schutze königlicher Akademien zustandegekommen ist, versuchen in Deutschland unbegünstigte Privatgelehrte unter der bloßen Beihilfe befreundeter Mitarbeiter. Wenn die Herausgeber bei Leben und Gesundheit erhalten werden, so gedenken sie das gesamte Werk in sechs oder sieben starken, enggedruckten Bänden Kennern und Freunden der deutschen Sprache vorzulegen und es zugleich so einzurichten, daß es auch von Ausländern gebraucht werden könne, ungefähr in Art und Weise des „Vocabulario della Crusca", dessen Muster hier überhaupt mehr vorgeschwebt hat als der Plan und die Anordnung der übrigen bedeutenden Wörterbücher. So wird endlich einmal einem von Deutschen wie von Fremden längst gefühlten Bedürfnis abgeholfen werden.

Louis Spohr
Brief an Friedrich Rochlitz

28. Juli 1828

Mein Wirken in meinem Amte ist so meinen Wünschen angemessen, wie ich es in keiner anderen deutschen Stadt finden könnte. Dies kommt daher, daß unser Theater keine Hofintendanz hat, die sich allenthalben mehr oder weniger störend in die artistische Leitung einmischt. Hier ist mir aber die Oper ganz übertragen und der Generaldirektor unseres Theaters, der von Musik nichts versteht, zeigt mir dabei das größte Zutrauen. Auch ist es mir gelungen, unsere Oper, wenn nicht zur ersten, doch zu einer der vorzüglichsten Deutschlands zu erheben, was freilich weniger mein Verdienst als das des Zufalls ist, der mich begünstigte, so viele ausgezeichnete Sänger zu vereinigen. Mit Sängerinnen, wie die Damen Heinefetter, Schweitzer, Roland und Sängern wie Wild, Eichberger, Föppel und Sieber läßt sich schon etwas Vorzügliches leisten. Mit jeder neuen Ausflucht komme ich

Die glanzvolle Oper

auch mehr zu der Überzeugung, daß nirgends die Opern mit mehr Präzision auf der Bühne und im Orchester gegeben werden als hier. Dies wird vom Fürsten und vom Publiko anerkannt und ersterer hat mir schon vielfältige Beweise seiner Zufriedenheit mit meinem Streben gegeben. In dieser Hinsicht bleibt mir also nichts zu wünschen übrig als etwa, daß Kassel eine große Stadt und unser Publikum zehnmal so groß als es ist, sein möchte.

Sir Arthur Brooke Faulkner
Das Orchester musiziert wie aus einer Seele

Cassel is yet not without its claims to attraction. It is supplied with an abundance of excellent water, and, from its elevated situation, more than an abundance of fresh air; and lastly — which in my mind redeems club-law, milliner and all, — an incomparable opera. The theatre is perhaps rather less than in the Haymarket. The boxes are of pure white, chastely gilt, with ceilings in fresco, delicately shaded in green and gold. Over the stage, in a setting of green and gold, are the names of Haydn, Lessing, Winter, Schiller, Mozart, Goethe, Weigl, Hufland, and Gluck. The elector's box, which fronts (not flanks) the stage, is highly ornamented und lit up, giving great effect to a fine group of the muses, in marble, interposed among the lights with great skill.
The "Muette de Portici" is the stock piece, and is got up under the direction of the renowned Spohr, an artist whose celebrity, both as a violinist and composer, are too well and too extensively known to require any "weak witness of his fame". The executive precision of the orchestra, which consisted of upwards of forty first-rate performers, makes all praise to halt behind it. The whole was moved and inspired as by one soul and impulse. In England we sadly fall behind the Germans in producing this unity of effect. Abundance there is, to be sure, of first-rate performers on every instrument, but we fail in preserving the same due subordination of the parts. The harmonic picture is defective in keeping; and for this failure I am apt to think the very excellence of our performers is in fault. The German artist thinks not of himself beyond that of a mere semiquaver in the harmony — a single key in the great instrument, the orchestra. The sudden bursts of harmony sent forth from forty instruments, all mingling like the elements of light, and converging towards one grand impression, was an excitement which baffles any power of description that would paint it to the ear.

Robert Friderici
Schöngeistige Interessen

Stadtarchivar Dr. Robert Friderici (geboren 1888) gilt seit Jahrzehnten als besonders sachkundig in hessischer Landes- und als bester Kenner der Kasseler Stadtgeschichte. Ein Vorzug seiner Schriften ist die farbige, unmittelbar fesselnde Darstellung der historischen Begebenheiten. Der hier folgende Text wurde dem 1964 erschienenen Kulturbild aus dem Kasseler Biedermeier, „Das Faß auf der Fulda", entnommen.

Von der Hofgesellschaft abgesehen, fehlte es nicht an Familien, welche die kulturelle Tradition des Kasseler Salons — wenn man den Berliner Begriff hier anwenden will — in den dreißiger Jahren fortsetzten. Im Haus des Obergerichtsprokurators Rösing sammelte sich eine auserlesene Gesellschaft geistig interessierter Menschen besonders um die geistreiche und witzige Frau des Hauses. Hier neigte man literarisch dem Jungen Deutschland, politisch der liberalen Opposition zu. Vielleicht weniger einseitig orientiert war der Kreis, der in der zweiten Hälfte der vierziger Jahre im Hause des pensionierten preußischen Regierungsrates von Hohenhausen († 1848) zusammenkam und ebenfalls in der Frau des Hauses, Elise von Hohenhausen, geborene von Ochs (1789 bis 1857), seinen geistigen Mittelpunkt hatte. Im Hause Rösing und bei Hohenhausens, mit denen er eng befreundet war, verkehrte regelmäßig Jacob Hoffmeister (1813 bis 1893), damals Aktuar am Stadtgericht, der als Schöngeist und Theaterkritiker und bereits auch als Heimatforscher nicht unbekannt war. Ästhetische Interessen verschiedener Richtung fanden im Hause Werner Henschels am Möncheberg ihre Pflege. Musiker des Theaters, wie Staehle und Bott, Maler wie Henschels alte Freunde, Ludwig Emil Grimm und Ludwig Sigismund Ruhl, und viele andere, deren Namen im damaligen Kassel einen guten Klang hatten, trafen sich hier in gemeinsamen schöngeistigen Bestrebungen; politische Unterhaltung dagegen wurde vom Hausherrn nicht geschätzt. Gerade Werner Henschels Haus, das bereits frühzeitig mit der endgültigen Übersiedlung des Hausherrn nach Rom im Jahre 1843 seine Bedeutung einbüßte, hat nach sachverständigem Urteil die Geistigkeit des biedermeierlich-romantischen Salons in besonderem Maße in Erscheinung treten lassen.
Es entsprach dem damals herrschenden Interesse an Literatur, daß in schöngeistigen Zusammenkünften meist das Vorlesen seinen bestimmten Platz hatte. Abgesehen von lustigen Kleinigkeiten, wie dem alten „Schelmuffsky" oder dem „Bürgerkapitän", die im Grimmkreis zeitweise beliebt waren, las man gern Tieck, auch Goethe, während auffallenderweise von dem sonst so hochgeschätzten Jean Paul keine Rede zu sein scheint. Wer konnte, trug eigene prosaische oder poetische Versuche vor, denn die Kunst des Versemachens war unter den Gebildeten der Zeit verbreitet. Verhältnismäßig groß war die Zahl schöngeistiger, vielfach selbst literarisch oder sonst künstlerisch tätiger Frauen, die in diesen Salons hervortraten, manche ältere Dame darunter. Da war Philippine Engelhard (1756 bis 1831), die einst ganz lesbare Verse gemacht hatte und nun ein bißchen schrullig geworden war. Die Brüder Grimm witzeln gern über sie und ihre Tochter Caroline (1781 bis 1855), „die poetische Blutwurst", die neben Novellen ein vierbändiges Werk (mit Kupfern!) über weibliche Erziehung veröffentlichte: „Gesammelte Briefe von Julien" — die sogar drei Auflagen erlebten. Da war weiter Philippine von Calenberg (1765 bis 1848) mit Übersetzungen aus dem Englischen und Spanischen, auch als Dichterin mit Hymnen an die heilige Cäcilie hervorgetreten, die von Spohr vertont wurden; sie stand dem jungen, von ihr geförderten Dichter Otto von der Malsburg nahe. Manche dieser Damen waren sogar Ehrenmitglieder der Kasseler Akademie der Bildenden Künste, zum Beispiel Caroline von der Malsburg oder die als Malerin und Zeichnerin mit Achtung genannte Luise Engelhard (1790 bis 1864), die Nichte der Dichterin Philippine Engelhard. Nicht vergessen sei schließlich Amalie Hassenpflug, die Schwester des Ministers; hochbegabt, geistreich und witzig, vielleicht am meisten von allen Genannten in romantischen Gedankengängen versponnen, war sie mit Annette von Droste-Hülshoff nahe befreundet und ein interessanter Gast des Hohenhausenschen Zirkels.

Besucher in der Gemäldegalerie

Friedrich Hölderlin
6. August 1796

Ich lebe seit drei Wochen sehr glücklich in Kassel. Die Natur, die einen hier umgibt, ist groß und reizend. Auch die Kunst macht einem Freude. Der hiesige Auegarten und der Weißenstein haben Anlagen, die unter die ersten in Deutschland gehören. Auch haben wir Bekanntschaft mit braven Künstlern gemacht. Die Gemäldegalerie und einige antike Statuen im Museum machten mir wahrhaft glückliche Tage.

Franz Hemsterhuis

Zu Kassel verdient das Museum seiner Architektur, Bibliothek und vielen schönen Antiquitäten wegen mit Aufmerksamkeit betrachtet zu werden. Die Galerie und andere Gemälde des Hofs gingen über unsere Erwartung: an Auswahl, Menge und Wert der Stücke wird sie ungefähr den dritten Teil von der zu Düsseldorf ausmachen. Ich habe nirgends bessere Jordaens noch Tenierse gesehen; die zwei großen Potter sind merkwürdig. Die vier Claude Lorrains, wovon der eine, die Morgenröte vorstellend, so berühmt ist, sind schön; doch ich habe sie übertroffen gesehen, hier durch Pijnaker und zu Dresden Ruysdael. Es ist hier ein sehr gutes Porträt von Tizian und eine Maria von Carlo Dolci; ein sehr schöner Lairesse, der Tod des Germanikus, und noch viel mehr schöne Stücke von niederländischen Meistern.

Samuel Christoph Wagener

Zu den vorzüglichen Merkwürdigkeiten in Kassel gehört unstreitig die vortreffliche Bildergalerie. Von Rembrandt, dessen fast unnachahmliche Darstellungsgabe, besonders in Absicht der Leidenschaften, bekannt ist, zeichnen sich aus: der von den Philistern gebundene und der Augen beraubte Simson, Jakob, wie er Josephs Kinder segnet, eine böhmische Prinzessin in Gesellschaft eines Mannes, ein Bürgermeister aus Amsterdam, Jesus, wie er vom Kreuze gehoben wird, woran die bewunderungswürdige Komposition eine Erfindung Rubens' ist, Jesus, wie er nach seiner Auferstehung der Magdalena in Gestalt eines Gärtners erscheint, und endlich der Kopf eines alten Mannes und Rembrandts Bruststück, von ihm selbst verfertigt.

Franz Dingelstedt

Mit dem Glockenschlag zwölf wird die Bildergalerie eröffnet, aus einer Reihe prachtvoller Säle bestehend. An dem Eingang des ersten harrt ein von Gold starrender Livreebedienter. "Nummero eins", ruft er aus, "die Italiener!" Ihr tretet ein, wenn ihr so glücklich gewesen seid, auf Kosten eurer Rippen und Leichdörner von der Menschenwelle gerade auf die Schwelle des Hauses geschleudert zu werden, ehe der Türsteher die hohen Pforten vor dem allzugefährlichen Schwall wieder zuwarf. Ein hoher Saal empfängt euch; aber die Bilder sucht ihr vergebens, denn kaum seid ihr eingetreten, so fliegt schon die zweite Türe auf, und ein in Silber starrender Livreediener ruft aus: "Nummero zwei, Niederländer!" Zu gleicher Zeit wird "Nummero eins, die Italiener" rücksichtslos geschlossen, obgleich Beispiele vorgekommen, daß einem kunstsinnigen Fräulein der Schleier von der zugequetschten Türe zerrissen, ja, einer der wißbegierigen Gardisten, die besonders zahlreich sich einzustellen pflegen, zwischen Tür und Angel ganz zermalmt wurde. Ihr tretet in Nummero zwei ein; da öffnet sich Nummero drei. Ein in roter Broderie starrender Livreediener ruft: "Nummero drei, Altdeutsche Schule!" Atemlos springt ihr aus den Niederlanden nach Altgermanien, ein Mensch in gelber Stickerei fängt euch wie einen Federball. "Nummero vier, Neufranzosen!" ruft er und wirft euch einem fünften zu, bis ihr am anderen Ende des Gebäudes mit Nummero zehn von einem Menschen in blauer Stickerei glücklich zur Haustüre hinaus und wieder unter Gottes freien, mit eisernen Staketen durchschnittenen Himmel geschleudert werdet.

Ihr seufzt tief auf, und es schlägt, indem der letzte Kunstfreund die steinerne Treppe hinunterfliegt, präzis ein Uhr. "In's graue Kabinett!" schreit die Menge, ihr folgt, werdet durch Antiken, Vasen, Statuen, durch Herkulanum und Pompeji, Japan und China, Ägypten und Indien glücklich transportiert, um mit dem Glockenschlage zwei an der Schwelle des Speisesaales abgesetzt zu werden. Hier verrichtet Herr Boz, der pachthabende Restaurant, vor euren erstaunten Augen zwei biblische Wunder auf einmal; er speist vierhundert Hungrige mit einem Dutzend Hechte aus der Dulfe und verwandelt das Wasser dieses mirakelkräftigen Stromes mit Hilfe kleiner Vignetten in Wein aller Qualitäten, jedoch eines Preises, des höchstmöglichen nämlich. Im frommen Glauben der Sättigung steht ihr, als eben der Braten kommt, hastig auf; denn die Saaluhr schlägt dreiviertel auf drei, und um drei Uhr präzis springen die Wasser.

Adolph Menzel
Die Garnison marschierte auf

15. September 1847

Kassel ist anerkannt eine schöne Vereinigung der Meriten Krähwinkels mit den Prätensionen von wenigstens Berlin. Das habe ich erst noch gestern Abend mit Vergnügen sehen können: da brannte in der Stadt ein Schornstein. Dem Rituale gemäß wurden alsogleich die öffentlichen Plätze besetzt, die ganze Garnison marschierte auf: die Infanterie mit vollständigem Gepäck, die Garde du Corps und Husaren mit gezogenem Pallasch, die Artillerie mit Kanonen und brennender Lunte! Das Theater ist hier wenig schlechter als in Berlin, ich habe gesehen Uriel Acosta, "Monaldeschi" und die "Zauberflöte"! Eine göttliche Musik ist indes hier eine Perle, vor die — Kasselaner geworfen. Wie ich voll Indignation habe bemerken müssen. Neulich wäre der Kronleuchter bald heruntergestürzt, indem der Strick angebrannt war. Es heißt, das Unglück wäre geschehen, hätte die Vorstellung noch zehn Minuten länger gedauert.

Moritz Wilhelm Drobisch
Kassel kann keine Universitätsstadt sein

Lange hat mich nichts so überrascht wie Kassel. Ich komme aus dem stillen Tal von Münden und finde plötzlich eine höchst glänzende, elegante, geschmackvolle Residenz! Fürstliches Leben zeigt sich in Gebäuden, Gärten, Uniformen, Equipagen, Livreen usw. in allem Glanze, ganz anders zum Beispiel als in Dresden. Das Militär, ganz auf preußischem Fuß, hat eine treffliche, imponierende Haltung. Die Damen sind elegant gekleidet, graziös und liebenswürdig. Der "Römische Kaiser", ein Gasthof von einem Umfang und fast möchte ich sagen, von einer großartigen und fashionablen Einrichtung, wie mir noch keiner vorgekommen. Die Kirchenparade zeigte die militärische Haltung und schöne Uniformierung der Truppen. Interessant war mir dabei die Equipage der Gräfin Schaumburg mit sechs herrlichen Engländern und zwei Jockeis, weit mehr aber noch die schöne Frau, die darinnen saß, die schöne Helena, die den dritten Mann fesselt: Göttingen und Kassel, welche Kontraste! Dort Stille, Ärmlichkeit, Geschmacklosigkeit, hier Leben, Überfluß (scheinbar wenigstens), Eleganz und Glanz. Aber ich sehe auch deutlich ein, wie wenig eine Stadt wie Kassel eine wahre Universitätsstadt sein konnte. Solche Herrlichkeit muß den jungen Leuten den Kopf verdrehen, komme doch ich alter prosaischer Mensch nicht ohne einen Rausch, einen Schwindelanfall davon. Solche Empfindungen habe ich nicht gehabt, als ich Berlin sah; nur den Eindruck von Dresden im Jahre 1832 kann ich damit vergleichen. Die Gegend ist aber auch hier unvergleichlich, und ich glaube fast, daß sie noch reicher ist als die Dresdener. Die Aussichten von der Wilhelmshöhe sowie in die Aue suchen ihresgleichen.

Die Residenzstadt Kassel um 1820.

Justus Krauskopf: Der Gouvernementsplatz mit der Martinskirche, dem Tuchhaus und der Hauptwache.

Ludwig Emil Grimm: Die Marktgasse von einem Fenster des Hauses Wildemannsgasse 24 aus gesehen. Dort, im zweiten Stock, wohnten, sammelten und forschten Jacob und Wilhelm Grimm vom August 1805 bis April 1814. Aus dieser Wohnung gingen 1812 ihre „Kinder- und Hausmärchen" in die Welt, das heute nächst der Bibel am weitesten verbreitete Buch.

Friedrich Christian Rohbock: Promenade am Friedrichplatz um 1828. Die Aussicht von der Königsstraße über das Auetor zu den Waldgebirgen begeisterte wohl jeden Besucher der Stadt. – Kurfürst Wilhelm II. hatte das von Du Ry gebaute Palais Jungken, Ecke Königsstraße, 1816 erworben. 1821 bis 1826 ließ er es von Johann Konrad Bromeis innen umgestalten und zum Museum Fridericianum hin mit dem sogenannten „Roten Palais" erweitern. Bis zur Annexion Kurhessens diente das nur noch durch seine Fassaden zweigeteilte Gebäude als Residenzschloß. – Die vermeintliche Baulücke zwischen dem Museum und der St.-Elisabeth-Kirche mußte Bromeis dann 1826 mit dem Hofverwaltungsgebäude schließen.

Die mit Kopien antiker Statuen geschmückten Treppenhallen und Wandelgänge, die Festsäle und Wohngemächer dieses Residenzschlosses gestaltete Bromeis gemeinsam mit dem Architekten Daniel Engelhard und den Bildhauern Christian Ruhl und Werner Henschel. Dabei gelang den Künstlern das deutsche Musterbeispiel pompös-feierlichen Empirestils.

Mit Wandbelägen aus gelbem und jonischen Säulen aus blauem Stuckmarmor, einem Lapislazuli-Deckengesims, Mosaikparkett aus Mahagoni-, Ahorn- und Kirschbaumhölzern, feuervergoldeten Bronzezieraten, Kristallkronleuchtern für siebenhundert Kerzen und den golddurchwirkten Seidenstoffen galt der große Tanzsaal als „einmalig prachtvoll in Europa".

Die Wände des Thronsaals waren mit purpurrotem Samt bespannt, die weißen Marmorpilaster und Gesimse mit vergoldeten Ornamenten besetzt.

Die grün getönte Stuckgalerie benutzte der Hof zuweilen als Speisesaal.

Einladend wirkte das gestalterisch besonders ausgewogene „Ägyptische Gemach". Mit poliertem Ebenholz, leuchtend gelben, drapierten Seidenstoffen und vergoldeten Beschlägen hatte Daniel Engelhard wohltuende Farbeffekte erzielt; sie wurden durch Spiegel an den Wänden, in den Türfüllungen und in der Deckenrosette noch um ein Vielfaches gesteigert.

Friedrich Wilhelm Selig: Die Königsstraße mit dem Kurfürstlichen Hoftheater um 1828.

Ludwig Emil Grimm: Das Wilhelmshöher Tor. Im Obergeschoß des auf der rechten Seite stehenden Wachtgebäudes wohnten vom Mai 1814 bis zum April 1822 die Brüder Grimm. Jacob schrieb hier den ersten Band seiner „Deutschen Grammatik" und bereitete mit Wilhelm den Druck weiterer „Kinder- und Hausmärchen" sowie der „Deutschen Sagen" vor.

Zwei erhalten gebliebene Handschriften eines Gespenstermärchens, „Der arme Bauer auf dem Kirchhof" oder „Totenwache in Hessen", veranschaulichen, mit wieviel „Ehrfurcht vor dem Überlieferten" Jacob und Wilhelm Grimm beim Formulieren ihrer Texte zu Werke gingen. Jacob schrieb das von der Bäuerin Dorothea Viehmann mit mancherlei mundartlichen Eigenheiten der Kasseler Gegend Erzählte wortgetreu nieder. Wilhelm übertrug den Inhalt – die Redeweise einfühlsam aufbessernd – in seine sinnige poetische Schriftsprache.

Über drei Jahrzehnte arbeiteten Jacob und Wilhelm Grimm in Kassel. Neben Büchern mit Märchen, Sagen, Dichtungen des Mittelalters, den volkskundlichen und sprachwissenschaftlichen Schriften wurde hier 1838 auch das „Deutsche Wörterbuch" geplant und begonnen, die einzige erst 1960 vollendete, umfassende Sammlung unseres historischen Wortschatzes.

Ludwig Emil Grimm: Ein Kasseler Lesekränzchen im Jahre 1827.

Noch fehlt eine ausführliche Lebensbeschreibung zweier Kasseler Bürger, die zu ihren Lebzeiten weit über die Grenzen des deutschen Sprachgebietes hinaus Ansehen als Publizisten erlangten, der Brüder Murhard. Friedrich Murhard, Mathematiker, Physiker und Staatswissenschaftler, schrieb bereits als Neunzehnjähriger eine zweibändige Geschichte der Physik, veröffentlichte 1807 die erste Reisebeschreibung der griechischen Inseln und später eine stattliche Reihe politischer Schriften. Der drei Jahre jüngere Karl Murhard, Jurist, Nationalökonom und Archivar, arbeitete über staatswissenschaftliche und wirtschaftspolitische Themen. Beide Brüder waren entschiedene Vorkämpfer des Liberalismus. 1845 bestimmten sie testamentarisch, daß die Stadt Kassel ihre Bücher und ihr Vermögen unter der Auflage erhielt, damit eine wissenschaftliche Bibliothek einzurichten.

Der Zuschauerraum des von Simon Louis du Ry gebauten Opernhauses. Kurfürst Wilhelms II. und sein Sohn Friedrich Wilhelm liebten das aufwendige Theater. Durch die Arbeit ihres Generalintendanten Karl Feige und des Hofkapellmeisters Louis Spohr mit namhaften Künstlern wurde die Kasseler Oper zeitweilig zu einer der besten in Europa.

1829 nahm Spohr in seiner Oper „Der Alchymist" zum dritten Male seit 1807 einen Akkord vorweg, den Wagner Jahrzehnte später im „Tristan" epochemachend verarbeitete.

Skizzenblatt zur 1831 vollendeten „Violinschule".

Louis Spohr, der international anerkannte Komponist, Geiger, Dirigent und Lehrer, lebte von 1822 bis 1859 in Kassel. Hier schrieb „der größte niederdeutsche Melodiker vor Brahms" die „ersten durchkomponierten Opern", Oratorien, Symphonien, Konzerte für Violine und Klarinette, Kammermusik und Lieder. Spohr verwendete bereits Leitmotive und kühne, erst in der Spätromantik üblich gewordene harmonische Effekte. Auch über fast zweihundert Schüler wirkte er anregend auf die Musikkultur Europas und Amerikas.

Carl Heinrich Arnold: Streichquartett im Hause Spohr.

Töchter wohlhabender Kasseler Bürger in Justus Krauskopfs „Mal- und Zeichnenschule".

Christian Beyer: Die Arnoldsche Tapetenfabrik, später Verlagshaus der Zeitung „Kasseler Post". Nach den Freiheitskriegen hatte der Fabrikant Johann Heinrich Arnold das 1806 gebaute, geräumige Palais erworben und die erste Papiertapetenfabrik Deutschlands darin eingerichtet. Eine Etage bewohnte Wilhelm Otto von der Malsburg. Dessen künstlerisch begabte Gattin Caroline verstand es, das Haus nach 1825 zu einem Treffpunkt prominenter Maler und Musiker werden zu lassen. Gäste waren Ludwig Hummel, Ludwig Emil Grimm, August von der Embde, Ludwig Sigismund Ruhl, Carl Glinzer, Moritz Hauptmann, Louis Spohr, Niccolò Paganini, Felix Mendelssohn-Bartholdy, Clara Schumann und Franz Liszt.

Carl Heinrich Arnold baute den väterlichen Betrieb nach 1830 zu einer der einträglichsten kurhessischen Fabriken aus. Er war in Paris Schüler des Malers Louis David gewesen und entwarf alle Tapetenmuster selbst. Zu dem illustren Kreis seiner Freunde und Besucher gehörten Karl Friedrich Schinkel, Christian Daniel Rauch und der junge Adolph Menzel.

Weil die Franzosen ihn seines Amtes als Kurfürstlicher Stückgießer enthoben, gründete der seit 1777 in Kassel ansässige Georg Christian Carl Henschel im Oktober 1810 ein eigenes Unternehmen. Er goß Glocken, baute Pumpen, Feuerspritzen, Kessel, Maschinen und Geschütze. Vom Jahre 1817 an arbeitete der älteste Sohn, Carl Anton Henschel, als Teilhaber mit. Er veröffentlichte Schriften über die Ästhetik der Baukunst, über eine 1803 von ihm entworfene Straßenlokomotive und die 1822 entwickelten hängenden Förderbahnen. 1833 reiste er nach England, um sich über den Bau der Eisenbahnen zu informieren.

Im gleichen Jahr ließ er seine Broschüre „Neue Construction der Eisen-Bahnen, und Anwendung comprimirter Luft zur Bewegung der Fuhrwerke" drucken. Ende Juli 1848 lieferte Carl Anton Henschel die erste von ihm konstruierte und in den Werkstätten vor dem Holländischen Tor gefertigte Lokomotive, „Drache" genannt, an die kurhessische „Friedrich-Wilhelm-Nordbahn". 1865 zogen sechzig Pferde die einhundertste, auf einem Spezialwagen befestigte Henschel-1-B-Schnellzug-Lokomotive durch die Untere Königs- und die Kölnische Straße zum Hauptbahnhof. Theodor Matthei malte diesen Jubiläumstransport.

Friedrich „Armand" Strubberg  *Ernst Koch*  *Benedikt Stilling*

Zwei Kasseler Dichter vermochten im neunzehnten Jahrhundert einen größeren Leserkreis zu fesseln. Der 1806 hier geborene Friedrich „Armand" Strubberg war zum Kaufmann ausgebildet worden, zwanzigjährig in Amerika, um 1835 wieder in Kassel gewesen und vor 1840 abermals in die „Neue Welt" gereist. Dort hatte er ein heute kaum noch ergründliches Dasein als „Arzt" unter Rothäuten und Kolonisten geführt. Möglicherweise wurde die texanische Stadt Fredericksburg von ihm gegründet und nach ihm benannt. 1854 kehrte Strubberg nach Kassel zurück; 1858 verlegte Cotta seinen ersten Roman „Amerikanische Jagd- und Reiseabenteuer aus dem Leben in den westlichen Indianergebieten". Erlebtes und Phantastisches raffiniert vermischend, verfaßte er im folgenden Jahrzehnt achtzehn weitere, mehrbändige Romane; als „Armand" 1889 starb, lasen sie nur noch Liebhaber. — Der ab 1821 in Kassel aufgewachsene Ernst Koch (1808 bis 1858), ein Jurist, schrieb ein schmales Bändchen mit Prosa und Lyrik, den „Prinz Rosa-Stramin". Es erschien 1834, wird aber noch immer nachgedruckt und gelesen, weil es der beste Beitrag eines Niederhessen zur belletristischen Literatur ist. Überdies schuf der Dichter damit etwas Eigenes: ein herzerfrischend satirisches, buntschillerndes, impressionistisches Gebilde, bei dem die überkommene Roman-Form bereits aufgelöst ist. — Nur wenige seiner Kasseler Mitbürger wußten, daß der 1810 in Kirchhain geborene, seit 1834 hier als Landgerichts-Wundarzt und später, ab 1840, bis zu seinem Tode, 1879, in freier Praxis wirkende Dr. Benedikt Stilling als Chirurg und Forscher Bahnbrechendes leistete: 1837 führte er hier als erster in Europa eine Ovariektomie, also die operative Entfernung der Eierstöcke, durch. 1840 wies er auf die Innervation der Gefäße hin und verwendete für diese Nerven den Begriff „Vasomotoren". Zwei Jahre danach führte er die Gefriermethode bei der Ausführung von Gewebe-Serienschnitten in die Histologie ein. Intensiv beschäftigte er sich mit dem nucleus ruber, den Kernen des fünften, siebten, zehnten und zwölften Gehirnnervs. Nach ihm ist der „Stillingsche Kern" der Clarkeschen Säule des Rückenmarks benannt. Neben Virchow gilt Benedikt Stilling als einer der Klassiker, die über die Entstehung von Thromben arbeiteten.

Friedrich Wöhler

Ein knappes Jahrzehnt warben die Namen zweier berühmter Lehrer für die 1832 eingerichtete Kasseler „Höhere Gewerbeschule". Vom Gründungstage an dozierte der Chemiker Friedrich Wöhler. Er blieb vier Jahre und veröffentlichte hier, bevor er 1836 in Göttingen eine Professur annahm, seinen „Grundriß der anorganischen Chemie". — Wöhlers Nachfolger Robert Wilhelm Bunsen entdeckte im Laboratorium der Schule das Kakodylcyanid, untersuchte die Vorgänge in Hoch- und Kupferschieferöfen und begann an seiner Analyse der Gasarten zu arbeiten. Als er 1839 an die Landesuniversität berufen wurde, malte Carl Heinrich Arnold einen Karikaturen-Zyklus für den Freund: Auf dem linken Bild symbolisiert eine stattliche Schöne den „Urquell alles Wissens"; auf dem Mittelstück verläßt „die Chemie" Kassel, „der Naturverein, seine Vorsteherin an der Spitze, geben ihr das Geleite, Seufzer und Thränen bilden den Vorgrund", der seine Keule schwingende Herkules und der Martinskirchturm die vertraute Kulisse. Ein Bauer karrt dann „die Chemie" gen Marburg.

Paul Julius Reuter    Malwida von Meysenbug    Ludwig Mond

Drei weltweit bekannte Persönlichkeiten waren durch ihre Geburt mit Kassel verbunden: Als dritter Sohn des Rabbiners Samuel Levi Josaphat wurde am 21. Juli 1816 Paul Julius Reuter in einem Altstadthause geboren. Er lernte in Göttingen Bankkaufmann, wurde 1848 in Berlin Buchhändler, Verleger demokratischer Broschüren und gründete 1851 in London die Nachrichtenagentur Reuter. — Malwida von Meysenbug, am 28. Oktober 1816 als Tochter des kurhessischen Kabinettsrates und späteren Ministers Karl Rivalier von Meysenbug geboren, bekannte sich 1848 in Berlin zu den demokratischen Idealen, mußte Deutschland deshalb 1852 verlassen, lebte in England als Erzieherin und ab 1862 in Italien als Schriftstellerin. Richard Wagner, Friedrich Nietzsche, Karl Schurz, Romain Rolland und andere Illustre verehrten sie als Geistesverwandte. — Ludwig Mond, ein am 7. März 1839 geborener Sohn des Kaufmanns Meyer Bär Mond, besuchte die Kasseler „Höhere Gewerbeschule", studierte in Marburg und Heidelberg Chemie, ging 1862 nach England, baute dort in harter Arbeit eine Fabrik und schließlich den größten britischen Chemiekonzern auf. Mond verwendete einen beachtlichen Teil seines riesigen Vermögens für soziale und kulturelle Zwecke. Mit Stiftungen bedachte er auch seine Geburtsstadt Kassel; den Staatlichen Kunstsammlungen schenkte er das auf Seite 17 dieses Buches abgebildete „Reisealtärchen".

Gründerzeit und Untergang

1870 Napoleon III. wohnt als Kriegsgefangener im Schloß Wilhelmshöhe.
1876 Friedrich Oetker (1809 bis 1881) stiftet eine *Volksbibliothek*, die heutige *Stadtbücherei*.
1877 Heinrich Dehn-Rothfelser vollendet das neue Galeriegebäude für die Gemäldesammlung aus landgräflichem Besitz. — Eine Dampfstraßenbahn fährt vom Königsplatz bis zum Park Wilhelmshöhe.
1878 Der Kunsthistoriker Wilhelm Pinder *
1879 Louis Kolitz (1845 bis 1914) wird Direktor der Kunstakademie.
1880 Die Regierungs- und Justizbehörden beziehen ein neues, an Stelle des Landgrafenschlosses errichtetes Gebäude. — Vor dem alten Stadtbereich entstehen im Norden und Osten neue Industrie-, im Süden und Westen neue Wohnviertel.
1883 Die aus landgräflichem Besitz stammende Naturkundliche Sammlung ist als Lehrschau geordnet und im *Ottoneum* zu besichtigen. — Louise Wilhelmine Gräfin Bose (geboren 1813) stiftet der Stadt Kassel ein Museum, das Kinderkrankenhaus *Kind von Brabant* und etwa einhunderttausend Mark.
1886 Der Religionsphilosoph Franz Rosenzweig *
1890 Kaiser Wilhelm II. bestimmt Kassel zu seiner ständigen Sommerresidenz.
1891 Georg Glaessner (geboren 1842) vermacht der *Vaterstadt* testamentarisch seine wertvolle Münzen-, Porzellan-, Gläser- und Steinsammlung.
1892 Die Brüder Johannes (geboren 1823) und Heinrich (1830 bis 1881) Wimmel vererben der Kasseler Bürgerschaft fünfhunderttausend Mark zum Bau gesunder Wohnungen.
1893 Die Brüder Georg-André (1825 bis 1909) und Konrad (1832 bis 1892) Lenoir schenken der Stadt Kassel das ungarische Heilbad Sliacs und vier Millionen Mark zur Errichtung eines Waisenhauses.
1899 Wehlheiden wird eingemeindet.
1901 Die Städtischen Körperschaften betrauen Georg Steinhausen (1866 bis 1933) mit der Leitung der *Murhardschen Bibliothek*.
1904 Georg Steinhausen veröffentlicht seine *Geschichte der deutschen Kultur*.
1905 Die *Murhardsche Bibliothek* bezieht ihr neues, aus Stiftungsmitteln erbautes Heim.
1906 Bettenhausen, Wahlershausen, Kirch- und Rothenditmold werden eingemeindet.
1909 Drei große Neubauten sind feierlich einzuweihen: das Rathaus, das Königliche Theater und die Kunstakademie.
1912 Siegmund Aschrott (1826 bis 1915) schenkt der Stadt Kassel den *Floragarten* mit der Auflage, dort eine Stadthalle zu bauen. — Gründung der *Kurhessischen Gesellschaft für Kunst und Wissenschaft*.
1913 Tausendjahrfeier. — Eröffnung des *Landesmuseums*.
1914 Eröffnung der Stadthalle.
1918 Karl Bantzer (1857 bis 1941) wird Direktor, sein Freund Paul Baum (1859 bis 1932) Dozent der Kunstakademie.
1920 Kay H. Nebel (1888 bis 1953) Lehrer an der Kunstakademie.
1921 Philipp Scheidemann eröffnet im Residenzpalais die *Städtische Galerie*, ein neues Kunstmuseum.
1923 Die Arbeitsgemeinschaft der Tapetenfabriken richtet in Kassel das *Deutsche Tapetenmuseum* ein. — Henschel liefert die zwanzigtausendste Lokomotive. — Kasseler Fluglehrer und -schüler legen auf den Waldauer Wiesen einen Flugplatz an.
1925 Paul Bekker (1882 bis 1937) wirkt als Intendant des *Preußischen Staatstheaters*.
1927 Der vierundzwanzigjährige Karl Vötterle wählt Kassel als Sitz des von ihm in Augsburg gegründeten Bärenreiter-Verlags.
1928 Die Kriegergedenkstätte am Auehang ist vollendet.
1933 Die kulturellen Vereine und Verbände werden von den nationalsozialistischen Machthabern aufgelöst oder *gleichgeschaltet*. Ein Teil der geistigen Elite beginnt aus *rassischen oder politischen Gründen* auszuwandern. — Erstmals finden *Kasseler Musiktage* statt.
1935 Eröffnung des *Landgrafenmuseum*, des *Kurhessischen Heeresmuseums* und des Kneipp-Kurhauses Wilhelmshöhe.
1936 Die erste Phase der 1925 geplanten und begonnenen Sanierung der Altstadt ist abgeschlossen. — Harleshausen, Nieder- und Oberzwehren, Nordshausen, Waldau und Wolfsanger werden eingemeindet.
1938 Der Mob zerstört die Synagoge und das jüdische Gemeindezentrum.
1939 Gründung des *Konservatoriums und Musikseminars der Stadt Kassel* aus zwei privaten Musikschulen.
1941 Bei einem Luftangriff britischer Flugzeuge brennen das *Museum Fridericianum* mit dreihundertsiebzigtausend Büchern der Landesbibliothek und Teile des Residenzpalais aus.
1943 Die gesamte Innenstadt sinkt unter Spreng- und Phosphorbomben in Schutt und Asche.

Jacob Burckhardt
Horribel riskierte Balkonfassaden

Abends spät nach Kassel, wo ich dann fünf Tage, bis vorgestern abend, blieb und die Galerie studierte. Von den erstaunlichen Schätzen der Galerie ein andermal; aber ich glaube, Sie kennen Kassel überhaupt nicht, und d i e s e Lage sollten Sie sehen: Der eine Rand der Stadt läuft über einer hohen Terrasse hin, von welcher man über die Bäume eines stundenlangen Parks hinweg die entfernteren Höhen und Bergzüge sieht; man ist himmelhoch über einem endlosen Abgrund von Grün. Die Abende sitzt man im sogenannten Felsenkeller, das heißt ein Teil der Terrasse ist ein mächtiges Bierlokal, wo auch ehrbares weibliches Kassel mit Strickstrumpf in Masse erscheint; alldort erwartete ich zwei Abende das Aufgehen des Vollmondes hoch über der gewaltigen nebligen Waldnacht. Und außer dieser Herrlichkeit, die schon Kassel für Waldfreunde zum Aufenthalt der Wonne macht, dann erst noch die Wilhelmshöhe, auf welche ich einen Abend wandte.

Dagegen hat das Bauwesen der landgräflichen Zeit etwas sehr Mäßiges. Die Gebäude an dem dafür viel zu großen Friedrichsplatz sind alle zu niedrig und könnten einen großen Sockel mehr brauchen; man möchte ihnen zurufen: alleh hopp! macht euch aus dem Boden hervor!

In der Mitte des Platzes steht groß von Marmor ein alter Landgraf, der einst zwölftausend Hessen an die Engländer in den amerikanischen Krieg verkauft hat, wo sie dem König von England Nordamerika verlieren halfen; der Schädelbau und der gebietende Ausdruck und die ursprüngliche klassische Form des Kopfes herrschen noch mächtig vor über etliche Verquollenheit und ein zweites Kinn, dagegen reicht es nicht mehr gegenüber einem Schmerbauch in römischer Tunika und einem einwärtstretenden Knie von der lächerlichsten Wirkung. — Von den landgräflichen Parkbauten würde die Orangerie Sie doch entzücken; sie ist für die aufgewandten Mittel doch ein malerisch treffliches Gebäude. — Das moderne reiche Kassel hat einige gute Sachen in derbem und schönem Backstein, dann etliche horribel riskierte Balkonfassaden neueren Berliner Stiles etc.; viel mehr Üppiges en somme als in Basel jemals wird erlaubt werden.

Das im Bau fertige, innen noch unvollendete neue Museum in Kassel ist endlich ein wirklich schönes und edles Gebäude — nur leider an der Tür hat der Architekt die gottverdammten Karyatiden wieder nicht verheben können.

Gustav Mahler
Aus Briefen an den Freund Friedrich Löhr

22. Juni 1884

Ich habe in den letzten Tagen über Hals und Kopf eine Musik zum „Trompeter von Säckingen" schreiben müssen, welche morgen mit lebenden Bildern im Theater aufgeführt wird. Binnen zwei Tagen war das Opus fertig und ich muß gestehen, daß ich eine große Freude daran habe. Wie Du Dir denken kannst, hat es nicht viel mit Scheffelscher Affektiertheit gemein, sondern geht eben weit über den Dichter hinaus.

1. Januar 1885

Meine Wegtafeln: Ich habe einen Zyklus Lieder geschrieben, vorderhand sechs, die alle ihr gewidmet sind. Sie kennt sie nicht. Was können sie ihr anderes sagen, als was sie weiß. Das Schlußlied will ich mitschicken, obwohl die dürftigen Worte nicht einmal einen kleinen Teil geben können. — Die Lieder sind so zusammengedacht, als ob ein fahrender Gesell, der ein Schicksal gehabt, nun in die Welt hinauszieht, und so vor sich hin wandert. Meine „Trompetermusik" ist in Mannheim aufgeführt worden und wird demnächst in Wiesbaden und Karlsruhe aufgeführt werden. Alles natürlich ohne das geringste Zutun von meiner Seite. Denn Du weißt, wie wenig mich gerade dieses Werk in Anspruch nimmt.

3. Aprilsonntag 1885

Mit dem Frühling ist es wieder gar lind in mir geworden. Von meinem Fenster aus sehe ich über die Stadt hin auf die Berge und Wälder, und die freundliche Fulda zieht sich behaglich durch; wenn so die Sonne nun ihre farbigen Lichter hineinwirft, da weißt Du ja, wie sich alles in einem löst. So ist mir nun heute zumute, während ich an meinem Schreibtisch beim Fenster sitze und von Zeit zu Zeit einen Blick des Friedens hinauswerfe in die Stätte der Ruhe und Unbekümmertheit. Die Menschen um mich herum, die mich durch den Lärm ihrer Geschäfte unsäglich quälen, sind heute alle draußen. Kein Laut des Tages dringt zu mir, nur von Zeit zu Zeit verkündet die Glocke, daß die Menschen zueinander gehören.

Du möchtest gerne wissen, ob mir das „Musikfest" eine Freude gebracht hat. — Damit ist es, wie mit aller Erfüllung, die man von außen erwartet. Glaubst Du, wenn sich ein paar Gesangvereine zusammentun, um Kunst zu machen, daß etwas Rechtes daraus werden kann. — Es ist jetzt einmal Mode, musikalisch — patriotisch — festlich zu sein. — Meine Wahl hat einen furchtbaren Parteikampf hervorgerufen, und wäre die ganze Sache zuletzt sogar daran gescheitert. — Meine Jungheit kann man mir hier, besonders bei der Zunft, nicht verzeihen.
Unser Orchester macht strike, weil Herr Hofkapellmeister sich blamiert sieht und hat sogar der Intendant die Unverfrorenheit gehabt, an meinen Edelmut zu appellieren und mich zum Verzichten bewegen wollen. Ich habe ihm natürlich heimgeleuchtet und bin nun im Theater ein toter Mann.
Doch in dreieinhalb Monaten habe ich das alles hinter mir, Musikfest, Theater, Amtspflicht.

Frank Vorkampf
Chasalla, die Feindin der Künste?

Das Kasseler Bürgertum, vollauf beschäftigt, seine ganze Aufmerksamkeit den praktischen kommunalen Angelegenheiten, den Fragen der Notwendigkeit und Nützlichkeit zu widmen, die Kämpfe des Erwerbslebens zu führen oder sich die behagliche Ruhe der Pensionopolis zu loben, schlief in Sachen seiner Kunst den schweren Schlaf eines Hörigen, den nicht einmal mehr ein Traum von goldener Freiheit stört. Langjährige Gewöhnung an die Hand, aus der sie ihre ästhetische Nahrung empfing, hatte die Einwohnerschaft Kassels dazu geführt, einem reichbewegten Kunstleben, in dem sie selbst eine führende Rolle spielen konnte, den schönen Schein, den Nimbus vorzuziehen, den die Krone über ihrem Institut bedeutet. Dem Ausruhenden, Satten genügte das vollauf, und die anderen, die betriebsamen Leute, die bei allem den Profit berechnen, versprechen sich auch heute eine Belebung der Fremdenindustrie und einen Vorteil für ihren Geldbeutel weit eher von einer veralteten und veraltet bleiben wollenden Hofbühne als von einem gut geleiteten Stadttheater. In solchen Kreisen — und sie bilden die maßgebende Mehrzahl — vermochte der Gedanke, die Stadt könne ihre Kunstbestrebungen selber in die Hand nehmen, niemals Boden zu gewinnen. Auch der Gesichtspunkt, durch die Übernahme des Theaters in eigene Verwaltung die Rechte eines großen blühenden Gemeinwesens vermehren zu können, hatte nichts Verlockendes. Man ist sich zwar bewußt, daß so vieles, was die freie Selbstverwaltung der Städte betrifft, nur auf dem Papier steht, aber in dem Recht, das hier zu erlangen war, sah man keinen Gewinn. Im Gegenteil, es brachte nur neue Pflichten und Ausgaben. Man behielt also gerne, was nichts kostete und schätzte es als ein großes Glück, sich an Kulturaufgaben vorbeidrücken zu können. Die Minderheit, die anders denkt, ist überhaupt nie hervorgetreten.
Und so ist es gekommen, wie es ist. Das Kasseler Bürgertum in seiner Gesamtheit hat weder den richtigen Instinkt, weder den Willen, noch die Kraft, noch das stolze Bürgerbewußtsein besessen, im gegebenen Moment das höfische Gängelband zu zertrennen und die Geschicke seines Theaters selbst zu lenken, es zu einem Kunstinstitut zu machen, das in Wirklichkeit einen Zeiger bedeutet des geistigen und kulturellen Lebens der Gegenwart. Auf unabsehbare Zeit hat sich die Stadt des Rechtes begeben, Lorbeeren auf diesem Gebiet zu ernten. Aber ein anderes Feld steht ihr offen: die Pflege der bildenden Künste. Doch wie sieht es hier aus? Von einer zielbewußten Kunstpflege, von einer verständnisvollen Förderung keine Spur. Nichts und weniger als das, nämlich die allgemein verbreitete Ansicht, daß man getrost alles dem Staate überlassen müsse, ganz wie auf dem Theatergebiete alles vertrauensselig von der Krone erwartet wird. Es ist schwer, keine Satire zu schreiben: ein Kunstverein ist da, dem die Stadt vierhundertfünfzig Mark abnimmt, um ihn großmütig mit hundertfünfzig Mark jährlich zu subventionieren! Nobel, nicht wahr? Chasalla, verhülle dein Haupt! Aber jüngst ist der würdigen Dame eine fatale Sache passiert. Zweimal mußte sie die festgeschlossene Hand öffnen, als ihr die beamtete Hoftheaterkunst einmal fordernd, das zweitemal „freundschaftlich ratschlagend" zur Ader ließ. Sie hat tüchtig bluten müssen. Bang fragt man schon, wie's ihr bekommen wird. Wenn sie nur darob nicht in die üble Hausagrariergewohnheit verfällt, dem armen Kunstverein die Miete zu steigern. Chasalla ist nämlich Hauswirtin der schönen Künste. Das ist kein zärtliches Verhältnis, und man muß ihr nachsagen, daß sie es auch nie so aufgefaßt hat.

Wilhelm Pinder
Zwei einzigartige Landschaftsgärten

Der barocke Park geht, dem manieristischen gegenüber, auf Hochwuchs und Majestät. Hier kann die feierliche Wandung beschnittener Graspflanzung wie eine raffinierte Wiederkehr alter heiliger Wege wirken. Zugleich spielt das Wasser eine immer größere Rolle. Wasser und Boden behandelt Italien anders als Frankreich. Beider Art begegnet sich bei uns in Kassel. Die Karlsaue im Sinne

Le Nôtres, majestätisch am Boden hingebreitet, mit radianten Wasserstraßen und großer, ebener Hauptachse vom Schlosse über den Bowlinggreen durch die Allee zum Bassin; Wilhelmshöhe dagegen: zwischen die Schultern zweier Berge das Haupt des Oktogons eingelassen, mit Pyramide und Herkules; in steilstem Sturze die Kaskaden herabschießend zum Schlosse. Der Wasserfall freilich nur ein Rausch weniger Minuten, aber die Anlage ständig von triumphaler Gewalt, und trotz aller Planwandlungen ein einzigartiges und einheitliches Denkmal menschlicher Fantasie.

Die gewaltige Anlage der Wilhelmshöhe spiegelt das Schicksal des Parkes in einzigartiger Weise. Der Kerngedanke ist barock und nach Maßstab und Fantasieleistung wohl ohne Vergleich; der heutige Zustand stark „anglisiert", die großartigste Landschaftsarchitektur durchbrochen und umgeben von sentimentalischer Formlosigkeit, für die ein Pflanzenwuchs von seltener Schönheit gleichwohl in seiner Weise entschädigen kann. Die Natur kam hier dem barocken Willen auf das glücklichste entgegen. Leibniz hat schon 1698 in einem Briefe betont, hier würden sich Tivoli und Frascati übertreffen lassen. Auf die mäßig entfernte Stadt blickt ein respektabler Doppelberg, dessen mittlere Einsattelung gerade auf ihren Kern gerichtet ist. Guerniero machte den Sattel zur Spitze durch ein Oktogon mit Pyramide, von der ein echtes Symbol barocken Kampf- und Kraftgefühles, die riesenhafte Metallstatue des farnesischen Herkules, herabschaut, herab auf den Riesen Enkeladus, dessen Haupt unter einem Felsen einen gewaltigen Wasserstrahl hochspeit. Eine dramatische Idee also, die Spannung eines Gigantenkampfes und die krönende Majestät des Sieges.

Guernieros Kupferstichwerk zeigt den ursprünglichen Plan. Nur etwa das obere Drittel seiner Ausdehnung ist verwirklicht: eine Kaskade von zweihundertfünfzig Meter Länge, elfmeterfünfzig Breite bis herab über die Neptunsgrotte zum Bassin. Die Geschichte dieser ersten Hauptanlage spielt genau zur Zeit der mächtigsten Entwicklung des deutschbarocken Klöster- und Schlösserbaues, bis zum Tode Landgraf Karls, 1730; und in der Tat muß man an den Städteplan von Karlsruhe und Würzburg denken, um die gemeinsame Großartigkeit des Wollens zu empfinden! Acht große Prospekte von Jan van Nikkelen aus Haarlem belehren über die Planwandlungen seit 1715, die versaillische Gedanken hineinspielen ließen. Das Schloß Guernieros wäre tatsächlich zu sehr italienisch gewesen. — Aber aus dem „Karlsberge" wurde seit 1786 die „Wilhelmshöhe", aus der barocken die romantisch-sentimentale Anlage mit dem englisch-französischen Schlosse des Simon Louis du Ry. Ein Landschaftspark, der in die herrliche Naturschönheit des Habichtswaldes unmerklich übergeht.

Hans Altmüller
Die „Psychologie" der Frankfurter Straße

In einer Zeit so verhängnisvoller Übergänge, wo wir in unserer Stadt Kassel viel Altehrwürdiges und Stilvolles zugunsten unförmlicher Neuerungen verschwinden sehen müssen, lohnt es sich, das Bild einer Straße zu beachten und den Ursachen ihrer malerischen und poetisch-stimmungsvollen Wirkungen nachzugehen, die bemerkenswert treu noch das Bild einer bescheideneren, aber wahrhaft guten alten Zeit festhält. Es ist keins aus der Altstadt, sondern das eines Straßenzuges, der nur etwa zweihundert Jahre alt ist und wohl noch nie von Malerhand dargestellt wurde: der Frankfurter Straße.
Vielleicht ist ihr stiller Zauber auch manchem anderen aufgegangen? Worin liegt die eigentümliche Wirkung, die unsere Frankfurter Straße ausübt? Welches sind ihre psychologischen Einflüsse auf den aufmerksamen, zugleich gebildeten und empfänglichen Betrachter?
Der Charakter dieser Straße nimmt eine Mittelstellung zwischen dem der alten und der neuen Stadtteile ein. Darin liegt zunächst etwas beruhigend Versöhnliches, eben Vermittelndes. Sie reicht gleichsam von der Altstadt aus der ganz neuen Stadt die Hand. Der Friedrichsplatz schiebt sich nur als freie Fläche zwischen die beiden Teile. Jenseits beginnt, gerade von der Frankfurter Straße aus, wirklich die Altstadt, am anderen Ende aber der moderne Villenteil auf und hinter dem Weinberg. Friedrichsplatz und Weinberg — damit bezeichnen wir aber wieder eine andere Seite des vermittelnden Charakters. Die Frankfurter Straße verbindet, selber offen und breit gelegen, das Freie mit dem Freien. Trotzdem sie in sich völlig abgeschlossen ist, liegt sie nach beiden Eingängen hin wie außerhalb der Stadt. Am einen Ende blinkt über die breite Fläche des Friedrichsplatzes der helle Zwehrenturm, dahinter die duftige, blaue Ferne zarter Bergformen, am anderen Ende ragen die romantisch steilen Felswände der Frankfurter Chaussee hervor, des alten Reiseweges nach dem Süden.
Überhaupt hat der Charakter dieser Straße etwas Südliches, Warmes, Heiteres. Das liegt nicht allein an der Freundlichkeit ihrer äußeren Erscheinung, an der lichten Breite ihrer Anlage, nicht an der Helligkeit der herrschenden Farbentöne — kein düsteres Ziegelsteinrot stört das Empfinden —, sondern es spielt noch eine kaum bewußte Ideenassoziation mit herein: Der Gedanke an den Weg über Frankfurt nach südlichen, wärmeren Gegenden, nach Italien, an Palmen und Zypressen . . . Zumal auch der Name des Weinbergs an warme Sonnenterrassen erinnert. Dazu kommt die Nähe der einzigartigen Bellevue mit ihren südländisch feudalen Schlössern und Palais.
Wer das Bild der Frankfurter Straße an Markttagen oder an Meßmontagen kennt, wenn lange Reihen Pferde an leeren Wagen vor den Wirtshäusern auf die dort eingekehrten Landleute warten, dem kommt wohl der Zustand dieses gemütlichen Weges aus früherer Zeit vor das geistige Auge, als noch ein Frankfurter Tor den Beginn der Stadt sowohl wie der pappelbesetzten Landstraße deutlich und malerisch markierte. Statt des unschönen neuen Galeriegebäudes (so schön es im Innern ist!) lagen an dieser Stelle die das Gesamtbild trefflich ergänzenden Baulichkeiten des Bellevuemarstalls mit seinem Hofe und dem Reithaus. Und wer das Tor sah, mußte auch weiter sehen: Die wunderbaren Felsenhänge hinab, wo oben wilder Wein seine roten Teppiche ausbreitete, der Blick nach links durch ein weißgestrichenes Holzgitter über prachtvolle Baumwogen der Aue schweifte, und geradeaus in der Ferne hügelige Alleen, den Park Schönfeld und Zwehren mit seinem wehrhaften Kirchturm und dahinter die ewig blauen Berge im heiteren Goldlicht traf.
Noch vor wenigen Jahren zogen Postwagen mit biedermännischen Kutschern den Berg hinan oder ins Tal.
Die Häuser der Frankfurter Straße sind im bürgerlich schlichten Barockstil der Du Ry's gebaut, im typischen Hugenottenstil der Anfangszeit des achtzehnten Jahrhunderts. Sie verbanden Behäbigkeit und Eleganz mit gediegen klaren Formen. Wer vom Friedrichsplatz kommt, sieht auf der linken Seite — nach den ersten — drei, am oberen Ende dieser Seite sogar vier Häuser, deren ursprüngliche Gestalt beinahe unverändert gewahrt blieb: drei Stockwerke mit breiten Fronten, stumpfwinkeligen Giebeln mit runden Bodenluken. Der wesentliche Charakter beruht auf französisch-barockem Element. Und hierin liegt bei aller Gesetztheit ein heiteres, freies, vornehmes und — südländisches Wesen.
Dies Gepräge der Straße wird durch zwei große Gebäude teils gehoben, teils bestimmt modifiziert: von der Karlskirche und dem Bellevueschloß. In ihrer gedämpft feierlichen Einfachheit gibt die Fassade der Kuppelkirche dem Auge einen malerischen Mittel-, Höhe- und Ruhepunkt. Aber mehr wird der Charakter der Stille und Vornehm-

Die „Entdeckung" der Altstadt

heit durch Gebäude bewirkt, die zur Bellevue gehören. Beinahe die ganze Seite zwischen Georgenstraße und Fünffensterstraße wird von diesen wie nach innen gekehrten Bauten eingenommen. Die verschwiegenen Trakte, deren lange Reihe schon imponiert, bewirken ihren eigentümlich geheimnisvollen Effekt besonders dadurch, daß sie die Rückseiten der Schlösser decken oder flankieren, daß sie verborgene Höfe, blühende Gärten mit Hecken und plätschernden Brunnen in sich schließen. Um diese Innenplätze der Schlösser spielt eine verstohlene Erinnerung an die Höfe der aristokratischen Hotels im Faubourg St. Germain aus der Zeit vor der Revolution. Französisch ist auch hier der Charakter, und mit Recht heißt eine Straße „Bellevue". Zauberhaft sind dabei die für das Kasseler Barock der Du Ry's bezeichnenden runden Giebel an mehreren stattlicheren Bauten.

Der Mensch sieht auch mit seiner Fantasie. Da steht denn etwa eine goldbeschlagene Karosse vor dem großen Tor des Schlosses in der Georgenstraße, und über die Wege laufen Lakaien in bestickten Livreen und mit gepuderten Perücken. — Vor wenigen Sommern gab es noch ein Haus, das sich gewiß ein Jahrhundert lang nicht verändert hatte. Mattrosafarben war es getüncht, die kleinen Scheiben der Fenster schillerten grünlich. Dahinter standen bisweilen ein uralter Mann und eine alte Frau mit hochgefälteter weißer Haube, fast gespensterhaft, aus einer anderen Welt; Hoffmannsche Geschichten konnte man dabei ersinnen.

Durch vielerlei Einzelheiten wird der Betrachter an die alte Zeit erinnert. Da gibt es noch schöne Türen im Rokoko- und Zopfstil. Auch entdeckt man geräumige Treppenhäuser mit geschnitzten Holzbalustraden, hier und da ein kunstvoll gestochenes Ornament und behagliche Dachstuben, von deren Fenstern es reizende Aussichten geben dürfte — nach Süden hin.

Alois Holtmeyer
Ein Freiluftmuseum alter Städtebaukunst

Dürftig wie die Reste der gotischen Stadtbewehrung sind die Überbleibsel der Befestigung aus nachmittelalterlicher Zeit. Von der unter Philipp begonnenen und unter Wilhelm IV. gänzlich wieder veränderten und zur Vollendung gebrachten Umwallung sind an versteckter Stelle noch einige Gänge übrig.

Wenn auch der eifrigste Freund geschichtlicher oder kunstgeschichtlicher Vergangenheit nicht die Ansicht vertreten wird, daß man einer rückschauenden Liebhaberei zu Gefallen und einer vorschauenden Stadterweiterung zum Hemmnis Wälle und Gräben in ihrem ganzen Umfange lediglich als historische Erinnerungsbilder oder Gemütswerte hätte erhalten sollen, so muß doch die Frage erlaubt erscheinen, ob man nicht von den Toren das eine oder andere hätte stehen lassen können als Markstein der Entwicklung des Gemeinwesens, als Kulturdenkmal und Architekturstück und nicht zuletzt als Ziel der oft recht langen neuen Straßen. Es hätte sich verlohnt, betrachtet man die alten Abbildungen. Liest man in den Beschreibungen die sinnigen Sprüche, die diese dem Schutze und Verkehr dienenden Bedürfnisbauten trugen, so kann man sich nur wundern, wieviel diese einfache Zeit der an Bildung und Ausdrucksmitteln reicheren Gegenwart an Gedankenreichtum und Gemütstiefe überlegen war.

Wer sich vom Geiste dieser von außen oft beunruhigten, im Wesen beschaulich geruhigen Zeit einen erbaulichen Begriff machen will, findet zum Glück in Alt-Kassel Gelegenheit, wie in kaum einer anderen Stadt. Das Bürgerhaus des sechzehnten und siebzehnten Jahrhunderts ist in einer überraschenden Fülle guter Exemplare vertreten. Ganze Straßenzüge stehen noch fast unverdorben da, ja beinahe die ganze Altstadt bildet eine große Sammlung guter Wohnbauten, ein Freiluftmuseum alter Städtebaukunst.

Diese in ihrer Art wohl einzig dastehende Einheitlichkeit und Schönheit des Stadtbildes ist es, die der hessischen Hauptstadt eine Sonderstellung unter den Städten gleichen Alters und ähnlicher Vergangenheit anweist.

Daß der ästhetische Wert der alten Viertel von denen, die sie bewohnen, nicht immer erkannt und geschätzt wird, darf nicht befremden, denkt man daran, daß das Ideal des Wohnhauses vom Ende des vorigen Jahrhunderts, die Mietskaserne mit der gelben Verblenderfront und dem platten Dach, noch immer weite Kreise verwirrt. Aber daß die malerischen Stadtteile von denen nicht mehr aufgesucht werden, die an schönen Städten ihre Freude haben, ist auffallend und wohl nur dadurch zu erklären, daß Kassels berühmte Sehenswürdigkeiten, der Herkules und die Rembrandts, die Aufmerksamkeit der Reisenden so in Anspruch nehmen, daß für die Besichtigung der abseits der modernen Verkehrsstraßen gelegenen Altstadt, von deren Existenz wohl die wenigsten wissen, weder Zeit noch Lust übrig bleibt. Hier aufklärend zu wirken, wäre eine verdienstvolle Aufgabe der Organisationen, die sich den Zugang der Fremden zur Aufgabe gestellt haben.

Nur einen schwachen Begriff von der Schönheit der Straßen- und Platzbilder in Kassels Altstadt können Aufnahmen verschaffen, denen die Farbe, die Sonne, die Luft- und Lichttöne der Wirklichkeit fehlen. Die feine Patina, mit denen die Jahrhunderte die Bauten überzogen haben, der Gegensatz in der Beleuchtung der näher und ferner liegenden Teile, die ungleiche Tiefe der Eigen- und Schlagschatten, die warme Stimmung, die auf dem Ganzen ruht, kommt in der Fotografie nur unvollkommen zum Ausdruck. Aber die Mannigfaltigkeit des Vorhandenen lassen Abbildungen doch in etwa erkennen. Der Beschauer merkt schon, daß Alt-Kassel eigene Reize hat. Es ist kurzweilig, zwischen den Häuserzeilen zu gehen, die bei ihrer gelinden Krümmung dem Auge immer neue Ziele bieten. Die Straßen haben Hintergrund. Die Geschlossenheit, die man allerorten in alten Städten findet, die auch der moderne Städtebau wieder als die Grundregel für die Erzielung schöner Straßen- und Platzanlagen aufstellt, ist noch an den meisten Stellen vorhanden. Dabei sind die Gassen keineswegs so unpraktisch, wie die Gegner alter Städtebaukunst meinen.

Die Hauptstraßen sind weder kurz noch schmal. In ihren Biegungen, den Hauptströmungen Rechnung tragend, ermöglichen sie einen schnellen Verkehr ebensogut, wie die in den neuen Städtevierteln beliebten, nach dem Schachbrettsystem angelegten Verkehrsadern, vor denen sie sogar den Vorzug voraus haben, daß sie dem Eiligen ein schnelleres Einbiegen in die bequemer anschließenden Seitenwege gestatten. Die Verbreiterung der Straßen an ihren Mündungen läßt sich in Kassel an besonders schönen Beispielen feststellen. Wenn die Nebengassen nicht die Breite der Hauptstraßen erhielten, so hat das seinen Grund darin, daß man verständiger Weise früher einen Unterschied machte zwischen belebten Straßen, in denen die Frachtwagen fuhren und die Fremden einzogen, an denen die Kaufhäuser und Herbergen lagen, und den stillen Gassen, in denen der Handwerker seine ruhige Werkstatt aufgeschlagen hatte und heute wie früher „der Fußgänger Gelegenheit hat, nicht allein abkürzende Wege einzuschlagen, sondern auch neben dem Straßengewühl Wege zu finden, auf denen sein Schritt sich verlangsamen kann". Gerade an diesen kleinen Durchgängen mit ihren gemütlich in die Straßen nickenden Giebeln ist Kassel nicht arm.

Von einer Einheitlichkeit in dem Sinne, daß ein Haus ist wie das andere, darf nicht gesprochen werden. Verschiedene Typen verschiedener Zeiten stehen oft dicht nebeneinander, klar aber nicht hart, streng aber nicht störend, gegensätzlich aber nicht gegnerisch. Man sieht es, jeder baute, wie es das besondere Bedürfnis erforderte, das Grundstück erlaubte und der Geschmack vorschrieb, zweckmäßig und gediegen, selbständig und anständig und so gefällig, wie es seine Mittel gestatteten. An Abwechslung fehlt es nicht in den Straßen der Altstadt. Aber ein gemeinsamer Geist liegt doch über allen diesen Häusern, mögen sie den Giebel oder die Traufe der Straße zukehren, mögen sie an der Ecke oder in der Reihe stehen, hoch oder niedrig sein, der Geist der Unterordnung des Einzelhauses in das Straßenbild. Keine überladene Fassade erdrückt die Fronten rechts und links. Der Reiche hat den Armen nicht erschlagen. Sein Haus blieb ein Bürgerhaus, auch wenn er sich einen Bildhauer für das Portal, einen Holzstecher für das Gebälk und einen Vergolder für das Fenstergitter leisten konnte. Dafür baute aber auch der minder bemittelte Nachbar ein gutes Bürgerhaus, zwar in den Einzelheiten weniger reich, aber im Aufbau ebenso rechtschaffen.

So kommt es, daß von den unaufdringlichen und ehrlichen, wenn auch oft mangelhaft in Stand gehaltenen Häusern der Altquartiere mehr Stimmung wohnlichen Behagens ausgeht, als von den bald unnatürlich aufgeputzten, bald gänzlich vernachlässigten, lediglich auf den Schein berechneten Wohnpalästen, auf deren Erfindung sich das ausgehende neunzehnte Jahrhundert so viel zugute tat. Das gilt von den Straßenfronten wie von den Hofansichten, vom Äußeren wie vom Inneren. Wer die geräumigen Dielen, die bequemen Stiegen, die breit behaglichen Wohnräume der alten Häuser mit den engen Korridoren, schmalen Treppenhäusern und ungemütlich kleinen Zimmern unserer Mietskasernen vergleicht, wird einsehen, daß uns beim Neubau unserer Wohnungen trotz aller Errungenschaften auf dem Gebiete der Hygiene und Technik Werte verloren gegangen sind, die viel zum Genusse des Lebens beitragen. Man vergleiche die kräftigen Holzgeländer der alten Stiegen mit dem schwindsüchtigen Eisengestänge der neuen Treppen, die handgeschmiedeten Türbeschläge von damals und die gepreßten Schlüsselschilder von heute, die Holz- und Stuckdecken, Öfen und Möbel von früher und jetzt und man wird zu der Überzeugung kommen, daß die neue Zeit wirklich nicht in allen Punkten der alten überlegen ist. Wie ehrlich und solide und wahrhaft vornehm wirkt die alte Meisterarbeit, die vor den meisten unserer Fabrikerzeugnisse auch noch den Vorzug der Dauerhaftigkeit besitzt. Wie vollkommen war nicht allein früher die Frage der Tagesbeleuchtung der Räume gelöst. Eine zusammenhängende Reihe gut proportionierter Fenster zwischen Steingewänden oder Holzpfosten löst die Außenwand des Zimmers auf, den ganzen Raum erleuchtend, ohne ihn unbehaglich zu machen. Damit setze man das unglücklich gestelzte Format unserer Fenster in Parallele, das viel zu hoch ausfällt, um durch Volants, Lambrequins und Draperien künstlich wieder verkleinert zu werden. Es ist zu verstehen, daß die Leute von damals enger mit ihrem Heim verwachsen waren, als wir, die wir beim Beziehen einer Mietswohnung uns an den imitierten Stuckverzierungen der Decke, den wilden Türaufsätzen aus Papiermaché, den bronzierten Schnörkeln der monströsen Öfen ebensowenig stoßen dürfen, wie an der gänzlichen Kahlheit derjenigen Zimmer, die nicht als Salon aufgeführt sind.

Mehr und mehr gehen unsere Architekten den Geheimnissen wieder nach, die die alten Häuser bergen. Schon aus diesem Grunde wird es sich verlohnen, das, was die Bürgerbauten der Altstadt im Innern noch bewahren, so lange wie möglich zu erhalten.

Vor allem aber müßte es um die Erhaltung der schönen Straßenbilder zu tun sein. Nicht nur als Bilder, sondern auch als Vorbilder sollte man die malerischen Häusergruppen in ihren geschichtlich entstandenen Zusammenhängen bestehen lassen. Denn was man als ein Spiel des Zufalls nehmen könnte, die Unregelmäßigkeit im Stadtplan, die Krümmung der Straßen, die Schiefheit der Plätze, die Absätze und Vorsprünge in der Baufluchten, der Mangel von Achse und rechtem Winkel ist in Wirklichkeit ebensogut das Ergebnis der Überlegung wie der in den meisten Fällen unsymmetrische Grundriß des Einzelhauses. Weder das Werk eines Augenblicks noch eines Einzelnen sind die Lagepläne unserer alten Städte.

Mit bestem Erfolg ist die neuere Städtebaukunst daran gegangen, die Gesetze abzuleiten, die als die Frucht ununterbrochener Entwicklung und als der Niederschlag jahrhundertelanger Erfahrung in den Linien der Straßen und den Figuren der Plätze verborgen liegen. Wenn auch mangels der Kenntnis der historischen Vorgänge nicht mehr alle Gründe herauszufinden sind, die die oft krause Zeichnung hervorgerufen haben, so steht doch fest, daß die Unregelmäßigkeiten im Grundriß, die auch heute meist noch als recht praktisch sich erweisen, aus Zweckmäßigkeitsgründen entstanden sind und daß die für den Aufriß sich ergebenden Schiefheiten, die fast immer zur Belebung des Straßenbildes beitragen, schon absonderliche Ausdehnung oder Gestalt annehmen müssen, sollen sie störend hervortreten.

Die ersten „Kasseler Musiktage"

Gleich anderen kulturell wirkenden Vereinen wurde 1933 auch der „Finkensteiner Bund" aufgelöst, eine aus der „Jugendbewegung" gewachsene Vereinigung zur Pflege des alten und adäquaten neuen Musiziergutes. Der Kasseler Verleger Karl Vötterle und sein Mitarbeiter Richard Baum gründeten damals den „Arbeitskreis für Hausmusik" und riefen erstmals zu „Kasseler Musiktagen" auf:

Musik in Deutschland hat vielerlei Sinn und Gestalt: sie lebt — recht und schlecht — im Volksgesang wie im Massenchor, sie wird in der Kirche gepflegt, in der Schule gelehrt, in großen und kleinen Konzerten, auf Musikwochen und Festen dargeboten, auf Schallplatten verkauft und im Rundfunk ausgestreut. Niemand darf sagen, daß wir zu wenig Musik hätten. Aber das erkennt man heute: Wir sollten mehr selbst musizieren, aus Hörern Sänger und Spieler werden, denn erst im tieferen Erleben des eigenen Tuns und Nachgestaltens enthüllt sich ganz der schönste Sinn aller Musik.

Auf dem Wege dahin sollen die „Kasseler Musiktage" Helfer sein. In diesen Tagen wird alte und zeitgenössische Musik in einfacher Besetzung gesungen und gespielt werden, die in ihrer Art besonders geeignet ist, dem häuslichen, wie dem gemeinschaftlichen und kirchlichen Musizieren neuen Ansporn zu geben. Daß dabei vorwiegend vorbachische Meister und der Thomaskantor selbst zu Gehör kommen, hat seinen Grund nicht in einer zeitfremden Liebhaberei des Historischen, sondern umgekehrt darin, daß uns der lebendige Wert gerade der alten Musik für unser gegenwärtiges Musizieren und — wie viele Zeichen künden — auch für das musikalische Schaffen unserer Zeit in unerwarteter Eindringlichkeit immer mehr zum Bewußtsein kommt.

Voraussetzung für eine echte Auswirkung dieser Musik ist freilich auch die stilgemäße Ausführung. So werden während der „Kasseler Musiktage 1933" vorwiegend alte und nachgebaute Instrumente verwendet, um auch hierin Beispiel und Vorbild zu geben. Die Mitwirkenden, die sich uneigennützig in den Dienst der gemeinsamen Sache gestellt haben, sind mit solcher Musik besonders vertraut.

Als Teilnehmer sind alle willkommen: die einen, die für ihr häusliches Musizieren Anregung suchen und leicht zugängliche Instrumente oder geeignete Literatur kennen lernen wollen, aber auch die andern, die hörend und teilnehmend Freude haben an einigen Stunden erlesener Musik.

Kassel um 1880. Die Skizze für das Aquarell des anonym gebliebenen Künstlers entstand in einem Fesselballon.

Seit dem Sommer 1883 wirkte der damals dreiundzwanzigjährige Gustav Mahler als zweiter Kapellmeister am Kasseler Hoftheater. Im Herbst schrieb er hier seine „Lieder eines fahrenden Gesellen". Als Mahler bereits zwei Jahre später Kassel enttäuscht wieder verließ, besaß er unter anderem auch Skizzen zu seiner ersten Symphonie D-Dur, „Der Titan".

Artur Ahnert: Promenade vor der 1872 bis 1877 von Heinrich Dehn-Rothfelser an der Schönen Aussicht erbauten Gemäldegalerie.

Blick vom Ständeplatz über den Friedrich-Wilhelms-Platz mit dem Vierflüsse-Brunnen in die Große Rosenstraße und auf den Turm der Lutherkirche, um 1908.

Fast ein Menschenalter, von 1879 bis 1910, war Louis Kolitz Direktor der Kasseler Kunstakademie. Ob dieser Spätromantiker farbenschwere oder duftig wirkende Gemälde schuf, stets blieb er bewundernswert souverän beim Gestalten des Lichts und der Bewegung. Die „Hohenzollernstraße bei Sonnenuntergang" ist eins seiner bezaubernden Kassel-Motive.

Vormittagsstimmung in der Unteren Fuldagasse.

Deutsches Kinderlied und Kinderspiel

In Kassel aus Kindermund in Wort und Weise gesammelt

von

Johann Lewalter

Abhandlung und Anmerkungen von

Dr. Georg Schläger

Umschlagzeichnung von Professor Georg Zimmer

In den idyllischen Gassen der Altstadt sammelte der Komponist und Volkskundler Johann Lewalter (1862 bis 1935) seit 1885 erstmals in Deutschland Kinderlieder und -Reime, um sie nachlebenden Generationen in Wort und Weise zu überliefern.

274. Ist die schwarze Köchin da?

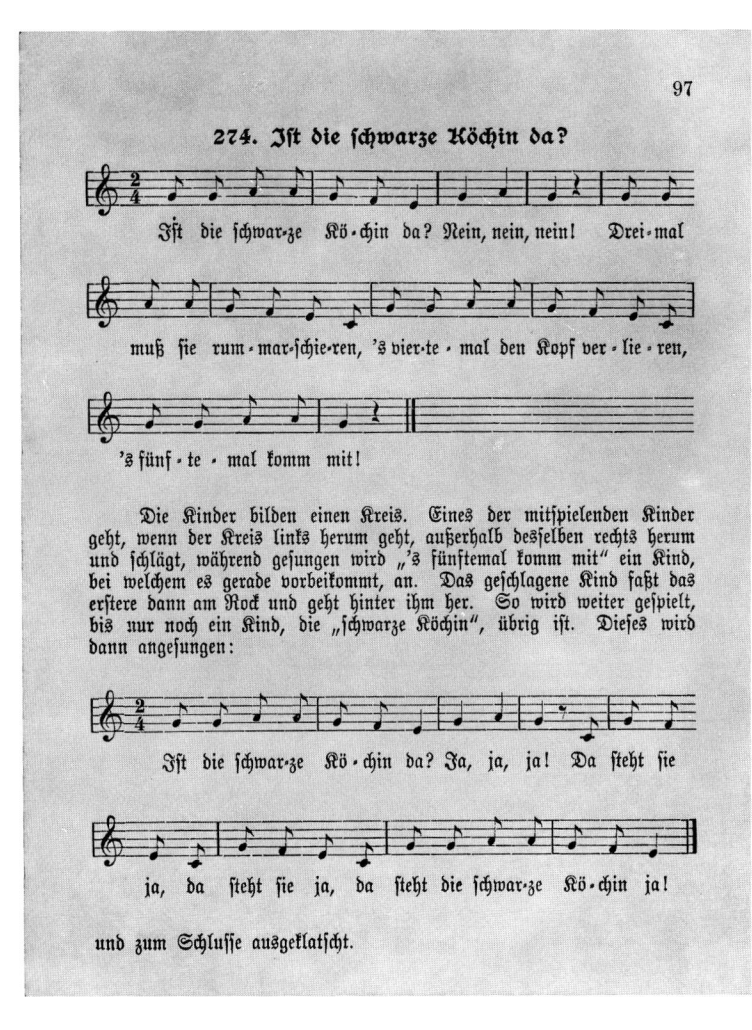

Ist die schwarze Köchin da? Nein, nein, nein! Dreimal muß sie rum-marschieren, 's vierte-mal den Kopf verlieren, 's fünfte-mal komm mit!

Die Kinder bilden einen Kreis. Eines der mitspielenden Kinder geht, wenn der Kreis links herum geht, außerhalb desselben rechts herum und schlägt, während gesungen wird „'s fünftemal komm mit" ein Kind, bei welchem es gerade vorbeikommt, an. Das geschlagene Kind faßt das erstere dann am Rock und geht hinter ihm her. So wird weiter gespielt, bis nur noch ein Kind, die „schwarze Köchin", übrig ist. Dieses wird dann angesungen:

Ist die schwarze Köchin da? Ja, ja, ja! Da steht sie ja, da steht sie ja, da steht die schwarze Köchin ja!

und zum Schlusse ausgeklatscht.

Ein Kinderreigen in der Schäfergasse.

1889 ließen die Städtischen Körperschaften die „unpassende welsche Haube" des Südturms der Martinskirche abtragen und zwei vom Ungewitter-Schüler Professor Hugo Schneider dem ursprünglichen hochgotischen Entwurf des Gotteshauses nachempfundene Türme vollenden; diese „Martini-Türme" wurden bald zu einem weiteren Wahrzeichen des alten Kassel.

Das Mittelschiff der evangelischen Martinskirche um 1900.

Am 9. Juni 1909 konnte das von dem Architekten Karl Roth an der Oberen Königsstraße in niederländischem Neubarockstil erbaute „große Rathaus" festlich eingeweiht werden. Die Vorlage zu dieser Farbtafel mit dem repräsentativ ausgestalteten Sitzungssaal der Stadtverordneten, ein Color-Diapositiv, nahm ein unbekannter Fotograf wenige Tage später auf.

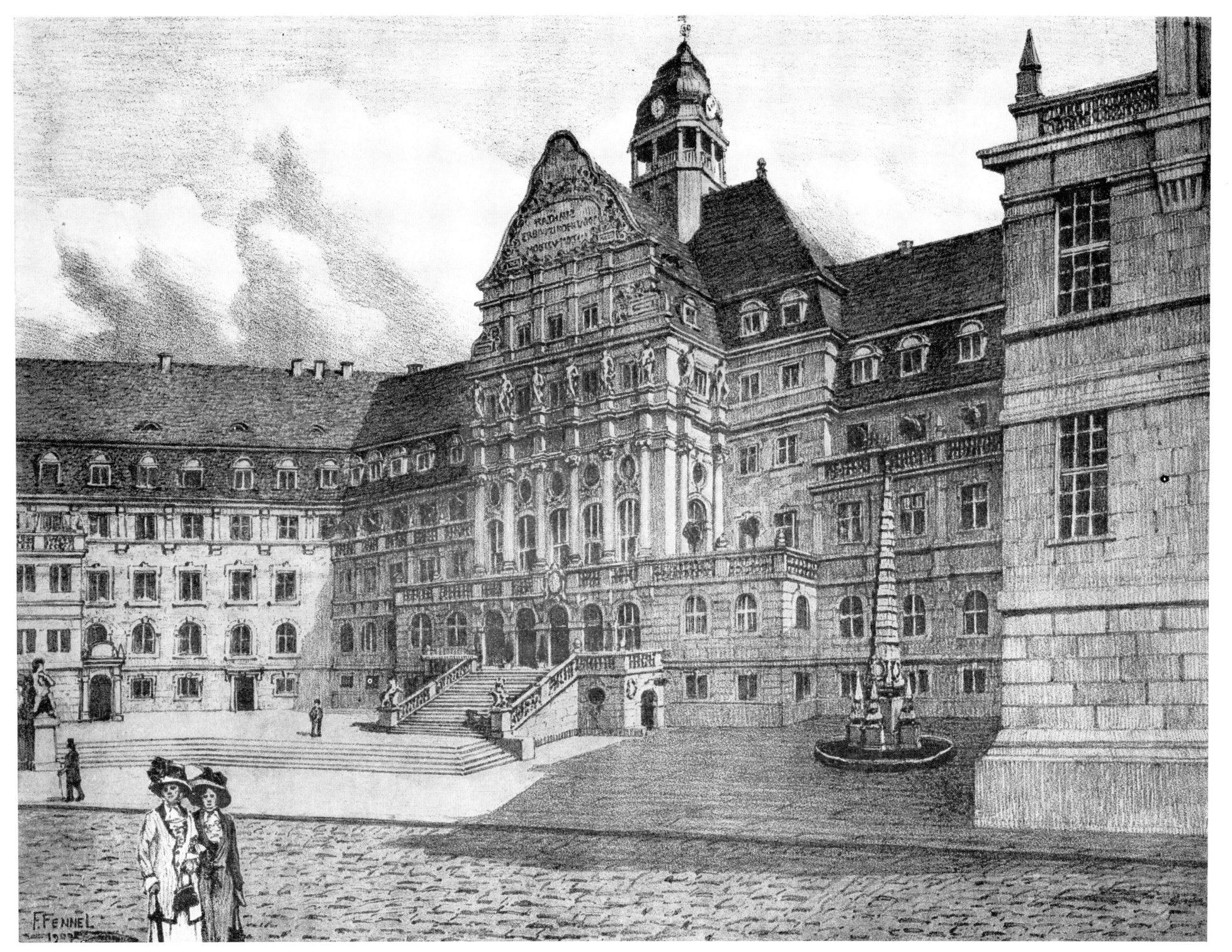

Friedrich Fennel: Das neue Rathaus im Herbst 1909.

Zur „Tausendjahrfeier" im September 1913 begrüßte die Kasseler Bürgerschaft Gäste aus vielen Weltteilen. Tausende sahen den Festzug mit Szenen aus Kassels Vergangenheit.

Überall waren die Schaufronten der Häuser frisch getüncht und, wie auf diesem Foto vom Holzmarkt in der Unterneustadt, mit Blumengewinden und Fahnen geschmückt worden.

Der Mittelpunkt des alten Kassel: Altmarkt und Brüderstraße.

Die malerische Dreihäuserecke am Altmarkt.

Blick vom Brink über die Dächer der Patrizierhäuser zur Martinskirche und zum Druselturm.

Die Wildemannsgasse, noch am Ende des neunzehnten Jahrhunderts eine der bevorzugten Wohnstraßen des Stadtpatriziats, mündete nach Norden hin auf den Brink. Er verband sie mit vier weiteren Gassen, dem Graben, Pferdemarkt, Weißen Hof und der Kastenalsgasse. Besonders beim Schein der Laternen eignete diesem Altstadtteil ein ungewöhnlicher Reiz.

1596 baute sich der vor Herzog Alba aus Friesland geflohene Jurist und spätere Geheime Rat Dr. Regnerus Sixtinus in der „Großen Herrengasse", der Wildemannsgasse, ein prachtvoll verziertes Wohnhaus im Renaissancestil. Um 1820 besaß es der Bierbrauer Konrad Ostheim, richtete eine Schankstube darin ein und nannte es später „Gasthaus zur Pinne".

Seit dem Jahre 1926 wird im Juli oder August auf und an der Fulda als Wassersport- und Volksfest der „Zissel" veranstaltet. Höhepunkte sind dabei die Regatten, vielerlei andere Wettkämpfe, ein Festzug, Tanz, der Korso illuminierter Boote und das große Feuerwerk. Von 1933 bis 1939 befahlen die braunen Machthaber auch dazu ihren „Flaggenschmuck".

Wie vor dem Deichmannhaus, Ecke Brüderstraße–Renthof, vergnügten sich Gäste und Einheimische im Sommer 1939 zum letzten Male auf den Altstadtplätzen und in Fachwerkgassen.

1770 baute Simon Louis du Ry für den Hof-Stukkateur und -Bildhauer Johann Michael Brühl am Königsplatz ein schloßartiges Heim.

Der Bauherr formte den kunstvollen Rokokodekor für die Fassaden und viele Innenräume selbst; er hinterließ das an ornamentalem Beiwerk reichste Haus Kassels.

Der Balkon des Nahlschen Hauses.

1771 ließ sich Johann August Nahl d. Ä. von Simon Louis du Ry an der Oberen Königsstraße ein Wohnhaus richten. Auch er schuf die delikaten Rokokozierate selbst.

Die Obere Königsstraße im Jahre 1934.

Blick vom Opernplatz mit dem Spohr-Denkmal über den Friedrichsplatz zum „Preußischen Staatstheater".

Innenansicht der 1770 bis 1776 an der Südostflanke des Friedrichsplatzes von Simon Louis du Ry für Landgraf Friedrich II. erbauten katholischen St.-Elisabeth-Kirche.

St.-Elisabeth-Kirche, Hofverwaltungsgebäude, Museum Fridericianum und Residenzpalais vom Vorhof des Staatstheaters aus gesehen.

Die „Schöne Aussicht" galt seit dem letzten Drittel des achtzehnten Jahrhunderts als eine der wenigen „ganz paradiesisch gelegenen schönsten Wohnstraßen Europas". Die Fernsicht von den Balkons und Fenstern der Palais über die Karlsaue und das Fuldatal zu den Waldgebirgen faszinierte viele Künstler und bewog sie, sich „an der Bellevue" einzumieten.

Ein architektonisches Meisterwerk war die Karlskirche. Paul du Ry hatte sie auf Wunsch Landgraf Karls 1698 bis 1710 im Zentrum der hugenottischen Oberneustadt für die französischen Religionsflüchtlinge gebaut. Das achtseitige, auch innen schlichte Gotteshaus wirkte bestechend durch den geradezu ins calvinistisch Strenge abgewandelten Barockstil.

1935 bis 1938 ließ Prinz Philipp von Hessen, ein hervorragender Kunstkenner und umsichtiger Sammler, der damals die preußische Provinz Hessen-Nassau als Oberpräsident verwaltete, das Kasseler „Landgrafenmuseum" einrichten. Nach seinen Plänen wurden Skulpturen, Porzellane, Gobelins, Gemälde, Möbel und Pretiosen aus den Beständen der Staatlichen Kunstsammlungen und des Landgräflichen Hauses Hessen in stilvoll renovierten Räumen der alten Galerie Landgraf Wilhelms VIII. und späteren Kunstakademie ausgestellt.

Der „Kasseler Apoll", die römische Marmorkopie einer Bronzestatue des Phidias, stand als wertvollste Skulptur der Antikensammlung im Marmorsaal des „Landgrafenmuseums".

Der achtunddreißig Meter lange Galeriesaal des „Landgrafenmuseums" mit kostbaren Gobelins, Gemälden, asiatischem Porzellan, Skulpturen und Möbeln.

Ein städtebaulicher Akzent in dem 1880 als neues Wohngebiet erschlossenen Kasseler Westen sind die 1908 vollendeten Türme der evangelischen Friedenskirche.

Zu beiden Seiten der Wilhelmshöher Allee standen seit dem Ende des achtzehnten Jahrhunderts mit Ideenreichtum und gutem Geschmack gestaltete Bürgerhäuser; neben dem Murhardschen, dem Wöhlerschen und dem Pfeifferschen galt das klassizistische Eckgebäude an der Weigelstraße als Schmuckstück. Die Kasselaner nannten es „Schlößchen Monbijou".

Aussicht von der Treppe des Staatstheaters über das Orangerieschloß, den Bowlinggreen und den Hochwaldpark der Karlsaue zur Söhre und zum Kaufunger Wald.

Die Mittelachse der Karlsaue und der Mittelpavillon des Orangerieschlosses vom romantischen „Tempelchen" auf der Insel im großen Aueteich aus gesehen. Zur Insel konnte man bis zum Beginn des Zweiten Weltkrieges in Mietgondeln rudern. Auch zur Blumeninsel Siebenbergen, am Südende des weiten Parks, gelangten Erholungsuchende mit einer Fähre.

Rast am Vormittag auf dem alten Rondell an der Fulda.

Fulda-Idylle zwischen dem Rondell und der Drahtbrücke.

Eins der beliebten Kassel-Motive aus der Vorkriegszeit: Blick von der Hafenbrücke über Dächer und Türme der Stadt zum Herkules und zum Habichtswald.

Der Feuersturm am 22. Oktober 1943

Aus dem Tagebuch der Lehrerin Erika W.

21. Oktober 1943

Wegen der Filmstunde nur bis 11 Uhr Unterricht. Auf dem Heimweg den 9. Versuch gemacht, von N. die Röhre zu bekommen. Er hat immer noch keine, bekommt nur Ersatzteile für Volksempfänger. — Die Treppe von der Fuldabrücke zur Schlagd ist bald fertig, ein Fluchtweg bei Luftangriffen, hörte ich heute. — In der Marktgasse nach 17 Wochen Onkel Hermann getroffen. Tat so, als sei nichts vorgefallen bei Tante Almas Geburtstag; war lieb. Faselte aber gleich wieder von „seinem" Thema. Er sieht jetzt erschreckend aus. Sein graues, lockiges Haar wird schütter, strähnig und weiß, die Haut bleich. Der Blick ist bohrend, die Augen glühen, wenn er „davon" spricht. Es geht tatsächlich etwas dämonisch Bezwingendes von ihm aus. Ob Onkel Franz sich nicht doch irrt? Onkel H. ist doch mindestens dabei, verrückt zu werden. Die Nachricht über Tante Saras Tod hat ihn total verwandelt. Wer mag ihm diese abstruse Idee von ihrem Tod im kleinen und unserm im großen Krematorium zugegiftet haben? — Er tut mir leid! Aber er ist auch gefährlich. Einige Nachbarn hat er direkt in Panikstimmung versetzt. „Das Feuerchen vom ersten Sonntag im Oktober war nur der Vorgeschmack, Kinder ..." Die Mütter sind mit ihren Sprößlingen fort, ausgerissen. Er scheint beglückt darüber. Tränen kamen ihm, als er von Gretes Kleinen sprach. „Sie müssen weg, noch heute!" Tante Alma und Grete scheuchen ihn, wenn er dort aufkreuzt. Aber Frank und Ulrikchen laufen ihm nach wie einem Rattenfänger von Hameln.

Onkel Hermann wußte Neuigkeiten. Lissy hat vor 8 Tagen einen anonymen Brief erhalten, aus Berlin. Klaus wäre in einem russischen Gefangenenlager und hätte Grüße über Radio Moskau durchgerufen. Sie ist damit zur Polizei gegangen, weil sie dachte, es ist Schwindel. Klaus hat immer gesagt: „Die kriegen mich nicht lebend!" Zivilbeamte haben Lissy ziemlich hart verhört, ob sie die „Hand des Schreibers" kennt, alte Verbindungen nach Berlin hat usw. — Thea muß sich am 28. Oktober kriegstrauen lassen. Onkel H. meinte natürlich, dazu käms nicht mehr. Manchmal peinigt mich das Gefühl, er wünscht in seiner Verbitterung, die in Wahn auswächst, die Katastrophe herbei, er beschwört sie geradezu.

Ich wollte kein Aufsehen erregen und habe zu allem genickt und geschwiegen. Dann kam so eine zwielichtige Gestalt (Typ Fusewillem) vorbei, zog den Hut, verneigte sich mehrmals tief vor Onkel Hermann und sprach: „Ich verehre Sie, ich verehre Sie!" — Peinlich war das. Ich sah, daß wir von einem jüngeren Mann beobachtet wurden. Der stand vor der Schützenhalle, las Zeitung, horchte und grinste vielsagend. Ich wollte fort. Onkel Hermann ergriff meine Hand und meinte, übermorgen gäbs hier keine Spitzel mehr. Mir wurde unheimlich. Ich wollte, konnte aber nicht weglaufen. „Liebes Kind, leb wohl, denk an mich und tu mir den Gefallen, sprich mit Alma und Grete." Er streichelte mir über die Wange wie in alten Zeiten und humpelte dann langsam in Richtung Brüderstraße. Der Zeitungsleser schlich ihm nach. Ich war ganz benommen.

Kaum zehn Schritte gegangen, quatschte mich ein junger Oberleutnant an. Er war der, der in der Iphigenie-Premiere neben uns saß. Noch verwirrt von Onkel Hermann, blieb ich dummerweise kurz stehen, ging aber gleich weiter. Er deutete dies falsch, marschierte neben mir her und plapperte pausenlos abgedroschene Tanzstundenkomplimente, vom Symphoniekonzert am Samstag usw. Ecke Graben erlöste mich Erika D.

Sie schiebt stolz ihren Kinderwagen mit einem goldigen Baby, diesmal ein Mädchen, kräftiger als der Junge; sie wartet jetzt über drei Monate auf Post von ihrem Mann. — Hänschen W. liegt im Lazarett, der rechte Arm ist zerschmettert. T. ist zum Hauptmann befördert worden und will in den nächsten Tagen in Urlaub kommen. Helga hat sich aber mit einem Holländer getröstet.

Zu Hause Briefe von Ise und Peter, eine Karte von Fips. — Nachmittags in der M.-Bibliothek, dann Mami und mich für den 25. bei Dr. U. angemeldet. — Deutschdiktat vorbereitet. Abends, bis jetzt, Erdkundearbeit durchgesehen. Fiel gut aus, war also zu leicht.

27. Oktober 1943

Es ist 23.15 Uhr. Bin todmüde und zerschlagen, kann aber nicht schlafen, weil die grauenvollen Geschehnisse der letzten Tage mich nicht mehr zur Ruhe kommen lassen. Ich schreibe sie bei Kerzenlicht nieder, um entsetzliche Szenen, die ich sehen mußte, loszuwerden. Das Geschriebene will ich dann nie wieder lesen.

Die Nacht zum 22. Oktober war ruhig, es gab keinen Alarm. Mami schlief trotzdem schlecht. Als Papa sie beim Frühstück fragte, was los wäre, flüsterte sie nur: „Ich weiß es selbst nicht, ich habe furchtbare Angst!" — Papa ging mit einem Scherz zum Dienst ins GKdo. Mami wollte nicht allein zu Hause bleiben und besuchte am Vormittag Tante Alma. In der Schule gings haarig her, die Rasselbande hatte nicht mit einem Diktat gerechnet.

Holte Mami um ½ 2 Uhr ab. Tante Alma und Grete hatten sie aufgemuntert. Wir aßen dort Pellkartoffeln, neue Ernte, Bohnensalat und gebratene Jagdwurst. Frank und Ulrikchen gefielen uns nicht. Sie wollten nicht schlafen und schluchzten um die Wette. Als wir um drei Uhr aufbrachen, wollten sie mit. — „Das nächstemal!" (Ach, hätten wir sie doch mitgenommen!).

Wir schlenderten die Hohentor- und die Königsstraße hinauf, beguckten die armseligen Auslagen in den Fenstern. Die Sonne schien warm. Wir fuhren kurzentschlossen vom Rathaus mit der Elektrischen nach Wilhelmshöhe.

Papa wartete schon, als wir um 6 Uhr heimkamen. — Er war zur Luftschutzwache eingeteilt worden, weil mehrere Kollegen ausfielen. — Ich bereitete den nächsten Unterricht vor, Mami kochte Pfefferminztee für die Thermosflasche. Wir sorgten uns um Gerhard, der in Italien ist. Nach dem Essen las Mami Kolbenheyer, ich sah die Diktate durch. — Schließlich heulten die Sirenen. Es war 20.18 Uhr. Diesmal regte sich Mami mächtig auf und warf alles durcheinander. Ich zog schnell den Schutzanzug und die Skistiefel an und schleppte unsere großen Koffer in den Keller. Als ich wieder hochrannte, um das übrige Notgepäck zu holen, kam Mami mir schon entgegen. Draußen krachte es. Ich öffnete noch die Fenster. Dabei hörte ich Motorengebrumm und sah Leuchtschirme am Himmel hängen. Scheinwerfer erfaßten gerade ein Flugzeug, es setzte zum Sturz an, sie fanden es nicht wieder. Die Motoren dröhnten stärker. Bei dem klaren Wetter machten die Leuchtbomben die Nacht zum Tage. Plötzlich heulten und krachten Bomben. Unser Haus begann zu zittern. Ich raffte noch Kleider aus dem Schrank und rannte hinunter in den Keller. Die Männer saßen wieder auf Stühlen, die Frauen hockten auf Bänken und Koffern. Im Gang schrie jemand und klopfte gegen die Schutzraumtür. Herr K. riegelte auf, es war Frau R. Sie ängstigte sich allein in ihrem Häuschen. In einem fort jammerte sie: „Heute wirds schlimm, heute wirds wirklich schlimm, um die große Kirche brennts schon!" K. herrschte sie an: „Halten Sie endlich Ruhe hier! Denken Sie an ..."

Seine letzten Worte gehen unter in einem Getöse, das unsere Sinne betäubt. Das Haus erbebt in den Fundamenten. Eine Detonation hebt uns mitsamt unserem Gehäuse hoch, das Licht erlischt, die Schutzraumtür springt auf, draußen kracht und splittert es. Wir sind durcheinandergewirbelt worden. Ich schreie: „Hinwerfen, alle auf den Fußboden legen!" Die Frauen kreischen und weinen, die Männer fluchen. Herr K. brüllt immer wieder: "Ruhe! Ruhe!" Die Detonationen häufen sich, rücken näher, so nahe, daß ich denke, der nächste Treffer erwischt uns. — Das Gedröhn ebbt etwas ab. Frau L., die neben mir liegt, wimmert: "Macht doch endlich Licht!" Herr Z., der bisher am ruhigsten war, leuchtet sie mit der Taschenlampe an. Ich sehe alle am Boden liegen oder kauern. Der Raum ist eine Staubwolke. K. brüllt: "Licht aus! Wollt ihr den Banditen etwa noch hierherleuchten?" Er muß husten. Z. knipst die Taschenlampe aus. Keiner sieht mehr die Angst des anderen Volksgenossen. Links neben mir weint der Kleine von Frau S. zum Herzerweichen. Der ältere streichelt und tröstet ihn rührend: "Die bösen Engländer!" Draußen scheint die Hölle aufzubrechen. Bombenteppiche nennt man das. Es gibt Einschläge ganz in unserer Nähe. Das Haus schwankt, Putz rieselt von der Decke, bröckelt von den Wänden. Wir werden hochgehoben und niedergedrückt, das Atmen fällt schwer, es wird stickig heiß. Meine Zunge klebt. Ich taste nach Mamis Einkaufstasche mit der Thermosflasche. Zum Trinken reicht es nicht, eine neue Bomberwelle hat ihre Schächte geöffnet. Mami schluchzt schließlich in mein Ohr: "Onkel Hermann, — er hat es gewußt!" — Ich möchte aufschreien, wenn ich daran denke. Ich will aus diesem Kellerloch. Mami wischt mir mit Kölnisch Wasser durchs Gesicht. Wir bangen und warten. In einer Abwurfpause befiehlt Herr K.: "Herr Z. und Fräulein W., los schnell zum Kontrollgang nach oben, schnell, schnell!" Mami schreit mit anderen entsetzt auf, K. brüllt: "Ruhe, hier befehle ich!" Im Strahl von Z. seiner Lampe klettere ich mit weichen Knien über Leiber und Gepäck. Im Gang reicht er mir die Hand: "Bleiben Sie immer in Deckung!" Ich höre es knistern, Frau Rs. Häuschen brennt lichterloh. Im Osten wummert es weiter. Z. und ich kriechen mit Unterbrechungen fünf Treppen hoch, bis zum Spitzboden. Je höher wir kommen, desto heißer wird es. Der Sturm wirbelt Funken und brennendes Holz durch die Luft. Unser Dach ist halb weg. Die Balken fangen an zu schwelen. Wir schaufeln glimmende Holzspäne vom Estrich ins Freie, besprengen die Balken. Das Wasser zischt und wirkt. Unter uns brennt alles. Häuser, Autos, Bäume, Hausrat, den die Ratlosen noch schnell auf die Straße geschleppt haben. Die Luft ist heiß und erfüllt von beißendem Qualm. Z. schlägt von den Dachbalken glimmende Stellen mit dem Beil ab, dann können wir uns nicht mehr halten. Sie bomben jetzt wieder unser Viertel.

Hustend stürzen Z. und ich in den Keller. Um mich gibt es nur Angst, Heulen, Stöhnen, Beten. Es dauert eine Ewigkeit, bis die Detonationen endlich abklingen. Der eklige K. brüllt Kommandos, auf die keiner mehr achtet. Ich vermisse Papa, sehne mich nach Peter. — Mami ist plötzlich sehr stark, sie rüttelt mich hoch, reicht mir Tee. "Es ist gleich ¼ 11", sagt sie.

Wir klettern über Scherben und Steinbrocken in den zweiten Stock zu unserer Wohnung. Die Fenster sind zersplittert, die Gardinen heruntergerissen, Wände und Decken sind zum Teil gebrochen. Wir rücken alles Brennbare von den Fensterhöhlen zur Mitte der Zimmer. Frau Rs. Häuschen ist jetzt nur noch ein qualmender Trümmerhaufen. — Dann kommt Papa. Er muß gleich weiter. "Die Innenstadt brennt total, es sieht trostlos aus. Wir wollen retten, was zu retten ist. Kassel ist kaputt!"

Mami und ich sind uns einig. Ich suche nach Tante Alma und Grete.

Draußen sehe ich nichts anderes als vom Sturm gejagte Feuerwolken. Ich atme Qualm und Hitze. Ich tue es den anderen nach, halte mir feuchte Tücher vors Gesicht, stolpere über glimmende Balken, verbogene Eisenträger, Steinquadern und — Tote. Nur einzelne Häuser stehen noch. Weil es kein Wasser gibt, kann niemand löschen.

Über dem Zentrum züngeln die Flammen wohl 80 Meter hoch. Die Hohenzollernstraße, der Garde-du-Corps-Platz, das Königstor, die Wilhelmshöher Allee, überall ist Feuer. Der heftige Sturm entfacht es immer wieder neu und trägt es in nicht getroffene Häuser. Meine Augen brennen, ich huste und klettere weiter. In der Oberen Königsstraße brennen alle Geschäfte, im Rathaus die Akten. Es gelingt mir, durch die Fünffensterstraße zur Frankfurter Straße zu kommen. Das Hotel "Zur Krone" steht noch. Menschen hasten in Scharen, aber nicht zum Stadtkern, wie ich, sondern nach draußen. Nicht wenige scheinen irre geworden zu sein. Ein junger Mensch schreit entsetzlich und schlägt wild um sich. In der "Krone" tauche ich meine Tücher in Wasser.

Dann arbeite ich mich durch zum Friedrichsplatz. Alles steht im Feuer, die Karlskirche, die Martinskirche, St. Elisabeth, die Schlösser, Kaufhaus Tietz, das Resi, das Nahlhaus, die Kriegsschule, unser Theater. In Richtung Königsplatz detoniert eine Zeitzünderbombe. — Ich liege flach, renne dann aber weiter. Im Geschäftsviertel zum Königsplatz hin fauchen Feuer von einer Fensterseite zur anderen. Trotzdem wagen sich einzelne Menschen hindurch, hierher. Sie laufen, klettern um ihr Leben. — Ich muß zur Wildemannsgasse und versuche es am Steinweg.

An der Bibliotheksruine entlang komme ich voran. In Höhe der Obersten Gasse wird es unerträglich heiß. In der Nähe platzt eine Zeitbombe, ich stürze, liege und verschnaufe. Aus dem Brodeln des Feuers höre ich zartes Wimmern. Mein Schutzanzug ist angesengt, aber ich krieche noch einige Meter weiter. Der flackernde Schein beleuchtet ein armseliges Bündel, es bewegt sich. Am Geröllhang eines riesigen Bombentrichters liegt ein Kind. Die Mutter ist ganz hineingestürzt, tot. Als ich das Kleine hochhebe — es ist jünger als Ulrikchen — schreit es auf und erbricht sich. Das linke Ärmchen und Beinchen hängen schlaff herab. Es wird schnell ohnmächtig.

Ich beiße die Zähne zusammen und arbeite mich mühsam durch die qualvolle Hitze zurück. Am Friedrichsplatz nimmt mir ein Sanitäter die Kleine ab. — Ich kann nicht mehr. — Jetzt kommen Rettungstrupps heran.

In einem der Wagen feuchte ich meine Tücher an, trinke etwas Tee und gehe noch einmal in die Höllenglut. Über die Du-Ry-Straße erreiche ich den Schloßplatz. Das Regierungs- und Gerichtsgebäude, der Marstall, Brüderkirche, Lutherische Kirche, Renthof — überall Flammen, Qualm — tote Menschen. Ich sehe die Altstadt brennen. Das ist ein barbarisches Feuer! Es versperrt mir die Wildemannsgasse.

Wieder wirft mich eine Explosion zu Boden. Ich raffe mich auf und stolpere erschöpft zur Aue. Auch dort flackern Feuer.

Am frühen Morgen kehre ich mit zwei anderen zum Schloßplatz zurück und will weiterklettern. Soldaten, Bergungstrupps halten mich auf. Ich sehe, wie die ersten vom Phosphor grausam entstellten Toten geborgen werden.

Mami erwartet mich in panischer Angst. Papa kommt später. Auch sein Schutzanzug ist zerfetzt. Wir sprechen nur wenig, trinken Sprudel, essen kann keiner von uns, auch nicht schlafen.

Am nächsten Tage versuche ich's wieder, in die noch glimmende, brennende und rauchende Altstadt einzudringen. Die Gassen sind von Uniformierten abgesperrt. Lange Kolonnen, Soldaten, italienische Gefangene, räumen Trümmer. Ich sehe Verletzte, Tote, Erstickte, Verkohlte — das Bild ist nicht zu beschreiben.

Am Lutherplatz erkenne ich dann Tante Almas Nachbar, Dr. B. Er wirkt apathisch und riecht nach Kognak. Er hört meine Frage, antwortet aber nur mit einer hilflosen Geste zu den Toten hin und lallt: "Alle, alle!" — Man spricht von zwanzigtausend Toten.

Kassel am Abend des 22. Oktober 1943, wenige Minuten nach dem Beginn des tödlichen Angriffs britischer Bomberverbände. Eine halbe Stunde später loderte die alte Stadt in einem bestialisch wütenden Feuersturm gleich einer Riesenfackel auf. Der blutrote Schein ängstigte die Menschen noch in Hannover, Münster, Köln, Frankfurt, Weimar und Halle.

Am Morgen des 23. Oktober 1943 . . .

Luftaufnahmen der Royal Air Force am 30. Oktober 1943 erwiesen, daß die Trümmer des Kasseler Stadtkerns acht Tage nach dem Luftangriff noch immer schwelten und rauchten.

Nicht alle Toten wurden geborgen ... Wenn noch Angehörige lebten, pflegten sie „Gräber" über den Trümmern.

Dokumente der Machthaber

N.S.D.A.P. Gau Kurhessen
Kreisleitung   25. 10. 43

An den Herrn Bürgermeister Pg. Schimmelpfeng
in K a s s e l

Lieber Pg. Schimmelpfeng!
Ich weiß, was wir alle zu tun haben. Aber bitte setzen Sie alles daran, daß die Leichen von den Straßen und Plätzen wegkommen. Das Bild ist erschütternd und die Szenen, die sich vor den unbedeckten Leichen abspielen, sind schauderhaft.

                              Heil Hitler!
                              gez. Unterschrift

Aus dem geheimen Bericht des Polizeipräsidenten:

Der schwere Terrorangriff vom 22. Oktober 1943 war der zwölfte Luftangriff auf den Luftschutzort Kassel seit Kriegsbeginn, der sechste schwere überhaupt und der vierte Angriff in diesem Jahr; ihm waren vorausgegangen: sechs leichte Angriffe 1940 bis 1941, je ein schwerer Nachtangriff im Herbst 1941, 1942 und 1943, die beiden schweren Tagesangriffe vom 28. und 30. Juli 1943 und eine Überschwemmung als Folge des Luftangriffes auf die Edertalsperre am 17. Mai 1943.
Trotzdem sich die Schadenswirkung dieser Luftangriffe von einem zum anderen Mal gesteigert hat, kann man sagen, daß alle vorhergegangenen Angriffe nur Teilschäden verursachten, die durch die Schadensbekämpfung als solche und durch die Wiederaufbaumaßnahmen in durchaus erträglichen Grenzen gehalten wurden.
Der schwere Terrorangriff vom 22. Oktober 1943 hingegen traf den Lebensnerv der Stadt Kassel. Er vernichtete etwa achtzig Prozent des bebauten Geländes mit der Altstadt und der gesamten Innenstadt. Damit wurde die in tausend Jahren gewachsene, an Bauten von geschichtlich und kulturell bedeutungsvoller Tradition besonders reiche Gauhauptstadt Kurhessens innerhalb weniger Stunden zu einem Trümmerfeld.

Angriffsart

Es war ein ausgesprochener Terrorangriff, der von etwa fünfhundert Feindmaschinen (meist viermotorigen Bombern vom Typ Halifax und Lancaster und Mosquitos) in mehreren Wellen durchgeführt wurde.

Das Wetter war trocken und fast windstill bei klarem Sternenhimmel.

Angriffsdauer

Fliegeralarm wurde 20.17 Uhr gegeben, 20.45 Uhr Beginn, 22.10 Uhr Ende des Angriffs; Dauer also eine Stunde, fünfundzwanzig Minuten.

Abwurfmittel

Die hohe Zahl der abgeworfenen Bomben kann nur geschätzt und entsprechend der Anzahl der Flugzeuge ungefähr errechnet werden. Danach wurden im Teppichwurf abgeworfen
etwa einhundert Minenbomben 36 Zentner,
etwa einhundert Minenbomben 18 Zentner,
etwa achthundertfünfzig Sprengbomben 10 Zentner,
etwa einhundertfünfzigtausend Stabbrandbomben 1,7 kg,
etwa vierzigtausend Phosphorbrandbomben 14 kg,
ferner die üblichen Leuchtmittel, von denen die Zielmarkierungsbombe auch als Brandbombe zu werten ist. Außerdem mehrere Zentner Flugblätter in vier verschiedenen Arten. Zahlreiche Langzeitzünder detonierten in den ersten Stunden nach dem Angriff. Sprengbombenblindgänger wurden insgesamt bis jetzt sechsunddreißig festgestellt und beseitigt. Die Dichte des Bombenabwurfes wurde an einigen Stellen mit zwei Stabbrandbomben auf einen Quadratmeter festgestellt. Die Angaben über die abgeworfene Anzahl Bomben sind eher zu niedrig als zu hoch bemessen.

Sachschäden

Von sämtlichen Gebäuden im Luftschutzort Kassel sind etwa achtzig Prozent zerstört. Von etwa fünfundfünfzigtausend Wohnungen sind etwa fünfunddreißigtausend nicht mehr bewohnbar. Das Hauptgeschäftsviertel der Stadt ist vollständig zerstört. Verschiedene Geschäftszweige sind einhundert Prozent ausgefallen. Zerstört sind ferner sämtliche Kulturbauten bis auf Schloß Wilhelmshöhe, alle Theater und Lichtspielhäuser, Hotels, Waren- und Kaufhäuser und die meisten Behördengebäude.

Zahl und Ausdehnung der Brände

Es entstanden zwei Flächenbrände, die sich rechts und links der Fulda ausdehnten. Der größte der Flächenbrände erstreckte sich links der Fulda — Gebiet der Alt- und Innenstadt. Gesamtausdehnung der Flächenbrände etwa 4,7 Quadratkilometer.
Außerdem entstanden achthundertfünfzehn Großbrände, fünfhundertsiebenundsechzig Mittelbrände und zweitausendzweiundvierzig Kleinbrände.

Mit dem Tenor des sachlich kühlen Statistikers zählt der Kasseler Polizeipräsident auf, daß fast alle Schulen, Kirchen, Krankenhäuser, daß Altersheime, Kindergärten, die lebenswichtigen Versorgungsanlagen und vierundsiebzig Prozent der Rüstungsunternehmen zerstört worden seien.
Auch von fünftausendachthundertdreißig „Gefallenen", dreitausend Vermißten und achttausend Verletzten berichtet er. Wir wissen, diese Zahlen sind zum Teil kaschiert worden; nur wenige sollten das Ausmaß des Grauens erfahren. Wieviel Menschen in den schrecklichen Abendstunden des 22. Oktober 1943 und in der folgenden Nacht starben, konnte nicht errechnet werden. Heute ist uns bekannt, daß es mehr als zehntausend gewesen sind. Aber in der Zeit des „totalen" Krieges blieb in amtlichen Dokumenten für Mitteilungen über das unsägliche menschliche Leid ohnedies nur selten Platz.
Wie in anderen zerbombten Städten eiferten die damaligen Machthaber auch hier, zuerst die Versorgungsunternehmen und Rüstungsbetriebe wiederherzurichten, denn die Kriegsproduktion „durfte" keine allzu empfindlichen Einbußen „erleiden". Und das wichtige strategische Ziel der britischen Bomberverbände waren in Kassel Fabrikationsstätten der V-1-Waffe gewesen.
Der sinnlose Krieg dauerte fort, die nur teilzerstörten Kasseler Werke produzierten nach kurzer Unterbrechung in Tag- und Nachtarbeit wieder Panzer, Flugzeugteile oder Zielfernrohre. Die einzige noch erscheinende Zeitung verkündete immer eindringlicher alle vom Reichspropagandaministerium ausgegebenen törichten Durchhalteparolen. In den bis zum Einmarsch der Besatzungstruppen folgenden siebzehn Monaten mußten die Bewohner Kassels weitere siebenunddreißig Luftangriffe erleben. Bomben aller Kaliber pflügten die weiten Trümmerhalden noch einige dutzendmal um.
Als der Zweite Weltkrieg beendet war, zogen die apathisch gewordenen Menschen eine schauderhafte Bilanz: von den zweihundertsechzigtausend Einwohnern aus dem Jahre 1939 drängten sich noch knapp siebzigtausend in Ruinen und teilbeschädigten Häusern der Außenbezirke. Nur wenige Fremde maßen der Stadt Kassel Chancen zum Weiterleben bei.

Verkaufsbaracken vor der Martinskirchenruine im Spätsommer 1948.

Wiederaufbau für die Zukunft

1945 Truppen der Vereinigten Staaten von Amerika besetzen Kassel.
1949 Der Magistrat bemüht sich um die Wahl Kassels, zur provisorischen Bundeshauptstadt.
1953 Das Bundesarbeits- und Bundessozialgericht werden hier eingerichtet.
1954 Die *Musikgeschichtliche Kommission e. V.* gründet das *Deutsche Musikgeschichtliche Archiv* in Kassel.
1955 Das Auefeld wird besiedelt. — Die *Bundesgartenschau* und die erste *documenta*, eine Ausstellung des internationalen Kunstschaffens im zwanzigsten Jahrhundert, finden statt.
1958 Die *Landesbibliothek* wird mit der *Murhardschen Bibliothek der Stadt Kassel* vereinigt.
1959 Die beiden neuen Häuser des Staatstheaters werden eröffnet. — Die *documenta II* findet statt.
1960 Eröffnung des *Brüder-Grimm-Museums*. — Gründung des ersten *Jugendbildungswerks*. — Die *Internationale Gesellschaft für Musikwissenschaft* und die *Internationale Vereinigung der Musikbibliotheken* richten ein Zentralsekretariat für das *Internationale Quellenlexikon der Musik* ein.
1961 Gründung des *documenta-Archivs*, einer Sammelstätte für Materialien über das internationale zeitgenössische Kunstschaffen.
1963 Der Magistrat der Stadt Kassel beginnt, eine eigene kulturkundliche Schriftenreihe herauszugeben, die *Kasseler Quellen und Studien*.
1964 *documenta III* findet statt.
1966 Eine *Louis-Spohr-Gedenk- und Forschungsstätte* wird eröffnet, die einzige Institution Europas, die alles über Geiger und Geigen sammelt.
1968 Die 4. *documenta* findet statt.
1971 Kassel wird wieder Universitätsstadt: Am 15. Oktober beginnen Vorlesungen an der *Integrierten Gesamthochschule*. — Der Magistrat läßt die *Städtischen Kunstsammlungen* in die *Staatlichen* eingliedern.
1972 Die *documenta 5* findet statt.
1974 Der Magistrat überläßt die *Murhardsche Bibliothek* und die Landesbibliothek dem Land Hessen. — Im wiederaufgebauten Mitteltrakt des Wilhelmshöher Schlosses werden die dorthin verbrachten *Gemäldegalerie Alte Meister* und die *Antikensammlung* wieder eröffnet. — Beginn der Restaurierungsarbeiten an der Orangerie.
1976 Eröffnung einer *Neuen Galerie — Staatliche und Städtische Kunstsammlungen* im wiederhergerichteten Galeriegebäude an der Schönen Aussicht.

Rudolf Hagelstange
Die Stadt schien ausgelöscht

Ich hatte Zerstörung gesehen in diesem Kriege. Aber der Zerstörung deutscher Städte schien nichts vergleichbar. Ich hatte sie auf den Urlaubsfahrten an der Peripherie der Städte geahnt, gestreift. Ich hatte auch im Januar das gezeichnete Kassel gesehen. Aber dieses „Sehen" war doch auch nicht mehr als ein Streifen gewesen, als die Wahrnehmung eines Alps. Die Flüchtigkeit der Stunden, die Sorgen um die Menschen hatten nicht zugelassen, daß die Wirklichkeit der Zerstörung sich eingeprägt hatte oder in ihrem Umfang ins Bewußtsein getreten war. Die Wirklichkeit und Endgültigkeit (so schien es) des Verlorenen wurde mir erst faßlich, als ich nun wiederkehrte.
Nun gab es keine Desorganisation mehr, keine Alarme, keine Umleitung: der Zug lief fahrplanmäßig auf dem Bahnhof ein und entließ den Ankömmling angesichts der schweigenden, bereits verunkrauteten Schutthügel, die die Straßen säumten. Für einen Augenblick schien mir die Stadt ein Pompeji. Die Menschen, die ich sah, waren wohl Reisende, Archäologen, Schatzgräber, die hier umhergingen, um etwas festzustellen, was ohne Augenschein nicht glaubhaft war.
Ich ging die Straßen, die vor sechs Jahren vom Strom gutgekleideter Menschen durchspült waren, entlang — ungefähr die Richtung wählend, die zum Hause der Schwiegereltern führen würde, eine gute Viertelstunde lang. Aber der Weg schien weiter geworden inzwischen. Das Auge fand keinen Halt, keine Abwechslung. Ich konnte nicht sehen (und wissen), was zerstört war, und die Empfindung war daher ungeteilt, durch nichts abgelenkt. Ich sah nicht, was und wieviel zerstört war; ich sah die Zerstörung selbst. Die Stadt schien ausgelöscht. An ihre Stelle war die Zerstörung getreten.

The Economist
Aus Fehlern der anderen Städte gelernt

Ungefähr fünf Jahre lang schien es so, als könnten die Trümmer nicht bewältigt werden, und zu Apathie und Unentschlossenheit gesellten sich noch erschwerend die Nähe der Zonengrenze und die ungewisse Zukunft. Bis der Wille und die Mittel vorhanden waren, eine zu drei Vierteln aus Trümmern bestehende Stadt wiederaufzubauen, hatte man auch Zeit genug gehabt, zu überlegen, während Städte, die es eiliger hatten, unterdessen einige Fehler machten, aus denen man lernen konnte. Man beschloß ohne Sentimentalität, den alten Stadtkern nicht mehr so aufzubauen, wie er einst gewesen war. Man wollte sich die Gelegenheit nicht entgehen lassen, den Wiederaufbau und seine Gestaltung den Bedürfnissen einer Gesellschaft anzupassen, die im einzelnen und als Ganzes gesehen mehr oder weniger untrennbar mit der Motorisierung in all ihren Erscheinungsformen verwachsen ist. Es gibt heute in Kassel so viele Parkmöglichkeiten, daß an manchen Stellen der Eindruck entstehen könnte, die Stadt sei leergefegt und verlassen.

Wilhelm Westecker
Ein bedeutender städtebaulicher Gedanke

Man schrieb im Jahre 1947 einen Wettbewerb aus. Das Ergebnis verarbeitete der Architekt Werner Hasper, dessen Entwurf angekauft wurde, als Leiter des neugeschaffenen Amtes für Stadtplanung zu einem Wiederaufbauplan um, der nach und nach verwirklicht wird. Hasper hatte auch den überaus glücklichen Gedanken, den Hauptbahnhof durch eine Treppenstraße mit dem Zentrum der Stadt zu verbinden. Diese Treppenstraße ist einer der bedeutendsten städtebaulichen Gedanken, die beim westdeutschen Wiederaufbau zum Vorschein gekommen sind.

Die Treppenstraße, deren Beginn das harmonische Hochhaus einer Elektrizitätsgesellschaft anzeigt, mündet in den Friedrichsplatz, das neugestaltete Herzstück der City. Sie ist eine Einkaufsstraße mit kleinen, gepflegten Läden. Cafés stellen Stühle und Tische zwischen die Blumenrabatten des Grünstreifens in der Mitte. Dort kann man nach dem Einkauf bei Brunnengeplätscher sitzen und den Blick über den Friedrichsplatz hinweg zu den Höhen jenseits der Fulda schweifen lassen. Früher mußte man einen großen Bogen machen, um auf die Königsstraße und den Friedrichsplatz zu kommen. Heute ist das Hochhaus nicht nur der Leuchtturm für die Ankommenden, sondern auch für den, der auf den Wellen des Straßenlebens, im Geschäfts- und Kunstviertel den Hafen des Bahnhofs ansteuern möchte. Die Treppenstraße ist aber nicht nur ein bisher fehlendes wichtiges städtebauliches Verbindungsglied, sondern auch ein neuer konstruktiver Bestandteil, der allen wiederaufgebauten Städten außer Rotterdam noch fehlt: die Ladenstraße, die auch ein sich verirrendes Auto nicht befahren kann. Da die Kaufhäuser fast alle an der dem Friedrichsplatz abgekehrten Seite der Königsstraße liegen, ergab sich die Möglichkeit, den Zubringerverkehr in die neugeschaffene Parallelstraße „Neue Fahrt" zu lenken, in der auch Parkplätze angelegt wurden und in der sich das Glasgehäuse einer sechsetagigen Großgarage befindet. Ein breiter Innenring, der den Ständeplatz im Norden einbezieht, umschließt nun das aus der mittelalterlichen Altstadt und der barocken Oberneustadt bestehende Zentrum. Dieser Ring hält die Innenstadt frei vom Durchgangsverkehr. Am Verkehrskreisel des Altmarkts ermöglichen Fußgängertunnels einen flüssigeren Verkehr in diesem neuralgischen Gelenk Kassels unmittelbar vor der Haupt-Fuldabrücke, über die der Verkehr des Autobahnzubringers drängt.

Hanns U. Christen
Eine Oase der Ruhe im Zentrum

Man möchte es nicht glauben! Da befindet man sich in einer Stadt von zweihundertzehntausend Einwohnern — so groß wie Basel also — inmitten des Geschäftszentrums zur Haupteinkaufszeit. Aus den Geschäften, vom preiswerten Warenhaus bis zum teuren Bijouterieladen, strömen die Kunden, vor den Schaufenstern stehen Leute mit prüfenden Blicken, es herrscht ein eifriges Kommen und Gehen und Kaufen und Heimtragen. Und doch hört man inmitten des ganzen Betriebes seine eigenen Schritte, hört einen Vogel zwitschern und hört einen Flaneur auf der anderen Straßenseite vor sich hin summen. Kein heulendes Moped stört die Ruhe, kein Auto hindert einen beim Kreuzen der Straße, keine Bremse kreischt im letzten Augenblick, kein rasender Ausläufer schlängelt sich mit dem Velo durch alle Lücken des Verkehrs und des Straßenverkehrsgesetzes — nichts. Nur die Trams zweier Linien fahren in den üblichen minutenlangen Abständen durch die breite Straße und halten an deren Endpunkten und in ihrer Mitte an. Das Zentrum einer Stadt von zweihundertzehntausend Einwohnern, mit einem immensen Hinterland — und doch eine Oase der Ruhe, der Bequemlichkeit und des Fußgängers!

Dieser Zustand, der einem für die heutige Zeit geradezu unvorstellbar erscheint, herrscht seit Mitte Februar in Kassel. Es lohnt sich, die Situation einmal zu studieren und die Ergebnisse dieses „Experimentes im großen Stil" kennenzulernen.

„Wir haben unsere Stadt nach Kriegsende nicht überstürzt aufgebaut, wie man das vielleicht anderswo getan hat, sondern wir haben gründlich geplant und an die voraussichtliche Entwicklung der Zukunft gedacht!" sagte man uns in Kassel. Auch eine Stadt, von der nicht mehr als ein paar Mauerreste stehen, gibt der Planung kein unbeschränktes Feld. Eine Katastrophe macht ja aus den Grundstücken kein herrenloses Gut.

Niels von Holst
Die erste „documenta"

Es war ein glücklicher Einfall, den großen Besuchermassen der „Bundesgartenschau" gleichzeitig eine künstlerische Veranstaltung zu bieten. Für das in letzter Zeit zu Tode gehetzte matte Wort „die Aussage" hat man in Kassel den kräftigen Ausdruck „documentum" in Pluralform gewählt. Das breite Publikum „geht in die documenta" und denkt dabei an „die Gruga", „die Pressa", „die Constructa" und andere große Veranstaltungen der letzten Jahrzehnte. Man hat einen magisch-wirkungsvollen Namen gefunden, und darüber hinaus liegt in dem Titel das Wesen der Sache beschlossen: sie soll ein Dokument der künstlerischen Entwicklung unseres Jahrhunderts sein und hat eine um so größere Bedeutung, als sie seit über zwanzig Jahren die erste umfassende Überschau auf deutschem Boden ist.

Die vom Kriege tragisch mitgenommene alte Residenzstadt an der Fulda hat erst eben ihr frühklassizistisches „Museum Fridericianum" wiedererrichten können. Noch steht das weiträumige Innere im Rohbau, und die unverputzten, mit dünner Kalkmilch überzogenen Ziegelsteinwände sind eine günstige Folie für die meisten Bilder und Skulpturen: die Not wurde zur Tugend und zum höchsten Raffinement. Der Bau selbst scheint zu versinnbildlichen, was die Ausstellung besagen will: neues Leben im Haus des alten Europas.

Beinah die Hälfte aller Säle, vor allem die günstigsten Räume, ist für die Zeit nach 1945 bestimmt. Hier nimmt nun auch schon das Publikum der Eröffnungstage, einigermaßen gut orientiert, lebhaft Stellung. Überall hört man Diskussion: Hätte man nicht die Zahl der Namen hier stärker beschränken sollen, um dafür von jedem ausgeprägten Charakter mehr Arbeiten zeigen zu können? Oder sollte als Besonderheit der gegenwärtigen Situation gezeigt werden, daß die Großen rar werden (soweit sie nicht hochbetagt noch unter uns leben)?

Wer die Ruinenfelder der ehemaligen kurhessischen Residenzstadt Kassel nach dem Zweiten Weltkrieg gesehen hat, kann ermessen, was in zwanzig Jahren mühevoller, harter Arbeit geschaffen worden ist. Der spät begonnene Wiederaufbau Kassels wurde über die Grenzen Deutschlands hinaus beachtet und von Fachleuten verschiedentlich sogar als vorbildlich bezeichnet. Ob das heutige Stadtbild wirklich so makellos geplant war und gelungen ist, wie überschwengliche Lobredner glauben, werden erst nachlebende Generationen gültig beurteilen können. Mag die eine oder die andere Detaillösung nicht befriedigen, das schon 1943 tödlich getroffene tausendjährige Gemeinwesen ist wieder lebensfähig geworden. Und dies bleibt eine Tat, die auch in Zukunft schwerer wiegen wird als vielleicht vermeidbar gewesene Fehler beim Wiederaufbau.

Kassel hat im Zweiten Weltkrieg zwar sehr vieles, aber nicht alles verloren. Noch immer liegt die Stadt landschaftlich begünstigt, wie wenige andere von gleicher Größe. Noch bewahrt sie den wertvollen Bestand der Staatlichen Gemäldegalerie, die Antikensammlung, die technischen Denkmäler im Astronomisch-Physikalischen Kabinett und eine allmählich internationales Ansehen gewinnende Städtische Kunstsammlung. Wiederaufgebaut und ergänzt sind andere Museen und Bibliotheken. Neugegründet wurde die Forschungsstätte für das Werk der Brüder Grimm. Aber mehr als Schätze aus der Vergangenheit oder die Pflege der Musiktradition brachten die spektakulären Ausstellungen mit dem Namen „documenta" Kassel in die Feuilletons der Weltpresse.

Die Bürgerschaft hat also erst tastend damit begonnen, der zu einem modernen Industrieort gewandelten ehemaligen Residenz ein ihr gemäßes geistiges Gepräge zu suchen. Will sie es finden, bedarf es noch großer Anstrengungen.

Das untergegangene Kassel besaß ein unverwechselbares geistiges Profil, aber weder den Landesherren noch der Bürgerschaft war es gelungen, ihre Stadt dauerhaft zu einem überragenden, weithin ausstrahlenden Geisteszentrum zu erheben. An Wünschen, Versuchen und Mühen, dies zu erreichen, herrschte nie Mangel. Warum sie hier so selten zum Erfolg führten, kann jeder ermitteln, der sich mit der Kulturgeschichte Kassels beschäftigt: Weil über den großartigen Projekten des Tages meist die kontinuierliche Pflege der ererbten geistigen Werte versäumt wurde. Es fehlte den Fürsten und Bürgern zu oft das zielbewußte Streben, Vorhandenes sinnvoll weiterzuentwickeln und damit ein sicheres Fundament für Neues zu schaffen.

Aus dem weiten Ruinenfeld wurden Deutschlands erstes Theatergebäude, das „Ottoneum", der Zwehrenturm, das Museum Fridericianum und das Elisabeth-Hospital wiederaufgebaut.

Bald entstanden Zentren für die Jugend- und Erwachsenenbildung. Das Hermann-Schafft-Haus an der Wilhelmshöher Allee diente einem 1960 erstmals in der Bundesrepublik Deutschland gegründeten „Jugendbildungswerk". Die benachbarte Gesamtvolkshochschule der Stadt Kassel ist eine der wenigen im Bundesgebiet, die im eigenen Heim arbeiten.

Wie im 1955 bis 1957 besiedelten Auefeld sind die Wohnungen anderer neuer Stadtteile und wiederaufgebauter alter Straßenzüge meist der Sonnenseite zugewendet.

Blick vom Lutherplatz über den Stern in die Kurt-Schumacher-Straße und auf die dem heutigen Stadtbild angepaßten Türme der wiederaufgebauten Martinskirche.

Der Altmarkt ist ein modernes Verkehrskreuz mit Fußgängertunneln, Fernsehaugen und Signalanlagen geworden.

Kassels Treppenstraße, eine durch die Neuplanung des Stadtbildes geschaffene, nur Fußgängern vorbehaltene Terrasse.

Auch die Achse des Geschäftszentrums, die Obere Königsstraße, ist seit 1961 frei von Kraftfahrzeuglärm und -Abgasen.

Blick von der Treppe des Rathauses zu einem Bürohochhaus an der Fünffensterstraße.

Kassel fünfundzwanzig Jahre nach dem Inferno des Feuersturms vom Dach des neuen Justizgebäudes aus aufgenommen.

Aus Trümmern wurden auch Produktionsstätten traditionsreicher Kasseler Fabriken, wie die Montagehallen für weltweit bekannte Henschel-Lokomotiven, neu aufgebaut.

Durch den Abzug wichtiger Behörden nach Südhessen wuchs zwangsläufig die Bedeutung Kassels als Industrieort. Neben schon lange heimischen Webereien, Lokomotiv-, Waggon-, Kraftfahrzeug-, Maschinen- und feinmechanisch-optischen exportieren Kunststoff-, Faserchemie-, Elektrogeräte-, Bekleidungs- und elektronische Fabriken Qualitätserzeugnisse.

Kassel besitzt eine „Neue Galerie" mit Kunstwerken von beträchtlichem Wert; sie wurde 1976 in dem von 1872 bis 1877 erbauten Galeriegebäude an der Schönen Aussicht eröffnet mit Beständen der Staatlichen und der im Jahre 1971 dem Land Hessen überlassenen „Städtischen Kunstsammlungen". Der Aufbau dieser „Städtischen Kunstsammlungen" hatte im vorigen Jahrhundert als „kulturpolitische Demonstration" begonnen, nachdem das Bürgerbewußtsein auch in der alten kurhessischen Residenz neu auflebte. Die geistige Elite empfand es damals geradezu als Ehrenpflicht, ihrer stärker zur Selbständigkeit drängenden „Vaterstadt Kassel eigenen Kunstbesitz" zu verschaffen. Private Sammler, Kaufleute und Handwerker, schenkten Gemälde, Zeichnungen, Lithographien oder ganze Nachlässe, beispielsweise aus den hessischen Künstlerfamilien Tischbein, Nahl und von der Embde. Die Stadtverwaltung stand solch spontanem Mäzenatentum zunächst ziemlich hilflos gegenüber. Erst 1921 eröffnete Philipp Scheidemann, damals Oberbürgermeister von Kassel, in einer gemieteten Etage des Residenzschlosses am Friedrichsplatz die „Städtische Galerie".

Was in mehr als einhundert Jahren zufällig angehäuft und über den Zweiten Weltkrieg gerettet wurde, hat seit 1949 Walter Kramm, der langjährige Leiter des Instituts, durch Tausch und Zukauf von Gemälden, Handzeichnungen, Druckgrafiken und Skulpturen des neunzehnten und zwanzigsten Jahrhunderts ergänzt. Dabei war es diesem 1973 verstorbenen Kunstenthusiasten gelungen, die „Städtischen Kunstsammlungen Kassel" zu einer Sammelstätte besonderer Eigenart zu prägen: sie stellten als einzige in Europa die ausgehende Romantik, den „wirklichen deutschen Impressionismus und Neoimpressionismus mit Kollektionen der jeweiligen Repräsentanten", Louis Kolitz, Paul Baum und Curt Herrmann, umfassend dar.

Paul Baum: Sonniger Sommertag in Holland (Mittelteil als Ausschnitt).

Curt Herrmann: Im Garten des Schlosses Pretzfeld.

Ein neugestalteter Museumsraum der Staatlichen Kunstsammlungen. In Vitrinen der Abteilung Plastik und Kunstgewerbe stehen Trinkgefäße aus der alten Kunstkammer. Für die Gemälde-, Antiken- und Astronomisch-Physikalischen Sammlungen wurden Schloß Wilhelmshöhe, die Galerie Schöne Aussicht und das Museum Fridericianum wiederaufgebaut.

Im Sommer 1955 lockte zum ersten Male eine Ausstellung mit dem werbewirksamen Namen „documenta" über hunderttausend Besucher, Maler, Bildhauer, Grafiker, Händler und Kritiker nach Kassel. Arnold Bode hatte aktuelle Werke des internationalen Kunstschaffens aus der Zeit von 1900 bis zur Jahrhundertmitte ausgewählt und lehrreich zusammengestellt.

Repräsentativer Mittelpunkt im kulturellen Leben der Stadt ist das Staatstheater Kassel. Opern, Schauspiele, Operetten und Ballette werden in dem 1956 bis 1959 nach Plänen Paul Bodes am Friedrichsplatz gebauten „Großen Haus" dargeboten. Das benachbarte „Kleine Haus" dient zur Aufführung von Schauspielen, Kammeropern und Experimentierstücken.

Symphoniekonzerte der Kasseler Staatskapelle, Meisterkonzerte der Konzertdirektion Hans Laugs mit internationalen Spitzenkräften, die alljährlich von Gästen aus vielen Weltteilen besuchten „Kasseler Musiktage" des „Internationalen Arbeitskreises für Musik", Kantoreien, Chor- und Kammermusikvereinigungen setzen die bedeutende Musiktradition fort.

Nach fast zehn Jahren Wiederaufbauarbeit wurde der im Zweiten Weltkrieg zerstörte Mitteltrakt des Schlosses Wilhelmshöhe im April 1974 zur neuen Behausung der „Antikensammlung" und der „Gemäldegalerie Alte Meister". Sind auch die Lichtverhältnisse für Gemälde nicht so ganz ideal, gilt das „Ambiente aus Landschaft und Kunst" als neue Attraktion.

Der von Simon Louis du Ry gebaute Weißensteinflügel des Wilhelmshöher Schlosses von einem Wege im Südteil des Parks aus gesehen.

Mit dem von der Zerstörung verschont gebliebenen Mobiliar der hessischen Kurfürsten ist im Weißensteinflügel wieder ein Schloßmuseum eingerichtet worden.

Wie aus Felsen gewachsen steht das achteckige Riesenschloß des Herkules auf dem Plateau des Karlsberges. Nach dem Zweiten Weltkrieg mußte das verwitterte Bauwerk mit den Kaskaden, Treppen und Grotten vor weiterem Verfall bewahrt und gründlich renoviert werden. Seit dem Sommer 1967 sind das Oktogon und die Pyramide wieder zu besteigen.

Blick vom Plateau des Karlsberges über die Kaskaden und das Wilhelmshöher Schloß auf die Stadt Kassel und zu den fernen Waldgebirgen.

Verzeichnis der Fundorte · Anmerkungen

Dieses Buch wurde aus Bildern, Dokumenten und Texten gestaltet, die im Zweiten Weltkrieg zufällig erhalten geblieben sind. Beim Sichten von etwa dreitausend Bildern mußte der Autor leider feststellen, daß von einigen besonders beliebten Kassel-Motiven keine Fotografien mehr existieren. Dennoch gelang es, viel allgemein Unbekanntes und Charakteristisches auszuwählen.

Für bereitwillige Hilfe beim Beschaffen des Bild- und Textmaterials gilt der Dank des Autors den zuständigen Damen und Herren der in dem folgenden Verzeichnis der Fundorte genannten Archive, Bibliotheken, Galerien, Museen und Verlage. Für das Erschließen privater oder kaum bekannter Bestände öffentlicher Sammlungen danken Verlag und Autor: Seiner Königlichen Hoheit Landgraf Philipp von Hessen, Schloß Fasanerie bei Fulda; Dr. Friedrich Carl Graf von Westphalen, Schloß Fürstenberg; Herrn Dr. Walter Kramm †, Kassel; Frau Hanna Schellmann, Kassel; Herrn Dr. Werner Wittich †, Donaueschingen; Fräulein Heemskerk, Sekretärin der Willem Mengelberg Stichting, Amsterdam; dem Direktor der Staatlichen Kunstsammlungen Kassel, Herrn Professor Dr. Erich Herzog; Herrn Kustos Paul Adolf Kirchvogel; Fräulein Dr. Lisa Oehler; den Herren Direktoren der Murhardschen Bibliothek der Stadt Kassel und Landesbibliothek, Dr. Ludwig Denecke und Dr. Dieter Hennig; Fräulein Dr. Erika Kunz; dem ehemaligen Leiter des Archivs der Stadt Kassel, Herrn Dr. Robert Friderici; Frau Ilse Itter; den Herren Otto Schinköth † und Wilhelm Schulz von der Stadt- und Kreisbildstelle Kassel und Herrn Bezirkskonservator Dr. Michler, Marburg/L.

Der Autor darf auch allen beteiligten Fotografen für ihre Mitarbeit danken, vor allem Herrn Kurt W. L. Mueller, der die schwierige Aufgabe übernommen hatte, von teilweise recht alten, mitunter sogar lädierten Fotonegativen und Diapositiven gute Klischeevorlagen herzustellen. — Besonders dankbar gedenkt er des ersten Verlegers, Herrn Dr. Wilhelm Batz †, der das Vorhaben seit dem Beginn der Arbeiten in vorbildlicher Weise gefördert hatte; ebenso gilt sein Dank dem Gründer des Bärenreiter-Verlags, Herrn Senator D Dr. h. c. Karl Vötterle †, für dessen Initiative zu dieser Neuauflage.

Fast die Hälfte der Bilder, Dokumente und Texte wird zum ersten Male veröffentlicht.

Alle vom Autor verfaßten Texte sind in kursiver, die der anderen Beteiligten in gewöhnlicher Schrift gesetzt; hingegen stehen in den Zeittafeln und im Verzeichnis der Fundorte die Zitate kursiv. — Die älteren Beiträge mußten vereinzelt etwas gestrafft und in die heutige Schriftsprache übertragen werden; sprachliche Eigenheiten wurden jedoch beibehalten. Autor, Titel, Ort und Jahr des Erscheinens der benutzten Druckwerke sind nacheinander genannt. Für die mehrfach zu nennende Zeitschrift des Vereins für hessische Geschichte und Landeskunde steht das Sigel ZHG.

Die Bildvorlagen sind, sofern dies nur möglich war, unmittelbar und ohne Retuschen wiedergegeben worden; lediglich das Format mußte verschiedentlich etwas verändert werden. In dem folgenden Verzeichnis sind jeweils nacheinander der Künstler, die künstlerische Technik, das Entstehungsjahr, der Fundort und der Besitzer mitgeteilt.

Seite

2   Kurt W. L. Mueller, Colorfotografie. 1968.
    Benutztes Schrifttum

6   Irenicus, Franciscus: *Exegeseos Germaniae*. Nachdruck, Hanau, 1728.
    Braun, Georg — Hogenberg, Franz: *Beschreibung und Contrafactur der vornembster Stät der Welt*. Köln, 1572—1582.
    Sauer, Abraham: *Stätte-Buch*. Frankfurt/M., 1592.
    Merian, Matthäus: *Topographia Hassiae*. Frankfurt/M., 1646.
    Lauze, Wigand: *Hessische Chronik*. Handschrift 2° Ms. Hass. 2. Kassel, Gesamthochschul-Bibliothek.
    Nebelthau, Friedrich: *Die hessische Congeries*. In: ZHG, 1858.
    Dilich, Wilhelm: *Hessische Chronica*. Originalgetreuer Faksimiledruck, hrsg. von Wilhelm Niemeyer. Kassel, 1961.
    Kuchenbecker, Johann Philipp: *Historischer Bericht von dem Ursprung der Stadt Kassel*. In: Analecta Hassiaca. Marburg/L., 1728—1740.
    Schmincke, Friedrich Christoph: *Versuch einer genauen und umständlichen Beschreibung der Hochfürstlich-Hessischen Residenz- und Hauptstadt Cassel*. Kassel, 1767.
    Friderici, Robert: *Beiträge zur mittelalterlichen Geschichte der Stadt Kassel*. In: ZHG, 1954 ff.
    Niemeyer, Wilhelm: *Castellum und Curtis Chasella*. In: ZHG, 1964/1965.
    Eckhardt, Wilhelm: *Kaufungen und Kassel*. In: Festschrift Karl August Eckhardt, hrsg. von Otto Perst. Marburg/L., 1961.

7   Fotografie des im Staatsarchiv Münster verwahrten Originals im Archiv der Stadt Kassel.
    Benutztes Schrifttum

8   Nebelthau, Friedrich: *Denkwürdigkeiten der Stadt Kassel*. In: ZHG, 1869 ff.
    Brunner, Hugo: *Geschichte der Residenzstadt Cassel*. Kassel, 1913.

9   Der Landeskonservator von Hessen, Fotografie der geschnitzten Konsolenfigur am Hause Brüderstraße 21. Marburg/L., Bildarchiv.

10 Der Landeskonservator von Hessen, Fotografie. Marburg/Lahn, Bildarchiv.

11 Wolfram von Eschenbach: *Willehalm*. Mit der Vorgeschichte des Ulrich von dem Türlin und der Fortsetzung Ulrichs von Türheim. Tafel 18v, Willehalm vor Tybalt, Arabele und den Königinnen. Reproduziert nach der Faksimileausgabe der Illustrationen, hrsg. von Robert Freyhan. Marburg/L., 1927.

12 Der Landeskonservator von Hessen, Fotografie. Marburg/Lahn, Bildarchiv.

13 Inschrifttafel: Der Landeskonservator von Hessen, Fotografie. Marburg/L., Bildarchiv.
    Ludwig Emil Grimm, Bleistiftskizze auf Karton. „19. July 1815". Kassel, Brüder-Grimm-Museum. — Kurt W. L. Mueller, Fotografie.

14 Unbekannter Künstler, Öl auf Holz. Um 1420. Kassel, Hessisches Landesmuseum.

15 Wilhelm Dilich, Federzeichnung auf Karton. Um 1600. Kassel, Staatliche Kunstsammlungen.

16 Fotografie des Originals. Marburg/L., Staatsarchiv.

17 Lukas Cranach, Öl auf Holz. 1508. Kassel, Staatliche Kunstsammlungen; Colorfotografie.
    Benutztes Schrifttum

18 Sticker, Bernhard: *Die wissenschaftlichen Bestrebungen des Landgrafen Wilhelm IV.* In: ZHG, 1956. — Dieser Text wurde, unwesentlich gekürzt, mit freundlicher Erlaubnis des Verfassers und der Schriftleitung der ZHG nachgedruckt.
    Sticker, Bernhard: *Landgraf Wilhelm IV. und die Anfänge der modernen astronomischen Meßkunst*. In: Sudhoffs Archiv, 1956.
    Zinner, Ernst: *Deutsche und niederländische astronomische Instrumente des 11. bis 18. Jahrhunderts*. München, 1956.
    Sticker, Bernhard — Kirchvogel, Paul Adolf: *documenta astronomica*, Katalog einer Ausstellung. Wiesbaden, 1964.
    Stegmann, Johann Gottlieb: *Historische Abhandlung von den großen Verdiensten des hochsel. Herrn Landgrafen Wilhelms des Vierten*. Kassel, 1756.
    Schulz, Senta: *Wilhelm IV., Landgraf von Hessen*. Diss. München, 1941.

21 Zimmermann, Ludwig: *Der Ökonomische Staat Landgraf Wilhelms IV.*, Marburg/L., 1934. — Der hier zitierte Text wurde dem Vorwort dieser Ausgabe entnommen.
    Kessler, Hermann-Friedrich: *Landgraf Wilhelm IV. von Hessen als Botaniker*. Kassel, 1859.
    Niemeyer, Justus Wilhelm: *Wilhelm Dilich, der „Entdecker des Stadtbildes"*. Bisher unveröffentlicht gebliebenes Manuskript, das für die *Hessischen Blätter* bestimmt war.
    Hartleb, Hans: *Deutschlands erster Theaterbau*. Berlin, 1936. — Der zitierte Text wurde diesem Werk mit freundlicher Genehmigung des Autors und des Verlages Walter de Gruyter & Co. übernommen.
    Kramm, Walter: *Die beiden ersten Kasseler Hofbildhauerwerkstätten im 16. und 17. Jahrhundert*. In: Marburger Jahrbuch für Kunstgeschichte, Bd. VIII/IX.

24 Michel Müller, Öl auf Leinwand. 1547. Kassel, Archiv der Stadt.

25 Unbekannter Künstler, Öl auf Leinwand. Um 1570. Ausschnitt, Kassel, Staatliche Kunstsammlungen.

26 Kurt W. L. Mueller, Fotografien. 1968.

27 Dr. Walter Kramm, Fotografien. 1936.
28 Dr. Walter Kramm, Fotografie. 1936.
29 Unbekannter Künstler, Öl auf Leinwand. 1577. Kronberg/Taunus, Kurhessische Hausstiftung. — Erich Müller, Fotografie.
30 Manuskript Wilhelms IV., Landgraf zu Hessen. Kassel, Gesamthochschul-Bibliothek. Kurt W. L. Mueller, Fotografie. Kunstuhr: Staatliche Kunstsammlungen Kassel. Fotografie. 1966.
31 Kurt W. L. Mueller, Fotografien. 1968.
32 Egidius Sadeler, Kupferstich. Um 1619. Kassel, Staatliche Kunstsammlungen, Astronomisch-Physikalisches Kabinett.
33 Kurt W. L. Mueller, Fotografie. 1968.
34 *Observationes stellarum fixarum . . .*, Handschrift 2° Ms. astron. 5, 1. Kassel, Gesamthochschul-Bibliothek. — Kurt W. L. Mueller, Fotografien.
35 Kurt W. L. Mueller, Fotografie des Originals. Kassel, Naturkundemuseum.
36 Handschrift 2° Ms. Hass. 41, Kassel, Gesamhochschul-Bibliothek.
37 Carl Eberth, Fotografie. Um 1912. Kassel, Stadt- und Kreisbildstelle.
38 Der Landeskonservator von Hessen, Fotografien. Marburg/L., Bildarchiv.
39 Treppenhaus: Dr. Walter Kramm, Fotografie. 1937. Erkerabschluß: Der Landeskonservator von Hessen, Fotografie. Marburg/L., Bildarchiv.
40 Eckpfosten: Erich Müller, Fotografien. 1938. Erker: Dr. Walter Kramm, Fotografie. 1937.
41 Der Landeskonservator von Hessen, Fotografie. Marburg/L., Bildarchiv.
42 Titelblatt: Reproduktion nach einer Erstausgabe. Kassel, Gesamthochschul-Bibliothek. Selbstbildnis: Entnommen aus Wilhelm Dilich, *Hessische Chronica*. Originalgetreuer Faksimiledruck, hrsg. von Wilhelm Niemeyer. Kassel, 1961.
43 Reproduktion nach einer Erstausgabe. Kassel, Gesamthochschul-Bibliothek.
44 Porträt: Unbekannter Künstler, Öl auf Leinwand. Schloß Fasanerie bei Fulda, Kurhessische Hausstiftung — Kurt W. L. Mueller, Fotografie. Handschrift. Kassel, Gesamthochschul-Bibliothek.
45 Handschrift 2° Ms. Mus. 2. Kassel, Gesamthochschul-Bibliothek. — Kurt W. L. Mueller, Fotografie. 1968.
46 Handschrift 2° Ms. Mus. 53 x. Kassel, Gesamthochschul-Bibliothek. — Kurt W. L. Mueller, Fotografie. 1968.
47 G. Keller, Kupferstich; aus: Meisner, Daniel: *Thesaurus philo-politicus*. Frankfurt/M., 1628. Matrikel. Blatt 2. Marburg/L., Archiv der Universität. — Staatsarchiv Marburg/L., Fotografie. — Benutztes Schrifttum: Falkenhainer, W.: *Die Annalen und Matrikel der Universität Cassel*. In: ZHG, 1893.

48 Unbekannter Künstler. Kupferstich nach Merian. Um 1646. Kassel, Staatliche Kunstsammlungen.

Benutztes Schrifttum

50 Rothans, Eberhard Rudolph: *Memorabilia Europa*. Ulm, 1714.
von Uffenbach, Zacharias Konrad: *Merkwürdige Reisen durch Nieder-Sachsen, Holland und England*. Leipzig und Memmingen, 1753/1754.
Thura, Lauritz, *Autobiographie*, Handschrift. Kopenhagen, Königliche Bibliothek. — Auszugsweise und fehlerhaft wiedergegeben in: *Hessenland*, 1922.
Papin, Denis, *eigenhändiger Brief*. Hannover, Landesbibliothek, Leibniz-Archiv. — Erstmals veröffentlicht von Gerland, Ernst: *Leibnizens und Huygens' Briefwechsel mit Papin*. Berlin 1881. Papin teilt Leibniz, frei übersetzt, folgendes mit: Er führe Versuche mit der Dampfkraft durch und traue sich zu, sie auch zur Bewegung von Land- und Wasserfahrzeugen zu nutzen. Ein kleines Modell eines mit Dampfkraft getriebenen Wagens habe er bereits konstruiert. Es werde aber recht schwierig sein, die Erfindung zu vervollkommnen. Bei Versuchen mit einem Schiff käme er hingegen schneller voran, wenn der Landgraf ihm die erforderliche Hilfe zukommen lasse.
51 von Uffenbach, Johann Friedrich Armand: *Spazierfarth durch die Hessische in die Braunschweig-Lüneburgischen Lande*. Nach der Handschrift hrsg. von Max Arnim. Göttingen, 1928.
52 Herzog, Erich: *Holländische Meister des 17. Jahrhunderts aus den Beständen der Staatlichen Kunstsammlungen*. Jahresgabe 1964 der Hessischen Brandversicherungsanstalt, Kassel. — Im Buchhandel erschienen: Kassel, Druck + Verlag, 1965. — Der Textauszug wurde mit freundlicher Genehmigung des Verfassers und des Verlags nachgedruckt.
Engelschall, Joseph Friedrich: *Johann Heinrich Tischbein als Mensch und Künstler*. Nürnberg, 1797.
53 Knigge, Adolf Freiherr: *Der Roman meines Lebens*. Riga, 1781.
Hallo, Rudolf: *Rudolf Erich Raspe*. Leipzig, 1934.
Forster, George: *Briefwechsel*, hrsg. von Therese Huber. o. O., 1829.
54 von Goethe, Johann Wolfgang: Weimarer Ausgabe, Briefe. 1887 ff.
von Müller, Johannes: *Sämtliche Werke*, hrsg. von Johann Georg Müller. Stuttgart und Tübingen, 1834.
Campe, Joachim Heinrich: *Sämtliche Jugendschriften*. Reisebeschreibungen. Braunschweig, 1830.
55 Hirsching, Friedrich Karl Gottlob: *Nachrichten von sehenswürdigen Gemälde- und Kupferstichsammlungen*. Erlangen, 1786.
Hirsching, Friedrich Karl Gottlob: *Versuch einer Beschreibung sehenswürdiger Bibbliotheken Teutschlands*. Erlangen, 1787.

Kramm, Walter · Müller, Erich: *Schloß Wilhelmstal*. Kassel, 1972.
56 Ph. Endlich, Kupferstich. Um 1727. Kassel, Staatliche Kunstsammlungen.
57 Alexander Speculus, Kupferstich. 1705. Kassel, Archiv der Stadt.
58 Christoph Mayr, Kupferstich. 1757. Kassel, Archiv der Stadt.
59 Dritter Planentwurf. Marburg/L., Staatsarchiv, Fotografie.
60 Kurt W. L. Mueller, Colorfotografie. 1940.
61 Schleuderer: Kurt W. L. Mueller, Colorfotografie. 1940. Vase: Dr. Walter Kramm, Fotografie. 1938. — Herr Dr. Kramm wies den Autor freundlicherweise darauf hin, daß die 1943 zerstörte Marmorvase eine Arbeit des Pierre Etienne Monnot (1657—1753) war.
62 Kurt W. L. Mueller, Colorfotografie. 1940.
63 Der Landeskonservator von Hessen, Fotografie. Marburg/Lahn, Bildarchiv.
64 Erich Müller, Fotografie. 1962.
65 Relief: Deutscher Kunstverlag — Bavaria, Gauting, Fotografie. 1936.
Faun: Kurt W. L. Mueller, Fotografie. 1955.
66 Papin: Johann Peter Engelhardt. Öl auf Leinwand. 1789. Marburg/L., Universität. — Kurt W. L. Mueller, Colorfotografie. 1968.
Ars Nova: Hannover, Landesbibliothek, Leibniz-Archiv.
67 Kurt W. L. Mueller, Fotografie. 1968.
68 Johann Heinrich Tischbein, Öl auf Leinwand. 1753. Schloß Fasanerie bei Fulda, Kurhessische Hausstiftung. — Erich Müller, Fotografie.
Katalogseite: Kassel, Staatliche Kunstsammlungen, Fotografie.
69 Peter Paul Rubens, Öl auf Eichenholz. 1614. Kassel, Staatliche Kunstsammlungen, Colorfotografie.
71 Rembrandt Harmensz van Rijn, Öl auf Leinwand. 1656. Kassel, Staatliche Kunstsammlungen, Colorfotografie.
72 Johann Heinrich Tischbein, Öl auf Leinwand. Um 1765. Schloß Fasanerie bei Fulda, Kurhessische Hausstiftung. — Erich Müller, Fotografie.
73 Justus Krauskopf, Federzeichnung auf Pergament. Um 1835. Kassel, Archiv der Stadt.
74 Johann Heinrich Tischbein, Öl auf Leinwand. 1782. Kassel, Staatliche Kunstsammlungen, Colorfotografie.
75 Erich Müller, Fotografie. 1960.
76 Mit freundlicher Erlaubnis des Verlags Klinkhardt & Biermann, Braunschweig, dem 1960 erschienen Buche entnommen: Siegfried Ducret, *Die Landgräfliche Porzellanmanufaktur Kassel*.
77 Reiher: Erich Müller, Fotografie. 1960.
Porträt: Emanuel Handmann, Öl auf Leinwand. 1755. Kassel, Staatliche Kunstsammlungen, Colorfotografie.
78 Kurt W. L. Mueller, Fotografie. 1968.

79 Johann Heinrich Tischbein, Original verschollen. Kopie von H. Voss. 1937. Schloß Fürstenberg, Dr. Friedrich Carl Graf von Westphalen. — Kurt W. L. Mueller, Fotografie.
80 Carl Eberth, Fotografie. Um 1930. Marburg/L., Der Landeskonservator von Hessen, Bildarchiv.
81 Anton Wilhelm Tischbein, Öl auf Leinwand. Um 1783. Kassel, Staatliche Kunstsammlungen, Fotografie.
82 Handschrift 4° Hist. Litt. 20. — Für den erklärenden Text wurde der Aktenbestand der *Société des Antiquités* durchgesehen: 2° Ms. Hass. 241. Kassel, Gesamthochschul-Bibliothek.
83 von Müller: Unbekannter Künstler, Kupferstich nach dem Gemälde von Felix Diog. 1797.
Forster: Johann Heinrich Tischbein, Öl auf Leinwand. Um 1780. Frankfurt/M., Museum für Völkerkunde; Fotografie.
von Sömmering: Unbekannter Künstler, Lithographie. Um 1820. Kassel, Staatliche Kunstsammlungen.
84 Johann Heinrich Eisenträger, Öl auf Leinwand. Um 1770. Schloß Fasanerie bei Fulda, Kurhessische Hausstiftung. — Kurt W. L. Mueller, Fotografie.
85 Johann Heinrich Tischbein, Öl auf Leinwand. Um 1765. Schloß Fasanerie bei Fulda, Kurhessische Hausstiftung. — Erich Müller, Fotografie.
86 Wilhelm Böttner, Öl auf Leinwand. Um 1803. Schloß Fasanerie bei Fulda, Kurhessische Hausstiftung. — Kurt W. L. Mueller, Fotografie.
87 Carl Eberth, Fotografie. 1938. Kassel, Stadt- und Kreisbildstelle.
88 Friedrich Christian Reinermann, Öl auf Leinwand. 1801. Kassel, Staatliche Kunstsammlungen, Fotografie.
89 Ludwig Philipp Strack, Öl auf Leinwand. Kassel, Schloß Wilhelmshöhe. — Kurt W. L. Mueller, Fotografie.
90 Johann Martin von Rohden, Federzeichnung auf Karton. 1795. Kassel, Staatliche Kunstsammlungen.
Benutztes Schrifttum
91 Schopenhauer, Johanna: *Jugendleben und Wanderbilder*. Weimar, 1839.
92 *Journal für Literatur, Kunst, Luxus und Mode*, Weimar, Jg. 1803, Juli- und August-Hefte.
Nemnich, Philipp Andreas: *Tagebuch einer der Kultur und Industrie gewidmeten Reise*. Tübingen, 1809.
Jollivet, Comte Jean Baptiste Moise. Zitiert nach Brunner: *Geschichte der Residenzstadt Cassel*, S. 327.
93 Brentano, Clemens: *Brief an Achim von Arnim*. Kopie im Besitz des Autors.
Brüder Grimm: *Vorrede*, nach der von Friedrich Panzer hrsg. Ausgabe. Wiesbaden, 1955.
Leipziger Allgemeine Zeitung. Ankündigung des „Deutschen Wörterbuches". 28. August 1838.
Hegel, Wilhelm: *Bericht aus dem Jahre 1822*. Kopie im Besitz des Autors.

94 Spohr, Louis: *Brief an Friedrich Rochlitz*. Kopie im Besitz des Autors.
95 Faulkner, Sir Arthur Brooke: *Visit to Germany*. London, 1833. Faulkner schreibt, frei übersetzt, folgendes: Kassel ist aber auch attraktiv. Es gibt vortreffliches Wasser und mehr als reichlich frische Luft. Vor allem aber besitzt es eine unvergleichliche Oper. Das Haus ist wesentlich besser als das Haymarket-Theater. Die Logen sind weiß und vergoldet mit grün und goldfarben abgetönten Freskodecken. Auch die über der Bühne angebrachten Namen von Haydn, Lessing, Winter, Schiller, Mozart, Goethe, Weigel, Hufland (gemeint ist wohl Iffland) und Gluck sind von den gleichen Farben umrahmt. Die Kurfürstenloge liegt nicht seitlich, sondern frontal zur Bühne, ist reich mit Ornamenten versehen und beleuchtet. Sie bildet einen prachtvollen Effekt zu der schönen Gruppe von Musen, die mit großer Kunstfertigkeit eingelassen sind. — Ein Repertoirestück, die „Stumme von Portici", wird unter der Leitung des bekannten Spohr gegeben, eines Künstlers, dessen Ruhm als Violinist und Komponist allgemein bekannt ist. Die Präzision des Orchesters, das aus mehr als vierzig erstklassigen Ausübenden besteht, läßt alles Lob hinken. Das Ganze war bewegt und inspiriert wie aus einer Seele.
Hölderlin, Friedrich: *Brief an seinen Bruder*. 1796. Kopie im Besitz des Autors.
Hemsterhuis, Franz: *Bericht*: Zitiert nach Justi, *Hessische Denkwürdigkeiten*, Bd. IV. 1805.
Wagener, Samuel Christoph: *Reise durch den Harz und die Hessischen Lande*. Braunschweig, 1797.
Dingelstedt, Franz: *Die neuen Argonauten*. Fulda, 1839.
Friderici, Robert: *Das Faß auf der Fulda*. Kassel, 1964. Friedrich Lometsch Verlag. — *Kasseler Quellen und Studien. Schriftenreihe des Magistrats der Stadt Kassel*, hrsg. von Ludwig Denecke und Robert Friderici. Kleine Reihe, Band I.
96 von Menzel, Adolph: *Brief* vom 15. September 1847. Zitiert nach *Hessenland*, 1909.
Drobisch, Moritz Wilhelm: *Tagebuch*. Zitiert nach *Hessenland*, 1902.
97 Unbekannter Künstler, Farblithographie. Um 1820. Kassel, Staatliche Kunstsammlungen.
98 Justus Krauskopf, Federzeichnung auf Japanpapier. Um 1830. Kassel, Staatliche Kunstsammlungen.
99 Ludwig Emil Grimm, Aquarell. 1842. Marburg/L., Hessisches Staatsarchiv. — Zur Zeit Kassel, Brüder-Grimm-Museum.
100 Friedrich Christian Rohbock, Stahlstich. Um 1830. Kassel, Archiv der Stadt.
101 Deutscher Kunstverlag — Bavaria, Gauting, Fotografie.
102 Carl Eberth, Fotografie. 1936.
103 Deutscher Kunstverlag — Bavaria, Gauting, Fotografie.
104 Carl Eberth, Fotografie. 1936.

105 Deutscher Kunstverlag — Bavaria, Gauting, Fotografie.
106 Friedrich Wilhelm Selig, Farblithographie. Um 1829. Kassel, Staatliche Kunstsammlungen.
107 Ludwig Emil Grimm, Aquarell. „1. Octob. 1820 del." Schloß Fasanerie bei Fulda, Kurhessische Hausstiftung. — Kurt W. L. Mueller, Colorfotografie.
108 Autographe. Berlin, Stiftung Preußischer Kulturbesitz, Staatsbibliothek; Grimmschrank. — Zur Zeit Kassel, Brüder-Grimm-Museum. — Kurt W. L. Mueller, Fotografien.
109 Titelblätter: Kurt W. L. Mueller, Fotomontage.
Porträt: Ludwig Emil Grimm, Kreidezeichnung auf Karton. August 1840. Kassel, Brüder-Grimm-Museum.
110 Ludwig Emil Grimm, Federzeichnung auf Karton. 1827. Kassel, Brüder-Grimm-Museum.
111 Porträt: J. C. Handwerck, Lithographie. Um 1840. Kassel, Gesamthochschul-Bibliothek.
Titelblätter: Kurt W. L. Mueller, Fotomontage.
112 Fotografie. Um 1895. Kassel, Louis-Spohr-Gedenk- und Forschungsstätte.
113 Notenbeispiele: Kurt W. L. Mueller, Fotografien.
Porträt: Johann Roux, „erster Versuch mit Harzfarbe". 1838. Kassel, Frau Hanna Schellmann. — Den Farbsatz stellte freundlicherweise der Erich Röth-Verlag, Kassel, leihweise zur Verfügung; das Bild ist in dem 1968 erschienenen Buche von Herfried Homburg: *Louis Spohr — Bilder und Dokumente* erstveröffentlicht.
114 Carl Heinrich Arnold, [Stein?] Zeichnung. Um 1835. Donaueschingen, Dr. Werner Wittich †.
115 Unbekannter Künstler, Aquarell. Um 1840. Kassel, Staatliche Kunstsammlungen.
116 Christian Beyer, Aquarell. 1956. Kassel, Verlag Schneider & Weber.
117 Tapete: Kassel, Deutsches Tapetenmuseum. — Kurt W. L. Mueller, Colorfotografie.
Porträt: Adolph von Menzel, Öl auf Leinwand. 1847. Berlin, Stiftung Preußischer Kulturbesitz, Gemäldegalerie. — Josef Leiss, Fotografie.
118 Bild: Theodor Matthei, Kupfertiefdruck. Kassel, Archiv der Stadt.
Broschüre: Kassel, Henschel-Museum.
119 Strubberg: Kassel, Archiv der Stadt, Fotografie.
Koch: Unbekannter Künstler, lavierte Tuschzeichnung. Um 1838.
Stilling: Kassel, Gesamthochschul-Bibliothek, Fotografie.
Balde, Joachim Heinrich · Biermer, Leopold: *Medizin in Kassel. Daten · Fakten · Bilder*. Kassel, 1973.
120 Wöhler: Unbekannter Künstler, Lithographie. Um 1845. Göttingen, Universitätsarchiv.
Karikatur: Carl Heinrich Arnold, Aquarelle. 1839. Heidelberg, Universität; Bunsen-Nachlaß. — Den Farbsatz stellte freundlicherweise die Badische Anilin- & Soda-Fabrik AG, Ludwigshafen, zur Verfügung, in deren Hauszeitschrift *Die BASF* der Zyklus 1963 erstveröffentlicht worden ist.

121 Reuter: A. C., Holzschnitt. Um 1880. Kassel, Staatliche Kunstsammlungen.
Malwida von Meysenburg: Unbekannter Künstler, Bleistiftzeichnung. Mit freundlicher Erlaubnis des Verlags N. G. Elwert, Marburg/L., dem Band V der Lebensbilder aus Kurhessen und Waldeck entnommen.
Mond: Kassel, Archiv der Stadt, Fotografie.
Benutztes Schrifttum
122 Burckhardt, Jacob: *Brief an Max Alioth*, Dresden, 24. Juli 1875. Kopie im Besitz des Autors.
123 Mahler, Gustav: *Briefe*. Nach der von Alma Mahler besorgten Ausgabe; Wien, 1949.
Vorkampf, Frank: *Kasseler Kunstleben*. In: *Hessische Heimat*. Kassel, 1907.
Pinder, Wilhelm: *Der deutsche Park* vornehmlich des 18. Jahrhunderts. Leipzig, 1927.
124 Altmüller, Hans: *Manuskript* in Privatbesitz.
125 Holtmeyer, Alois: *Alt Cassel*. Marburg/L., 1913.
126 *Kasseler Musiktage 1933*. Kassel, Archiv des Internationalen Arbeitskreises für Musik.
127 Unbekannter Künstler, Aquarell. Um 1880. Kassel, Archiv der Stadt.
128 Erste Seite der autographen Partitur. Amsterdam, Willem Mengelberg Stichting. — Mahler: Porträtfotografie eines Unbekannten.
129 E. Artur Ahnert, Öl auf Leinwand. 1895. Kassel, Staatliche Kunstsammlungen.
130 Fotografie eines Unbekannten. Kassel, Gesamthochschul-Bibliothek.
131 Louis Kolitz, Öl auf Leinwand. Um 1900. Kassel, Staatliche und Städtische Kunstsammlungen.
132 Wolfgang Stein, Fotografie. 1938.
Titelblatt und Seite 97 aus *Deutsches Kinderlied und Kinderspiel*. Kassel, 1911.
133 Fotografie eines Unbekannten. Um 1912. Kassel, Archiv der Stadt.
134 Carl Eberth, Fotografie. Um 1930. Kassel, Stadt- und Kreisbildstelle.
135 Der Landeskonservator von Hessen, Fotografie. Marburg/L., Bildarchiv.
136 Colorfotografie eines Unbekannten. Juni 1900. Kassel, Stadt- und Kreisbildstelle.
137 Friedrich Fennel, farbiger Steindruck. 1909. Kassel, Staatliche und Städtische Kunstsammlungen.
138 Fotografie eines Unbekannten. 1913. Kassel, Stadt- und Kreisbildstelle.
139 Carl Eberth, Fotografie. 1913. Kassel, Archiv der Stadt.
140 Fotografie eines Unbekannten. Um 1913. Kassel, Archiv der Stadt.
141 Dr. Walter Kramm, Fotografie. 1935.
142 Kurt W. L. Mueller, Colorfotografie. 1940.
143 Wolfgang Stein, Fotografie. 1938.
144 Carl Eberth, Fotografie. Kassel, Stadt- und Kreisbildstelle.
145 Carl Eberth, Colorfotografie. 1939.
146 Der Landeskonservator von Hessen, Fotografie. Um 1920. Marburg/L., Bildarchiv.
147 Kurt W. L. Mueller, Colorfotografien. 1940.
148 Dr. Walter Kramm, Fotografie. 1935.
149 Dr. Walter Kramm, Fotografie. 1935.
150 Dr. Paul Wolff, Fotografie. 1934. Kassel, Stadt- und Kreisbildstelle.
151 Carl Eberth, Fotografie. 1936.
152 Dr. Walter Kramm, Fotografie. 1936.
153 Dr. Walter Kramm, Fotografie. 1935.
154 Carl Eberth, Colorfotografie. 1939.
155 Kurt W. L. Mueller, Fotografie. 1938.
156 Wolfgang Stein, Fotografie. 1938.
157 Wolfgang Stein, Fotografie. 1938.
158 Kurt W. L. Mueller, Fotografie.
159 Carl Eberth, Fotografie. 1928.
160 Kurt W. L. Mueller, Colorfotografie. 1940.
161 Dr. Walter Kramm, Fotografie. 1936.
162 Wolfgang Stein, Fotografie. 1938.
163 Kurt W. L. Mueller, Fotografie. 1939.
164 Fotografie eines Unbekannten. Vor 1939. Reproduktionsaufnahme Erich Müller.
165 Tagebuch, Privatbesitz.
167 Kurt W. L. Mueller, Colorfotografie. 1943.
168 Kurt W. L. Mueller, Fotografie. 1943.
169 Royal Air Force, Luftaufnahme vom 30. Oktober 1943. Die Erstveröffentlichung erfolgt mit Erlaubnis des Ministry of Defence, London, und der University of Keele, Keeper of Aerial Photography.
170 Fotografie eines Unbekannten. Kassel, Stadt- und Kreisbildstelle.
Trümmergrab: Kurt W. L. Mueller, Fotografie. 1948.
171 Kassel, Archiv der Stadt. Aktenkonvolut über den 22. Oktober 1943.
172 Kurt W. L. Mueller, Fotografie. 1948.
Benutztes Schrifttum
173 Hagelstange, Rudolf: *Das Beispiel*. In: Merian, 1952; Heft 10, Auszug des Textes mit freundlicher Genehmigung des Verfassers und des Verlags Hoffmann und Campe, Hamburg.
The Economist. Zitiert nach *schreibt über Kassel*, hrsg. vom Magistrat der Stadt Kassel. 1962.
Westecker, Wilhelm: *Die Wiedergeburt der deutschen Städte*. Düsseldorf, Econ-Verlag. 1962. Der Auszug wurde mit freundlicher Erlaubnis des Autors und des Verlags nachgedruckt.
174 Christen, Hans U.: *Kassel — die Stadt der Fußgänger*. Basel, National-Zeitung, 27. Mai 1961.
von Holst, Niels, *Die Welt*, Nr. 165 vom 19. Juli 1955.
175 bis 183 Kurt W. L. Mueller, 9 Fotografien. 1968.
184 Thyssen-Henschel AG, Fotografie.
185 Spinnfaser Aktiengesellschaft, Fotografie.
186 Paul Baum, *Sonniger Sommertag in Holland; in die Tiefe gehender Weg, beiderseits mit Kopfweiden bestanden; hinter der Wegbiegung, die nach rechts führt, ein erdgeschossiges Bauernhaus; ebenfalls kleine Häuser im Vordergrund rechts der Straße*. Öl auf Leinwand. Kassel, Staatliche und Städtische Kunstsammlungen.
187 Curt Hermann, Öl auf Leinwand. Um 1905. Kassel, Staatliche und Städtische Kunstsammlungen.
188 Günther Becker, Fotografie 1967.
189 Günther Becker, Fotografie. 1955.
Westecker, Dieter · Eberth, Carl · Lengemann, Werner · Müller, Erich: *documenta — Dokumente 1955 bis 1968*. Kassel, 1972.
190 Werner Lengemann, Fotografie. 1962.
191 Kurt W. L. Mueller, Fotografie. 1968.
192 Werner Lengemann, Fotografie. 1977.
193 bis 195 Kurt W. L. Mueller, 3 Fotografien. 1968.
196 Erich Müller, Fotografie. 1966.
200 Stadtwappen vom gotischen Rathaus. Kurt W. L. Mueller, Fotografie. 1968.

Sachregister

Accouchier- und Findelhaus . . 49
Anatomie 49
Antikensammlung . . 80, 156, 192
Aquädukt (siehe auch
  Wilhelmshöhe) 86
Aue-Garten, siehe Karlsaue
Aue-Tor (früher Friedrichstor) . 100
Azimutalquadrant, sogen.
  Wilhelmsquadrant 20

Bellevue, siehe Straßen und
  Plätze
Palais Bellevue 19, 49, 124
Biblio-
  theken 21, 49, 55, 80, 111, 122, 173
Botanischer Garten 29
Brandversicherung, Hessische . 49
Brüderkirche 43, 166
Brühlsches Haus 146, 147
Bürgeraufstand im Jahre 1378 . 8
Bundesarbeitsgericht 173
Bundessozialgericht 173

Charité 49
Collegium Adelphicum
  Mauritianum 18, 22
Collegium Carolinum . . 49, 74, 83

Dampfmaschine 66
Deichmannhaus 145
documenta 173, 174, 189
Dörnbergscher Aufstand 1809 . 91
Druselturm 24, 143

Eisenbahn 91
St.-Elisabeth-Hospital . . 18, 175
St.-Elisabeth-
  Kirche . 49, 81, 100, 152, 153, 166
Epitaph Landgraf Philipps des
  Großmütigen 26, 27, 28
Esplanade (siehe Friedrichsplatz)

Fayence-Fabrik 49
Felsenkeller 122
Flugversuche 49, 51
Freimaurer-Loge 49
Friedenskirche 158
Friedrichsplatz (siehe Straßen
  und Plätze)

Neue Galerie 173, 186
Garde-du-Corps-Nacht 91
Gasthaus zur Pinne 144
Gemäldegalerie (Staatliche
  Kunstsamm-
  lungen) . 49, 68, 122, 128, 188, 192

Gesamthochschule 173
Gesamtvolkshochschule . . . 176
Gesellschaft der Altertümer . 49, 82
Gewerbeschule, siehe Höhere
  Gewerbeschule
Glashütte 18
Brüder-Grimm-Museum . . . 173
Grimm-Haus 99
Große Fontäne 86, 88

Hauptbahnhof 91
Hauptwache 98
Herbarium, Ratzenbergersches 21, 35
Herkulesstatue (siehe auch
  Wilhelmshöhe) 49, 124, 125, 164
Hessischer Sternkatalog . . . 20
Hildebrandlied 67
Hochverratsprozeß 1391 . . . 8, 9
Höhere Gewerbeschule . . . 120
Höllenteich, siehe Wilhelmshöhe
Hofkapelle (siehe auch
  Theater) . . . 8, 16, 95, 123, 129
Hofschule, siehe Collegium
  Adelphicum Mauritianum
Hoftheater, siehe Theater
Hofverwaltungsgebäude . 100, 153
Hohentor 24
Hugenotten 49, 155

Kadettenhaus, Kadettenschule 49, 92
Karlsaue (Aue-Insel,
  Moritzaue) 14, 29, 49, 50, 56, 73,
  79, 93, 123, 154, 160, 161
Karlsberg, siehe Wilhelmshöhe
  und Herkulesstatue
Karlskirche 124, 166
Karmeliter-Kirche,
  siehe Brüderkirche
Karmeliter-Orden 8
Kartoffeln, die ersten in
  Deutschland 21, 29
Kaskaden, siehe Wilhelmshöhe
  und Herkulesstatue
Kasseler Apoll 156
Kastell 92
Kattenburg 91
Kinder- und Haus-
  märchen 91, 99, 107, 108
Klöster
  Ahnaberg 8
  Hersfeld 6, 7
  Karmeliter 8
  Kaufungen 8
  Meschede 6, 7
  Weißenstein . . . . . . 49 ff.
Königshof Chassella, Chassalla 6, 7
Königsplatz,
  siehe Straßen und Plätze
Königreich Westphalen . . 91, 92
Kunstakademie . . 49, 74, 92, 131
Kunsthaus, siehe Ottoneum
Kunstverein, Kasseler 123

Kunstsammlungen,
  Staatliche und Städtische
    156, 173, 186, 187, 188, 192
Kupferhammer 49
Kurwürde 86, 91, 92

Lac, siehe Wilhelmshöhe
Landesbibliothek,
  siehe Bibliotheken
Landesmuseum 122
Landgrafenmuseum . 122, 156, 157
Landgrafenschloß an der Fulda
  8, 15, 28, 29, 43, 50, 84, 91
Löwenburg 86
Logarithmen, Bürgi'sche . 19, 32
Lutherische Kirche am Graben . 166
Lutherkirche, neue 130
Lustgarten
  (siehe auch Karlsaue) . . 18, 29

Märchen, siehe Kinder-
  und Hausmärchen
Magdalenenkirche 43, 90
Marmorbad . 49, 51, 64, 65, 91 f.
Marstall 18, 166
St. Martinskirche 8, 24, 98, 134, 135,
  142, 166, 172, 178
Messinghof 49
Schlößchen Monbijou 159
Müllertorturm 43
Museum Fridericianum 49, 55, 80, 81,
  92, 96, 100, 122, 175, 188
Deutsches Musikgeschichtliches
  Archiv 173
Kasseler Musiktage . 122, 126, 191
Murhardsche Bibliothek,
  siehe Bibliotheken

Nahlsches Haus 148, 149
Naturkundemuseum,
  siehe Ottoneum

Oberappellationsgericht . . . 49
Oberneustadt . . . 49, 56, 79, 124
Ökonomischer Staat . . . 21, 36
Oper, siehe Theater
Orangerieschloß 49, 50 f., 60, 61, 62,
  63, 122, 160, 161
Ottoneum . . . 18, 19, 23, 49, 175

Palais Jungken 81, 100
Palais des Prinzen Maximilian . 81
Palais Roux 81
Palais Waitz von Eschen . . 81, 92
Porzellanmanufaktur 76

Quellenlexikon der Musik,
  Internationales 173

Rathaus, der Altstadt 8, 13, 91, 92
Rathaus, neues . 122, 136, 137, 182
Reformation, Einführung der . 18
Rennbahn 43

Renthof 18, 145, 166
Ritterakademie, siehe Collegium
  Adelphicum Mauritianum
Ritterspiele 42, 43
Rosenkreuzer 18
Rotes Palais . . . . 100 ff., 153

Schabkunst 18
Hermann-Schafft-Haus . . . 176
Schauspiel, siehe Theater
Schlösser, siehe unter Landgra-
  fenschloß, Rotes und Weißes
  Palais, Schloß Wilhelmshöhe,
  Schloß Wilhelmstal
Schützenhalle (Gastwirtschaft) . 165
Siebenbergen 161
Siechenhof 43
Societé des Antiquités, siehe
  Gesellschaft der Altertümer
Louis Spohr-Gedenk- und
  Forschungsstätte 173
Stadthalle 122
Stadtplan, frühester 24
Stadtwappen 200
Ständehaus 91
Steinhöferscher Wasserfall
  (siehe auch Wilhelmshöhe) . 86
Sternerkrieg 8
Sternkatalog,
  siehe Hessischer Sternkatalog
Sternwarte 18, 19, 20, 29, 30, 31, 32,
  33, 34, 78
Straßen und Plätze
  Altmarkt 9, 13, 140, 141, 174, 179
  Auefeld 177
  Bellevue 154
  Brink 142
  Brüderstraße . 40, 140, 145, 165
  Frankfurter Straße . . . 124 f.
  Friedrichsplatz 49, 79, 100, 122, 124,
    151, 152, 153, 166, 173
  Friedrich-Wilhelms-Platz . 130
  Fünffensterstraße . 125, 166, 182
  Fuldagasse 38, 132
  Garde-du-Corps-Platz . . 166
  Georgenstraße 125
  Graben 32, 39, 41, 143
  Hohentorstraße 38
  Hohenzollernstraße . . 131, 166
  Holzmarkt 139
  Judenbrunnen 12, 40
  Kastenalsgasse 143
  Klosterstraße 39
  Königsplatz 49, 79, 166
  Königsstraße 100, 106, 136, 149,
    150, 151, 166, 173, 181
  Königstor 166
  Lutherplatz 166, 178
  Marktgasse 99, 165
  Müllergasse 10

Neue Fahrt 174
Oberste Gasse 166
Opernplatz 151
Pferdemarkt 39, 143
Große Rosenstraße 130
Schäfergasse 132
Schlagd 165
Schloßplatz 166
Kurt-Schumacher-Straße . . 178
Ständeplatz 130, 174
Steinweg 166
Stern 178
Treppenstraße 173, 180
Weißer Hof 143
Wildemannsgasse 99, 143, 144, 166
Wilhelmshöher Allee 159, 166, 176
Straßenpflaster, Kasseler . . 54 f.
Synagoge 91

Tapetenfabrik,
  Arnoldsche 93, 116, 117
Tapetenmuseum, Deutsches . . 122
Tausendjahrfeier 138, 139
Teufelsbrücke,
  siehe Wilhelmshöhe
Theater (Oper, Schauspiel) 49, 81, 94,
  95, 106, 112, 123, 151, 160, 190
Theatrum Anatomicum,
  siehe Anatomie
Tuchhaus 98

Ungeld 10
Universität 18, 47, 173
Urkunden, früheste 6, 7

Verfassung,
  Kurhessische von 1831 . . . 91
Volksbücherei,
  siehe Bibliotheken
Volkshochschule,
  siehe Gesamtvolkshochschule

Weinberg 124
Weißenstein,
  siehe Wilhelmshöhe
Wilhelmshöhe 49, 50, 53, 56, 58, 59,
  73, 85, 86, 87, 89, 122, 124, 125, 164
Schloß Wilhelmshöhe 86, 87, 89, 188,
  193, 194
Wilhelmshöher Tor 107
Schloß Wilhelmstal 49, 68, 73, 75, 77
Willehalm-Kodex 8, 10
Winterkasten,
  siehe Wilhelmshöhe
Deutsches Wörterbuch
  der Brüder Grimm 109
Würzburger Fürstentag 1388 . 9

Zeughaus 18, 37, 91
Zissel 145
Zwehrenturm 19, 124, 175

Namenregister

Achenbach, Andreas 91
Ahnert, Artur 128
Altmüller, Hans . . . . . 124 f.
Angrund, Johannes 18
Apian, Peter 30
Arnold,
   Carl Heinrich 93, 114, 116, 117, 120
Arnold, Johann Heinrich . . . 116
Aschrott, Siegmund 122

Baldewein, Eberhard 30
Bantzer, Karl 122
Baum, Paul 122, 186
Baum, Richard 126
Beaumont, Adam Liquir . . . 27
Bekker, Paul 122
Bertius, Peter 6
Bode, Arnold 189
Böttner, Wilhelm 86
Bott, Jean Joseph 95
Blondel, Jacques François . . 79
von Bose,
   Louise Wilhelmine Gräfin . 122
Brahe, Tycho 19, 20
Brandau, Karl Wilhelm . . . 91
Braun, Georg 6
Breithaupt, Johann Christian . 78
Brentano, Clemens 93
Bröcker, Heinrich Christoph . 49
Bromeis, Johann Konrad . 100, 101
Brühl, Johann Michael 75, 146, 147
Bürgi, Jost 18, 19, 32, 33
Bunsen, Robert 120
Burckhardt, Jacob 122

von Calenberg, Philippine . . 95
Campe, Joachim Heinrich . 54, 55
Cellarius, Christoph 6
Christen, Hanns U. 174
Courbet, Gustave 52
Cranach, Lukas d. Ä. . . 8, 17, 18
Clüver, Philipp 6
de Cuvilliés, François . . 49, 73

Daland, Georg 76
David, Louis 177
Dehn-Rothfelser, Heinrich 122, 128
Deutsche Kaiser und Könige
   Heinrich II., Herzog v. Bayern 6
   Karl V., von Habsburg . . . 18
   Konrad I., Herzog der Franken 6, 7
   Kunigunde,
      Gemahlin Heinrichs II. . . 6, 7
   Otto I., der Große 6
   Rudolf II., von Habsburg . 19, 32

Wilhelm II., von Preußen . . 122
Dilich, Wilhelm 6, 15, 18, 21, 42, 43
Dingelstedt, Franz 91, 96
Dippel (oder Diepel), Hermann 30
Dolci, Carlo 96
Drobisch, Moritz Wilhelm . . 96
Drusus, Claudius 6
Dürer, Albrecht 21, 53

von Eckart, Georg 67
Eichberger, Joseph 94
von Eisenbach, Johann . . . 9
Eisenträger, Johann Heinrich 76, 84
von der Embde, August . . 116, 186
Emk, Hans Jakob 33
Engelhard, Caroline 95
Engelhard, Daniel . . . 101, 105
Engelhard, Gottlob 91
Engelhard, Luise 95
Engelhard, geb. Gatterer,
   Philippine 95
Engelschall, Joseph Friedrich . 52

von Falkenberg, Wedekind . . 9
Faulkner, Arthur Brooke . . 95
Flamsteed, John 20
Föppel, Heinrich Anton . . 94
Forster, George 53, 54, 83
Forster, Johann Reinhold . . 54
Frankenherzöge, Könige, Kaiser
   Arnulf, König der Ostfranken 6
   Karl I., der Große, König der
      Franken, Römischer Kaiser 6
   Karl der Dicke, König der Ost-
      franken, Römischer Kaiser 6
   Konrad der Ältere, König der
      Ostfranken 6
   Konrad I., siehe Deutsche
      Kaiser und Könige
   Ludwig der Jüngere, König der
      Ostfranken, Römischer
      Kaiser 6
   Ludwig II., König der Ost-
      franken, Römischer Kaiser 6
Friderici, Robert 6, 95
Friedlieb, Franz 6
Fünck, Johann Georg 73
Furth, Benedikt 76

Galilei, Galileo 19, 32
von Gaugreben, Oberst . . . 92
von Geismar, Werner 9
Girardet, N. N. 49
Glaessner, Johann Georg . . 122
Glaß, Johann Jakob 92
Clinzer, Carl 116
Godefroy, Elias 27, 28
von Goethe,
   Johann Wolfgang . . 53, 54, 95
Greene, Robert 23

Grimm,
   Jacob 91, 93, 107, 108, 109, 110, 174
Grimm, Ludwig
   Emil 13, 95, 99, 107, 110, 116, 174
Grimm, Wilhelm
   91, 93, 107, 108, 109, 110, 174
von Gudenberg, Otto Groppe 9
Guerniero,
   Giovanni Francesco 49, 57, 60, 124

Hagelstange, Rudolf 173
Hals, Frans 70
Harbusch, Johann 9
Hartleb, Hans 22, 23
Hasper, Werner 173
Hassenpflug, Amalie 95
Hassenpflug, Ludwig 91
Hauptmann, Moritz 116
von Haxthausen, Obrist . . . 50
Hegel, Georg Friedrich . . . 93
Heinefetter, Sabine 94
Helwig, Götze 9
Hemsterhuis, Franz 96
Henschel, Carl Anton . 49, 118, 122
Henschel, Georg Christian Carl 118
Henschel, Werner 95, 101
Herber, Johann 8, 15
Herder, Johann Gottfried . . 82
Herrmann, Curt 186
Herzog, Erich 52
von Hessen
   Christina, Landgräfin . . 26, 27
   Friedrich I., Landgraf, König
      von Schweden 49
   Friedrich II.,
      Landgraf . . 49, 53, 81, 83, 152
   Friedrich Wilhelm I.,
      Kurfürst 91
   Heinrich I., Landgraf,
      das Kind von Brabant . 8, 15
   Heinrich II., Landgraf . . 8, 11
   Hermann II., Landgraf . . 8
   Karl, Landgraf 5, 49, 50, 56, 57,
               58, 59, 61, 124
   Ludwig II., Landgraf . . 8, 15
   Moritz, Landgraf 5, 18, 22 f., 35,
          36, 42, 43, 44, 45, 59
   Philipp, Landgraf, genannt
      „der Großmütige" 18, 24, 26, 27,
                125
   Philipp, Prinz, Oberpräsident
      der Provinz Hessen-Nassau 156
   Sabina, Landgräfin 29
   Wilhelm II., Landgraf . 8, 16, 17
   Wilhelm II., Kurfürst . . 91, 100
   Wilhelm IV., Landgraf 5, 18, 19,
      20, 21, 25, 26, 29, 30, 31, 32, 33,
         35, 36, 37, 42, 59, 80, 125
   Wilhelm V., Landgraf . . 18, 47
   Wilhelm VIII.,
      Landgraf 49, 51, 68, 73, 75, 156

Wilhelm IX., Landgraf,
   seit 1803 Kurfürst
   Wilhelm I., 49, 52, 86, 90, 91
Hessus, Helius Eobanus . . . 18
Heyne, Christian Gottlob . . 82
Hipparch aus Nikaia 20
Hirsching,
   Friedrich Karl Gottlob . . 55
Hölderlin, Friedrich . . . 95 f.
Hofmeister, Jacob 95
Hogenberg, Franz 6
von Hohenhausen, Elise . . 95
Holtmeyer, Alois 125
Hummel, Ludwig 116
von Hundelshausen, Heinrich 9
von Hundelshausen, Walter . . 8

Jérôme,
   König von Westphalen 91, 92 f.
Jordaens, Jakob 96
Josaphat, Samuel Levi . . . 121
Jussow, Heinrich Christoph 87, 91

Kepler, Johannes 19, 32
Kirchhoff, Hans Wilhelm . . 18
Knigge, Adolph Freiherr . . 53
Koch, Ernst 119
Kötschau, Johann Georg . . 61
Kolitz, Louis . . . 122, 131, 186
Kopernikus, Nikolaus . . . 19
Kramm, Walter 186
Krauskopf, Justus 98, 115
Kuchenbecker, Johann Philipp 6
Kyd, Thomas 23

de Lairesse, Gerard 96
Laugs, Hans 191
Lauze, Wigand 6
Le Camus, N. N. 93
Leibniz,
   Gottfried Wilhelm 50, 51, 66, 124
Lenoir, Georg André . . . 122
Lenoir, Konrad 122
Le Notre, André 124
Lewalter, Johann 132
Lily, John 23
von Lindau, N. N. 50
Löhr, Friedrich 123
Lorrain, Claude 96
von Lynar,
   Rochus Guerini Graf . . 18, 37

Machiavelli, Niccolo 21
Mahler, Gustav 123, 129
von Mainz,
   Adolph, Erzbischof 9
von der Malsburg, Caroline 95, 116
von der Malsburg, Ernst Otto . 95
von der Malsburg,
   Wilhelm Otto 116
Manet, Edouard 52

Mara, geb. Schmeling,
   Elisabeth 49
Marlowe, Christopher . . . 23
Marston, John 23
Matsko,
   Carl Friedrich Wilhelm . . 92
Matthei, Theodor 118
von Meißen,
   Balthasar, Markgraf . . . 8
von Meißen,
   Friedrich, Markgraf . . . 9
Melanchton, Philipp 6
Mendelssohn-Bartholdy, Felix 116
Menzel, Adolph 96, 117
Merian, Matthäus 6, 48
von Metz, Dietrich 8
von Meysenbug, Malwida . . 121
von Meysenbug, Wolrad . . 50
Mond, Ludwig 121
Mond, Meyer Bär 121
Monnot, Pierre Etienne . 49, 61, 65
Mosenthal, Salmon Hermann . 91
Müller, Christoph 18, 37
von Müller, Johannes . 54, 83, 92
Müller, Michel 18, 24
Mulenbach, Curt 9
Murhard, Friedrich . . 49, 91, 111
Murhard, Karl 49, 91, 111

Nahl, Johann August d. Ä. 61, 75,
        77, 81, 148, 149, 186
Napier, John Lord Merchiston . 19
Napoleon I.,
   Kaiser der Franzosen . 91, 92 f.
Napoleon III.,
   Kaiser der Franzosen . . 122
Nebel, Kay H. 122
Nemnich, Philipp Andreas . 92, 93
Niemeyer, Wilhelm . . . 6, 21
Nietzsche, Friedrich . . . 121
van Nikkelen, Jan 124

Oetker, Friedrich 122
von Osse, Melchior 21
Ostheim, Konrad 144

Paganini, Niccolo 116
Papin, Denis 49, 50, 51, 66
Pforr, Johann Georg 76
Pijnaker, Adam 96
Pinder, Wilhelm . . . 122, 123
Potter, Paulus 96
Ptolemaios, Claudius . . 19, 20

Rabenhaupt, N. N., General . 49
Raffael, d. i. Raffaelo Santi . 53
Raspe, Rudolf Erich 53
Ratzenberger, Kaspar . . 21, 35
Rauch, Christian Daniel . . 116
Regiomontanus, d. i. Müller,
   Johannes 18, 19

Reichardt, Johann Friedrich . . 91	du Ry, Charles 73	Schopenhauer, Johanna . . . 91 f.	Schurz, Karl 121	Vernukken, Wilhelm 18
Reinermann, Friedrich Christian 88	du Ry, Paul 49, 60, 155	Schröder, Edward 6	Schumann, Clara 116	Viehmann, geb. Pierson,
Rembrandt	du Ry, Simon Louis 5, 49, 53, 73, 79,	Schütz, Heinrich . . . 18, 22, 44, 46	Schweitzer-Roller, Louise . . . 94	Dorothea 93, 108
Harmensz van Rijn 52, 71, 96, 125	81, 87, 100, 124, 146, 149, 152, 193	Schultheiß, Hermann 9		Vötterle, Karl 122, 126
von Reuter, Paul Julius 121		Sehewis, Cunze 9	Teniers, David d. J. 96	Vorkampf, Frank 123
Rhenanus, Johannes 18	von der Saal, Margareta . . . 18	Selig, Friedrich Wilhelm . . . 106	Thietmar von Merseburg . . . 6	
Richter, Jean Paul Friedrich . . 95	von Sachsen, August, Kurfürst . 21	Shakespeare, William 23	Thomas, Werner 9	Wagner, Richard 121
Rivalier von Meysenbug, Karl . 121	von Sachsen, Christian, Kurfürst 21	von Siegen, Ludwig 18	von Thüringen	Wagner, Samuel Christoph . . 96
Robertson, N. N. 49	von Sachsen-Weimar,	Sieber, Karl Ferdinand 94	Hedwig, Landgräfin . . . 8, 14	Walther, Bernhard . . . 19, 20
Rochlitz, Friedrich 94	Karl August, Herzog . . . 53	Sixtinus, Regnerus 144	Hermann d. J., Landgraf . . 8	Weisland, Georg 41
Rösing, Hermann 95	Sauer, Abraham 6	von Sömmering,	Heinrich Raspe II., Landgraf 8, 11	von dem Werder, Dietrich . . 23
Rohbock, Friedrich Christian . 100	von Schaumburg,	Samuel Thomas 49, 83	Ludwig II., Landgraf . . . 8	Wessel, Wilhelm 18
von Rohden, Johann Martin . . 90	Gertrude, Gräfin 96	Spohr,	Thura, Lauritz . . . . . . 50 f.	Westecker, Wilhelm . . . . 173 f.
Roland, Sophie 94	Scheidemann, Philipp . . . 185	Louis 91, 94, 95, 113, 114, 116, 151	Tieck, Ludwig 93, 95	Wild, Franz 94
Rolland, Romain 121	Schildbach, Carl 55	von Stadion, Friedrich, Graf . 52	von Tilly, Johann Tserclaes . 18	Wimmel, Heinrich 122
Rommel, Christoph 6	Schimmelpfeng, Hans 171	von Stadion,	Tischbein, Anton Wilhelm . . 81	Wimmel, Johannes 122
Rosengarten, Albrecht . . . 91	Schinkel, Karl Friedrich . . . 116	Therese Sophie, Gräfin . . . 52	Tischbein, Johann Hein-	Winckelmann, Johann Joachim 82
Rosenzweig, Franz 122	von Schlieffen, Martin Ernst . 54	Staehle, Hugo 95	rich d. Ä. 49, 52, 68, 72, 74, 75, 85	Wöhler, Friedrich 120
Roth, Karl 136	von Schlotheim,	Stein, Georg Wilhelm 49	Tizian, d. i. Tiziano Vecellio . . 96	Wolfart, Peter 50
Rothans, Eberhard Rudolph . . 50	Karoline, Reichsgräfin . . . 92	Steinhausen, Georg 122		Wolff, Christian 49
Rothmann, Christoph . . . 19, 20	Schmincke, Friedrich Christoph 6	Sticker, Bernhard . . . . 18 ff.	von Uffenbach,	Wolfram von Eschenbach . . 8, 11
Rubens, Peter Paul 69, 96	Schmincke, Johann Hermann . 67	Stilling, Benedikt 91, 119	Friedrich Armand 51	
Ruhl, Christian 101	Schneider, Hugo 134	Strack, Ludwig Philipp . . . 89	von Uffenbach,	Xavery, Jean Baptiste . . . 62
Ruhl, Ludwig Sigismund 91, 95, 116	Schöner, Andreas 19, 30	Strubberg, Friedrich August	Zacharias Konrad 50	
van Ruisdael, Jacob Isaackz . . 96	Schomburg, Karl 91	(Armand) 119	Ungewitter, Georg Gottlob . . 134	Zimmermann, Ludwig . . . 21